1~3세기, 아라가야의 형성과 발전

1~3세기, 아라가야의 형성과 발전

초판 1쇄 발행 2020년 12월 30일

지은이 이성주, 오재진, 남혜민, 윤용구, 이동관
        채상훈, 남재우, 이주헌, 소배경
펴낸이 윤관백
펴낸곳 도서출판 선인

등록 제5-77호(1998.11.4)
주소 서울시 마포구 마포대로 4다길 4 곳마루빌딩 1층
전화 02)718-6252 / 6257
팩스 02)718-6253
E-mail sunin72@chol.com

정가 32,000원
ISBN 979-11-6068-429-2 94900
      979-11-6068-244-1(세트)

창원대학교 경남학연구센터 아라가야학술총서 3

1~3세기, 아라가야의 형성과 발전

이성주, 오재진, 남혜민, 윤용구, 이동관

채상훈, 남재우, 이주헌, 소배경

 도서출판 선인

'아라가야학술총서3'을 발간하며

　힘들었던 한 해였습니다. 그럼에도 각자의 역할을 다하며 견뎌냈던 시간이기도 합니다. 해마다 진행되어왔던 아라가야 학술심포지엄도 개최되었습니다. 다만 상황 때문에 청중 없이 비대면으로 진행된 것은 아쉬움이었습니다. 하지만 아라가야 역사에 대한 관심을 가지고 계시는 함안군민과 전국의 연구자들에게 실시간 영상으로 전달되었고, 관심 또한 높았습니다.

　올해의 학술심포지엄 주제는 '1~3세기, 아라가야의 형성과 발전'이었습니다. 1~3세기는 삼한이 존재했으며, 삼한 속의 변한이 가야사에 포함되는지를 둘러싼 논쟁이 있어왔습니다. 가야사 연구자들 사이에서도, 삼한 중의 변한을 전기가야로 설정하기도 하고, 가야사의 범위가 아닌 전단계로 이해하기도 합니다.

　변한시기 함안지역에는 안야국이라는 정치집단이 있었습니다. 대부분의 가야사 연구자들은 아라가야의 전기에 해당하는 안야국이, 후기가야의 중심국인 안라국으로 변천되었다고 이해합니다. 하지만 안야국 사회의 모습을 이해할 수 있는 자료가 부족하다는 사실은 인정하고 있습니다. 남아있는 기록은 너무 적으며, 조사된 고고자료도 많지 않습니다.

　그래서 학술심포지엄에서 안야국의 실체를 다양한 측면에서 접근해 보았고, 그 결과를 학술서적으로 발간하게 되었습니다. 아울러 지난 6월에 개최된 '남문외고분군 사적 승격을 위한 학술심포지엄－남문외고분군의 역사적 가치와 의미'에서의 연구 성과도 포함하였습니다. 남문외고분군은 말이산고분군과 함께 아라가야의 대표적인 고분군이며, 말이산고분군과의 관계, 그리고 사적 승격의 당위성 등이 그 내용입니다.

아라가야에 대한 연구가 지속되고, 그 성과가 학술서적으로 출판되고 있는 것은 아라가야와 함안지역에 대한 관심과 애정을 보여주시는 함안군민 덕분입니다. 감사의 마음을 말로 다 할 수 없습니다. 또한 논물을 발표해 주시고 정리된 논문으로 만들어 보내주신 연구자들, 심포지엄 진행과 서적 발간에 도움을 주신 함안군 관계자들에게도 고마움을 전합니다. 아울러 의미있는 학술서적으로 만들어주신 도서출판 선인의 식구들에게 감사함을 표합니다.

2020. 12.

함안군수 조근제
함안군의회 의장 이광섭
창원대 경남학연구센터장 남재우

목 차

【부록】 남문외고분군의 역사적 가치와 의미

고고학의 견지에서 본 1~3세기

이성주 | 경북대학교 고고인류학과

Ⅰ. 머리말

아라가야는 『三國志』위서 동이전에 弁辰安邪國으로 기록되어 있다. 다른 韓의 '國'처럼 변진안야국도 1~3세기의 기간을 거치며 지역적 통합을 진전시키면서 내부 조직을 강화하였으리라고 추측된다. 늦어도 AD 3세기에는 삼한 분지를 통합한 정치체로 발전하였을 것이며 문헌기록 상으로 김해 구야국과 함께 진변한 정치체 가운데 가장 유력한 국으로 인식되었으리라고 본다.[1]

1~3세기 아라가야의 성장에 관해 고고학적의 해명은 흔히 두 가지 질문에 답하는 방식이었다. 첫째, 정치체로서 안야국의 외형, 안야국의 규모와 내부 조직이 어떠한가 하는 질문이다. 둘째, 정치체 성립의 요인과 과정에 관한 질문으로 안야국 이전 시기 함안 지역의 어떤 정치사회적 상태가 어떤 요인에 의해, 그리고 어떠한 과정을 거쳐 분지를 통합한 변진안야국으로 발전했는가 하는 질문이다.

첫 번째 질문은 韓지역의 '國'이란 정치체의 외형을 어떻게 파악하느냐의 문제인데 그

---

[1] 남재우, 『안라국사』, 서울: 도서출판 혜안, 2003; 남재우, 『아라가야 역사읽기』, 창원: 경남문화, 2007, 69쪽.

어떤 정치체든 고고학적으로 그 성격을 파악하려면 그 규모와 조직으로 정의하게 된다.[2] 정치체의 규모를 파악한다는 것은 흔히 '정치권력의 중심지로부터 그 권력이 미치는 범위'라는 정의를 따라 고고학적으로 파악될 수 있는 권력의 중심지로부터 그 규모를 예측하는 방식이다.[3] 정치체의 내부 조직을 고고학적으로 정의한다는 것은 그 중심지, 즉 중심취락으로부터 해당 정치체의 영역 안에 분포하는 하위 취락들 간의 위계적, 혹은 기능적 관계를 파악하는 것을 의미한다. 『三國志』의 기록에 근거할 때 國 안에서 그 권력의 중심지를 國邑이라 할 수 있고 그 아래의 지역집단들을 읍락이나 소촌으로 정의할 수 있다는 고고학적 모델이 제시된 바 있다.[4] 물론 이 모델이 현실을 얼마나 반영하는가는 지속적인 검토가 필요하다. 하지만 무엇보다 중요한 사실은 정치체의 규모를 파악할 때나 그 위계적 조직에 접근할 때도 '國邑'의 존재와 형태가 먼저 확인되지 않으면 안 된다는 점이다.

두 번째 질문은 변진안야국의 형성 이전, 함안분지의 사회집단들이 어떤 상태로 존재했었고 그것이 어떻게 발전해 왔는가 하는 질문이다. 여기에 핵심적인 질문을 덧붙이면 어떻게 그러한 발전이 이루어졌는가 하는 문제이다. 보통 진변한 정치체 이전의 사회집단에 접근할 때 연구자들은 청동기시대 취락, 그리고 지석묘와 같은 기념물적 분묘자료를 검토하게 된다. 이는 진변한 국의 형성과정을 청동기시대의 농업공동체의 진화에서 찾는다는 것을 의미한다. 그러면서 동시에 정치체 성장의 요인을 외부사회의 영향 혹은 광범위한 지역 간 상호작용에서 찾기도 한다.[5] 삼한 국의 형성을 설명하려 할 때 두 가지 과정과 계기, 즉 한편으로는 농업공동체의 복합성 증가라든가 수장의 권력의 발전과정과 같은 내부적, 혹은 지역적 성장과정을 주목한다는 것이다. 다른 한편으로는 주민의 집단 이주나 외부와의 접촉으로 유입되는 기술혁신의 동기나 새로운 아이디어와 같은 것에 초점을 맞추기도 한다.

---

[2] Renfrew, C. and Bahn, P., *Archaeology: Theories, Methods and Practices*, London: Thames and Hudson, 2016, 180쪽; 李盛周, 「1-3세기 가야 정치체의 성장」, 『韓國古代史論叢』 5, 1993, 124~131쪽.

[3] Renfrew, C. and K. L. Cook, Exploring Dominance : Predicting polities from centres, In Renfrew, C. and Cooke, K. L. (ed), *Transformation, Mathematical Approaches to Culture Change*, New York: Academic Press, 1979.

[4] 李熙濬, 「三韓 小國 形成過程에 대한 考古學的 接近의 틀」, 『韓國考古學報』 43, 2000.

[5] 李盛周, 「靑銅器時代 東아시아 世界體系와 韓半島의 文化變動」, 『韓國上古史學報』 23, 1996; 李盛周, 「巨視的 관점에서 본 東北亞 社會文化體系의 變動」, 『東北亞歷史論叢』 33, 2011.

1~3세기 동안 삼한지역에서는 함안의 변진안야국을 포함하여 국이 형성되고 발전되어 갔다. 이와 같은 정치·사회적 통합과 조직의 성장이 진행되었던 1~3세기의 역사적 상황을 이 글에서는 거시적 관점에서 파악해 보고자 한다. 개별 '國'이나 한반도 남부의 사회문화변동을 이해하기 위한 접근의 하나이지만 국지적 변동에만 초점을 맞추는 것이 아니라 글로벌한 수준의 변동과정에서 일정 지역사회의 변화를 설명해 볼 수는 없을까 하는 관점을 제안해 보고자 한다.

그래서 첫째로는, 정치체의 발전을 내부적 성장과 외부의 영향을 구분해서 파악해 왔던 기존의 연구관점과는 달리 어떤 지역적 발전도 전 세계적인 추세와 국지적인 변동이 맞물린 글로컬한 과정으로 볼 수 있다는 관점이다. 둘째로는, 1~3세기를 한반도 일원이 역사시대로 접어드는 역사개시기 혹은 원사시대로 파악한다면 이러한 시대적 상황은 세계 여러 지역에서, 그리고 매우 다양한 역사적 시점에 전개되었다고 보는 관점이다. 특히 고대 유라시아의 양 끝에 제국이 형성되어 주변사회에 개입하는 시점으로부터 대항해시대 이래 유럽 제국들이 타 대륙의 토착사회를 압박하는 상황에 이르기까지 다양한 맥락에서 무문자의 선사 사회가 역사 사회로 접어들었기 때문에 이 사회들에 관한 비교사적 연구가 하나의 흥미로운 주제가 될 수 있다고 본다. 이러한 관점을 토대로 『三國志』 위서 동이전이 묘사한 동이 사회와 로마제국 진출 직전의 갈리아 사회를 비교사적으로 검토해 보고자 한다.

Ⅱ. 1~3세기 이전의 글로컬 변동

1. 농업공동체의 지역적 변동

해방 이후 金石竝用期說을 폐기하고 청동기시대를 설정하는 것은 북한학계였다. 해방직후 북한학계의 고고학 연구자들은 선사시대 유구의 발굴조사 작업과 보고에서 훨씬 진전된 능력과 태도를 보여주었으며, 발굴 자료의 층서 구분과 동반관계의 파악을 통해 그들이 문화종태라고 불렀던 유물복합체를 체계적으로 정의하고자 했다. 이러한 개념적·방법론적 틀을 토대로 하여 북한 고고학계가 해방 직후 하나의 거대한 기획으로 삼았던 과제는 일제강점기에 부정되었던 신석기시대와 청동기시대 설정하여 선사시대 체계를 바로 잡는 일이었다. 그 과업이 중점적으로 추진되던 1950년대 북한 고고학계의 조사와 연구를 이끌어 간 이는 도유호이다. 그의 노력이 결실로 나타난 것이 저서 『조선 원시 고고학』[6]이라고 보면 옳을 듯하다. 1950년대 후반에서 60년대 초반까지, 북한고고학의 황금기라 할 수 있는 이 시기의 연구를 주도했던 도유호에 의해 신석기와 청동기시대가 설정되고 개념이 정의됨으로써 한국 선사시대 체계가 정립되었다고 해도 과언은 아니다.

당시 대다수의 학자들이 그러했지만 도유호 역시 어떤 시대와 그 문화는 특징적인 물질문화요소의 집합으로 정의할 수 있다고 보았다. 고고학 조사 통해서 파악되는 "일정 형태상의 특성을 가지는 유물의 분포 정형"을 그는 '文化綜態'라고 불렀으며 그것을 "어느 한 문화의 여러 가지 요소를 종합하여서 본 전반적인 모습"이라고 정의한 바 있다.[7] 그가 청동기시대의 문화를 정의할 때도 동일한 전제에 기초하였음은 물론이다. 그런데 흥미로운 점은 그가 지석묘를 비롯한 거석기념물을 청동기시대의 문화종태를 구성하는 가장 중요한 문화요소로 삼았다는 사실이다. 1959년 거석문화에 대한 專論을 집필한 바도 있지만[8] 이전의 논고에서도[9] 지석묘와 함께 그 동반유물을 중심으로 청동기시대 문화상을 서술해나갔다. 그는 이러한 접근을 통해 일제강점기에 금석병용기의 문화요소로 일괄되어 있었던 지석묘 · 세형동검 · 철기 · 토광묘 · 회색토기 · 무문토기 등을 서로 다른 시대의 문화요소로 분리하여 청동기시대와 철기시대를 따로 정의할 수 있었다.

남한학계는 북한 고고학의 성과를 받아들여 청동기시대를 설정했다. 말하자면 우리도 보편적인 선사시대 체계를 취해야 한다는 생각 때문에 청동기시대를 정의한 것이다. 남한학계에서 청동기시대를 설정하여 한국 선사문화를 처음으로 삼시대 체계에 따라 서술한 金元龍은 "지금 청동기시대 유적이라 하는 것은 각형토기, 반월형석도, 그리고 세형동검이 아닌 동제품을 내는 일련의 유적을 말하며, 함북 회령 오동 · 나진 초도, 평북 강계 공귀리, 의주 미송리(상층), 평남 승호군 금탄리, 황해도 봉산군 지탑리(상층)

---

6) 도유호, 『조선 원시 고고학』, 과학원출판사, 1960.

7) 도유호, 앞의 책, 1960, 32쪽.

8) 도유호, 「조선 거석 문화 연구」, 『문화유산』 2, 1959, 1~35쪽.

9) 도유호 · 황기덕, 「지탑리 유적 발굴 중간 보고」, 『문화유산』 6, 1957, 12~35쪽; 도유호, 「조선 원시 문화의 년대 추정을 위한 시도」, 『문화유산』 1958-2, 1958, 17~41쪽.

등이 바로 그것이라고 한다. 우리는 이런 생활유적들이 정말 청동기시대의 것인지 아닌지를 알아낼 도리가 없으며…"10)라고 진술한 바 있다. 그만큼 북한학계의 의견을 받아 청동기시대를 설정하는데 자료적 뒷받침이 없어 고민할 수밖에 없었으리라.

1960년대까지 출토지가 확실한 비파형동검 유물군은 극히 적었다. 1970년을 전후하여 대전 괴정동유적의 세형동검유물군과,11) 송국리유적에서 마제석기와 동반된 비파형동검 일괄유물이 발굴된12) 이래 청동유물군 자료들은 큰 폭으로 늘어났다. 하지만 청동기시대로 설정된 시기 안에 속하는 자료보다는 이후 초기철기시대에 속하는 것이 대다수라는 것은 주지의 사실이다. 1970년대부터는 남한학계도 청동기를 포함한 청동기시대 유물복합체의 윤곽을 잡아가기 시작했다. 그러나 바로 이 시점부터 시대의 설정과 그 개념에 의문이 제기되기 시작한다. 처음엔 토기, 청동기, 철기와 같은 대표적인 물질문화요소의 교체 및 변화가 시기구분과 일치하지 않는다는 점이 지적되었지만,13) 청동기시대의 물질문화상 혹은 사회문화상을 근본적으로 다시 생각하게 하는 동기는 발굴을 통해 노출된다. 특히 구제발굴이 제도화되고 대규모 전면발굴이 가능하게 되자 이제까지 파악되지 못했던 이 시대의 새로운 물질문화상이 드러나게 되었다. 그것은 상징적 구획시설이며 방어시설인 환호, 대규모로 연접된 구획묘,14) 혹은 묘역식지석묘가 상당한 규모로 개간된 경작지, 정치적인 인구재배치로 탄생한 것으로 보이는 거점적인 취락 등이 노출되었다.

이러한 변동은 어떻게 촉발된 것인가? 이러한 변화를 통해 청동기시대 사회를 어떻게 이해 할 것인가? 1990년대 이후의 고고학적 성과를 토대로 청동기시대의 시작과 이후의 변동을 새롭게 이해하려는 시각이 제출되었다. 안재호는 청동기를 사용하면서부터가 아니라 농경취락의 이주정착으로부터 청동기시대가 시작된 것이라는 점을 분명히 밝혔

10) 金元龍,「韓國文化의 考古學的 硏究」,『한국문화사대계』(Ⅰ) 民族·國家史, 서울: 高麗大學校 民族文化硏究所, 1964, 255쪽.
11) 李殷昌,「大田 槐亭洞 靑銅器文化의 硏究」,『亞細亞硏究』30, 고려대학교 아세아문제연구소, 1968.
12) 金永培·安承周,「扶餘 松菊里 遼寧式銅劍出土 石棺墓」,『百濟硏究』7·8, 1975.
13) 盧爀眞,「時代區分에 대한 一見解」,『三佛金元龍敎授停年退任紀念論叢: 考古學編』, 서울: 一志社, 1987; 西谷正,「朝鮮考古學の時代區分について」,『小林行雄博士古稀紀念論文集: 考古學論考』, 東京: 平凡社, 1982.
14) 李相吉,「昌原 德川里遺蹟 發掘調査報告」,『三韓社會와 考古學』, 第17回 韓國考古學全國大會發表要旨, 1993; 李相吉,「靑銅器時代 무덤에 대한 一視角」,『碩晤尹容鎭敎授停年退任紀念論叢』, 1996.

고 청동기시대를 이해하려면 농경사회의 성립과정에 주목해야 한다고 제안했다.[15) 최 종규도 이 시대에 이루어진 변동의 본질에 관해 "무문토기 사회를 그보다 선행사회인 빗살문토기 사회와 구분해주는 특징은 그들의 도구 및 유적의 입지 등에서 볼 때, 농업 그 자체에 중점을 둔 본격적이고 전업적인 農耕이었음은 누구도 부정 못할 것이다."[16) 라고 언급했다. 말하자면 청동기시대 시작과 함께 등장하는 가장 현저한 물질적 양상은 새로운 형태의 정착농경취락이고 이후 진행되는 사회문화 변동을 추동해 간 것도 농업 이었다는 것이다. 경작지와 정착취락의 규모 확대, 지석묘의 축조, 위세적이거나 기념 적 건축물, 대규모 집주와 분산 등이 농경사회의 전개과정에서 나타난 현상들이다. 여 기에 청동기의 입수와 봉헌은 당시 사회에 그 영향력이 마제석검의 생산과 유통에도 못 미치는 아주 부분적인 역할을 했을 뿐이다.

2. 청동기술의 글로벌 확산

인류 최초로 자연동을 두드리거나 열처리하여 동제품을 제작한 지역은 메소포타미아 북부와 터어키 남동부 일원이다. 그 시기가 기원전 8천년기까지 올라가기 때문에 이 지 역은 금속사용의 기원지라고 할 만하다.[17) 이 지역을 넘어서 처음으로 광산이 개발되고 동제품의 생산이 활발하게 이루어진 지역은 동남부 유럽이다. 그 시기는 기원전 5000년 기 전반부터라고 할 수 있지만,[18) 산발적으로 낚시 바늘이나 銅丸 등이 발견되기 시작 한 시기는 기원전 6천기부터이다.[19) 이보다 약간 늦은 시점에 이르러 동제품의 생산이

---

15) 安在晧, 「韓國 農耕社會의 成立」, 『韓國考古學報』 43, 2000, 41~66쪽.

16) 崔鍾圭, 「韓國에 있어 青銅器時代라는 用語의 適用에 대하여」, 『考古學探究』 10, 考古學探究會, 2011, 98~99쪽.

17) Maddin, R., J. Muhly, and T. Stech, in *The Beginning of Metallurgy*, Hauptmann, E. Pernicka, T. Rehren, and Ü. Yalcin (eds), Bochum: Deutsches Bergbau Museum, 1999; Ozdogan, M. and M. Ozgodan, Archaeological evidence on the on the early metallurgy at Cayönü Tepesi, in *The Beginning of Metallurgy*, Hauptmann, E. Pernicka, T. Rehren, and Ü. Yalcin (eds), Bochum: Deutsches Bergbau Museum, 1999.

18) Muhly, J. D., The beginnings of metallurgy in the Old World, in Maddin, R. (ed), *The Beginning of the Use of Metals and Alloys*, Cambridge, Massachusetts: MIT Press, 1988; Jovanović, B., Early metallurgy in Yugoslavia, in Maddin, R. (ed), *The Beginning of the Use of Metals and Alloys*, Cambridge, Massachusetts: MIT Press, 1988.

19) Tringham, R., and Kristic, D. (eds), *A Neolithic Village in Yugoslavia*, Los Angeles: UCLA press, 1990.

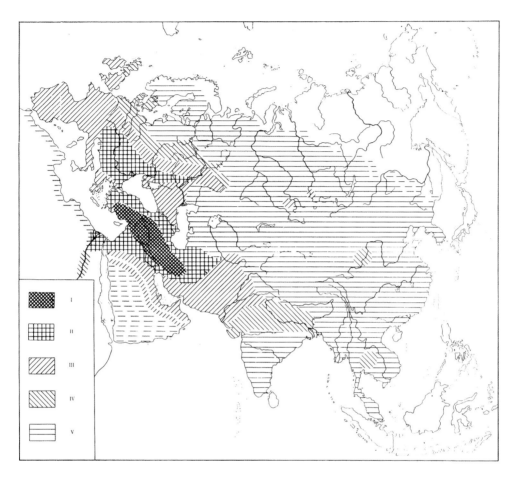

〈그림 1〉 유라시아 대륙의 청동기 생산기술의 확산과정(출처: Chernykh 1992: 2)

많았던 곳은 이베리아 반도이며,[20] 기원전 4천년기가 되면 전 유럽에서 동제품들을 볼 수 있다. 기원전 4000년기에 초기 금속문화기로 포함되는 지역은 유럽을 중심으로 하여 동방으로 확대되는데 우랄산맥 남쪽 끝자락까지 포함하고 중앙아시아 서부와 인더스강 유역까지 확장된다.[21] 그리고 기원전 2천년기가 되면 구대륙의 변두리와 아프리카 대륙을 제외한 거의 모든 지역에 금속기의 생산기술이 확산되어 들어간다. 이처럼 초기금

---

[20] Ruíz-Taboada, A. and I. Montero-Ruíz, The Oldest Metallurgy in Western Europe, *Antiquity* 73, 1999; Lillios, K. T., Late Neolithic/Copper Age Iberia, in Bogucki, P. and P. J. Crabtree (eds), *Ancient Europe 8000 B.C. - A. D. 1000*, Farmington Hills: Thomson Gale, 2004.

[21] Chernykh, E. N., *Ancient Metallurgy in the USSR*, Cambridge: Cambridge University Press, 1992.

속의 사용은 세계사적 확산과정을 통해 한반도로 들어 왔다.

동아시아에서 금속을 이용하기 시작한 시기는 유라시아 서쪽지역보다 훨씬 늦은 편이다. 중원지역에서 다양한 청동기들이 주조되는 시점은 二里頭문화기이며 그 시기는 방사성탄소연대로 기원전 2090~1680년으로 알려져 있다. 하지만 중원과 그 주변지역 가운데 가장 이른 시기에 청동유물군이 나타나는 곳은 新石器 中·晚期의 甘肅지역이다. 馬家窯文化와 馬廠類型期부터 청동도와 같은 유물이 보이기 시작하다 齊家文化期에 이르러 출토 사례가 급증하는데 그 시기는 기원전 2300~2000년에 해당되어 二里頭文化期보다 이르다. 齊家文化의 청동유물군에는 銅刀와 銅斧, 장식구로 쓰인 소형동제품과 銅鏡 등이 포함되며 납, 혹은 주석이 합금된 것도 있고 비속합금의 동제품도 존재한다.[22] 이 지역의 조기 청동기들은 아마 '유라시안 스텝 벨트' 3期의 동단에 해당하는 이른바 Seima-Turbino 문화와 접촉하면서 등장한 것이라는 해석이 설득력을 가진다.[23] 제가문화기의 청동도자나 장식동판, 도기 등의 일부는 二里頭文化와 깊은 연관성을 가지고 있기 때문에 감숙지역의 청동문화는 중원지역 조기 청동기문화의 성립에 큰 역할을 했다고 보아야 한다.[24]

중원지역에 청동기 주조기술이 정착하고 난 뒤 장강유역에서도 청동기 제작이 이루어진다. 기원전 1400~1300년 무렵에는 남부 광동지역에서도 사암제 쌍합범과 간단한 청동도구들이 등장한다.[25] 동남아시아 일원의 Ban Chiang과 Ban Non Wat유적 등은 분묘유적으로 신석기시대 유구와 중복관계를 이루는데 사암제 쌍합범과 동촉과 동부 등이

---

22) 孫淑雲·韓汝玢, 「甘肅早期銅器的發現與冶鍊·製造技術研究」, 『文物』 7, 1997; Mei, Jianjun, *Copper and Bronze Metallurgy in Late Prehistoric Xinjiang*, BAR international series, Oxford, 2000; Sun, Shuyun and Rubin Han, A study of casting and manufacturing techniques of early copper and bronze artifacts found in Gansu, In Linduff, K., Han Rubin, and Sun Shuyun (eds), *The Beginnings of Metallurgy in China*, New York: The Edwin Mellen Press, 2000.

23) Chernykh, E. N., Formation of the Eurasian steppe belt culture, in Hanks, B. K. and K. M. Linduff (eds), *The Social Complexity in Prehistoric Eurasia: Monuments, Metals, and Mobility*, Cambridge: Cambridge University Press, 2009; Mei, Jianjun, Early metallurgy and socio-cultural complexity: Archaeological discoveries in the Northwest China, in Hanks, B. K. and K. M. Linduff (eds), *The Social Complexity in Prehistoric Eurasia: Monuments, Metals, and Mobility*, Cambridge: Cambridge University Press, 2009.

24) 李水成, 「西北與中原早期冶銅業的區域特徵及相互作用」, 『考古學報』 3, 2005; Fitzgerald-Huber, L. G., Qijia and Erlitou: The Question of Contacts with Distant Cultures, *Early China* 20, 1995, pp.17~68.

25) Higham, C. F. W., *The Bronze Age of Southeast Asia*, Cambridge: Cambridge University Press, 1996, 73~135쪽.

출토되는 유구 중 이른 것은 기원전 1100년대까지 올라간다.[26] 이로써 기원전 2000년기가 끝나기 직전까지는 동아시아 북부와 남부지역의 그 변두리까지 청동기 생산기술이 확산되어 들어갔다. 이런 점에서 보면 기원전 1천년기가 되어야 청동유물이 유입되거나 청동기 주조가 시도되는 한반도는 청동기 생산의 가장 변방이 되는 셈이다.

수천 년에 걸쳐, 대륙적인 범위에서 청동기 제작의 기술적 발전과 지역적인 확산이 진행된 셈이다. 고돈 차일드가 대표적이겠지만 20세기 전반의 고고학자들이 이미 이러한 글로벌한 과정에 관심을 가지고 설명을 하려 했다. 차일드가 각별히 주목했던 문제는 첫째, 기술의 발전이 과연 사회적인 발전에 어떤 역할을 했는가에 대한 설명,[27] 둘째, 지역적인 확산이란 현상을 전파, 이주, 교역 등의 과정 중에서 어떤 것으로 설명할 것인가[28] 하는 두 가지가 아니었을까 한다. 사실 금속기 제작기술은 글로벌한 역사적 과정을 거쳐 구대륙의 제 지역집단들이 수용한 것이다. 수천 년이 걸린 과정이어서 시말에 대한 해석에 어려움은 있겠지만 결과를 놓고 보면 유라시아의 한쪽에서 시작된 금속기 제작이 동쪽 끝까지 확산되어 전 세계적 현상으로 나타난 것은 사실이다. 따라서 이 글로벌한 확산과 수용의 과정을 서술해내는 작업은 중요하다. 이와 함께 특정 지역이 청동기시대로 접어드는 과정을 이해하는 것도 중요하다. 이 문제는 제 지역 집단이 금속 생산기술을 어떻게 선택적으로 수용하고 어떤 금속기를 제작하고 이용했는가 하는 질문이며, 이는 제 지역의 사회적·이념적인 맥락에서 해명해야 한다.

청동기시대라면 청동기가 유통된 시대가 아니고 청동기의 생산과 사용이 사회문화변동과 맞물려간 시대이어야 한다. 헬러 반드킬레는 청동기시대를 "청동이 하나의 재료로서, 표준 가치를 지닌 매력적이고 유용한 물품으로서 엘리트의 경제적인 권력의 주요기반이 되는 시대"로 보았다. 엘리트가 권력을 유지하기 위해 점점 청동기 생산에 집중하게 되고 사회적, 상징적, 문화적, 경제적 자본으로서 사회적 실천에 이용하게 된다는 것이다.[29] 어차피 청동기는 유럽에서도 실용품으로 소비되는 것이 아니라 스벤 한센이

---

[26] Higham, C. F. W., *Early Mainland Southeast Asia: From First Humans to Angkor*, Bangkok: River Books, 2014; Higham, C. F. W., Ciarla, R. Higham, T. F. G. Kijngam, A. and Rispoli F., The establishment of the Bronze Age in Southeast Asia, *Journal of World Prehistory* 24(4), 2011, p.137.

[27] Childe, V. G., *The Prehistory of European Society*, London: Pelican, 1958.

[28] Childe, V. G., *The Bronze Age*, New York: Biblo and Tannen, 1963(Cambridge: Cambridge University Press, 1930), pp.38~52.

[29] Vandkilde, H., *From Stone to Bronze: The Metalwork of Late Neolithic and Earlist Bronze Age in*

'지나친 誇示'라고 개념화했던 것처럼 엘리트의 장송의례를 통해 분묘에 부장되거나 신에게 봉헌하는 의례의 과정으로 매납유구에 대량으로 바쳐진다.[30] 이러한 의례를 수행하기 위해 수장들이 청동기 생산에 몰두하게 되고 채광, 주조, 가공, 교역에 투자함으로써 경제적 권력을 확보하고 의례적 실천을 통해 정치적 이념적 권력도 유지할 수 있게 된다는 것이다. 사실 기원전 1800년으로 편년되는 스캔디나비아의 갈레모제(Gallemose) 습지 매납유구 같은 곳에서는 다량의 청동유물이 나오는데도 불구하고 이 유적을 청동기시대로 포함시키지 않고 신석기시대로 편년한다.[31] 이 청동유물이 중부유럽에서 수입된 것이라는 점에서 그렇게 판단한 것이다.

  송국리문화기의 어느 시점에 청동기 제작기술이 유입되고 청동기의 생산과 사용이 이루어졌다 하더라도 완형의 비파형동검이 분묘에서 한 점씩이라도 출토된 사례는 그리 많지 않다. 의례의 과정에서 단편적으로 매납되거나, 아니면 파손되어 상징적인 가치가 퇴락한 상태로 발견될 뿐이다. 청동기의 기종이 다양하게 개발된 적이 없으며 상징성을 가진 문양이 표현된 사례도 거의 찾아지지 않는다. 그것은 초기철기시대 일이고 청동기가 대량 제작되어 복수 부장되거나 매납유구에 대량 봉헌되는 사례도 결코 볼 수 없다. 송국리문화기 동안 청동기는 한정된 물품이 상징적 의미로 이용되었을 뿐, 그 생산과 사용이 사회문화변동과 맞물리면서 변해가는 양상을 보여준다고 말하기 어렵다. 요컨대 한반도 초기 금속기의 사용을 이해하려면 두 가지 관점이 중요하다. 첫째로 청동기 생산기술의 수용은 전 세계적인 확산의 역사과정 중에 일부이며, 둘째로 그 지역의 사회경제적, 이념적 맥락에 따라 청동기의 생산과 이용의 방식이 달라진다는 점이다. 유라시아대륙의 한쪽에서 시작하여 장기간 광역으로 진행된 글로벌한 확산 수용과정을 20세기 중반의 고고학자들은 이주, 전파, 교역 등의 개념으로 그 확산의 메커니즘을 해명하려 했다. 그러나 청동기 확산과 수용은 제 지역의 특수한 사회문화적, 이념적인 맥락에서 이루어진다. 그래서 그 지역 특유의 청동기 생산기술의 도입과 전개과정을 검토하게 되는데 이는 각 지역문화의 변동과 사회발전을 이해하는 데 중요하다. 이러한

Denmark, Aarhus: Aarhus University Press, 1996, pp.147~148.

[30] Hansen, S., 'Überaustattungen' in gräbern und horten der frühbronzezeit, In Müller, J. (ed), *Vom Endneolithikum zur Frühbronzezeit: Muster Sozialen Wandels?* Universtätsforschngen zur Prähistorischen Archaeologie Band 90, Bonn: Dr. Rudolf Habelt GmbH, 2002, pp.151~173.

[31] Vandkilde, H., 앞의 책, 1996.

두 가지 측면에 착안하여 우리 청동유물군을 살폈을 때 한반도는 구대륙 안에서도 청동기가 가장 늦은 단계에 도입된 지역 중 하나라는 것을 알 수 있다. 한국의 청동기시대에는 청동기가 송국리 단계의 이념체계 안에서 중심적 의미를 지니고 활용되었다고 보기 어렵고, 생산의 전반적인 체계가 수용 정착되지 못하였던 것으로 보인다. 다만 무기형 석제품이나 옥제품과 함께 빠르게 성장해간 농업공동체의 가치재 중 하나로 채용되었을 뿐이라고 보는 것이 옳을 듯하다.

3. 후기선사시대의 압축적 성장

청동기시대는 농업에 전적으로 의지한 공동체들이 경관을 변형시키고 점유를 확장하고 광범위한 지역 간 관계망을 형성하면서 국지적으로 정치·사회적 통합을 발전시키는 단계였다. 한국고고학에서는 낯선 개념이지만 이 시기를 후기 선사시대로 이름하면 어떨까 한다. 그렇다면 그 이전 신석기시대는 생태적 환경에 적응하여 있던 소규모 농경과 채집의 집단들로 구성되었고 이 집단의 분포에 따라 공통된 문화영역이 나타나기도 했던 시기로 이해될 수 있다. 그러나 청동기시대부터는 농경집단의 인구증가와 그에 따른 경관의 변화가 뚜렷해지고, 지역집단의 점유의식이 강화되면서 정치적인 세력화가 진행되어 갔다.

한편 이 시기 중원을 중심으로 商周사회의 고대국가가 성립하고 이 중원문명이 주변으로 팽창하면서 주변의 낮은 수준의 계급사회와 교섭하게 되는 정치·사회적 맥락의 변화에 중대한 역사적 의미를 부여할 필요가 있다. 이와 같은 문명 중심지와 주변사회의 상호작용을 통해 역사시대의 지배 이념과 상징들도 주변사회로 확산 수용되기에 이른다. 여러 지역문화의 분포와 중심지와 주변이라는 상호작용의 맥락을 배제하고 청동기시대 한반도의 사회문화변동을 이해하기란 거의 불가능에 가까울 것이다. 한반도와 요동의 청동기시대 개시기는 얼핏 보기에 商文明의 성립과는 무관한 것처럼 보일지 모르지만 그렇지 않다고 본다.

근동과 동부지중해의 문명 성립과 그 주변 사회들의 변화가 서로 긴밀히 연결되어 있다는 점이 참고된다. 예컨대, 유럽대륙이 그 동남부로부터 청동기시대로 접어드는 과정의 시작은 메소포타미아지역에 문명화가 진행되고 국가사회가 등장하는 것과 무관하지 않다. 기원전 4천년기 후반 메소포타미아지역에 고대국가가 들어서게 되면, 문명의 핵심지대를 벗어나 무역 디아스포라나 식민거점들을 설치하면서 주변지역의 개발과 교역에 착수하기 시작한다.[32] 그 여파로 이보다 조금 늦게 지중해 동부의 에게 도서지역에도 복합사회가 등장하고 국제적인 이념들이 출현하는데 이는 메소포타미아 북부와 레반트지역과의 상호작용을 통해 가능했을 것이다.[33] 이러한 변화는 연쇄적으로 발칸반도 일원의 유럽 동남부지역이 문명의 주변으로 되어 이 지역의 사회시스템에도 눈에 띄는 변화를 초래하는 것이다.[34] 그리고 아직 변화의 직접적인 영향이 도달하지 않은 지중해 서부와 북부, 중부유럽 일대는 이른바 벨비이커 문화가 지역집단 간의 활발한 교류의 네트워크를 따라 확산되어 있었다.[35] 이것이 청동기시대로 접어들기 직전에 해당하는 기원전 3000년기 중반, 유럽에 구축된 광역의 정치사회시스템이라 할 수 있다. 메소포타미아의 문명이 성립하면서 소아시와 레반트 등 지중해 동부지역이 주변지대로 되고, 에게 도서지역의 도시화는 유럽 동남부의 사회변동을 촉진하였다. 이 지리적인 체계를 배경으로 물자의 개발과 교역이 확장되고 이념과 상징성들도 유통되었다. 특히 문명의 지배이념이 물질화되는 방식과 상징성들이 에게 지역을 거쳐 유럽대륙으로 확산되는 과정은 청동기시대 중부와 북서부유럽이 복합사회로 발전해 가는 과정을 이해하는데 아주 중요하게 다루어진다.[36] 동북아지역에서도 商代 文明의 등장은 그 주변에 해당하는 遼西·遼中北·遼南地域에 夏家店下層文化, 高台山文化, 雙陀子文化 등 새로운 농경문화집단이 형성되는 것과 무관하지 않을 것이다. 한정된 사례이지만, 조기 및

---

[32] Stein, G. J., *Rethinking World-System: Diasporas, Colonies, and Interaction in Uruk Mesopotamia*, Tucson: The University Arizona Press, 1999; Stein, G. J., Introduction: The comparative archaeology of colonial encounters, In Stein, G. J. (ed), T*he Archaeology of Colonial Encounters*, Santa Fe: School of American Research Press, 2005.

[33] Renfrew, C., *The Emergence of Civilization: The Cyclades and the Aegean in the Third Millennium B.C.*, London: Methuen, 1972, pp.451~455.

[34] Heyd, V., Europe 2500 to 2200 BC: between expiring ideologies and emerging complexity, In Fokkens H. and A. Harding (eds), *The Oxford Handbook of the European Bronze Age*, Oxford: Oxford University Press, 2012, pp.47~67.

[35] Czebreszuk, J. (ed), *Similar But Different: Bell Beakers in Europe*, Leiden: Sidestone Press, 2014; Vander Linden, M., *Le Phénomène Campaniforme: Synthèse et Nouvelles Perspectives*, British Archaeological Reports(International Series) 1470, Oxford: Archaeopress, 2006; Fokkens, H. and F., Nicolis (eds), *Background to Beakers*, Leiden: Sidestone Press, 2012.

[36] Kristiansen, K. and Larsson, T. B., *The Rise of Bronze Age Society: travels, Transmission and Transformations*, Cambridge: Cambridge University Press, 2005.

전기에 속하는 청동소품처럼 처음 한반도 안으로 청동유물이 유입되는 것도 그러한 문화집단 및 그 관계망의 형성과 무관하지 않을 것이다.[37]

한국 청동기시대의 기원을 설명하려 할 때 항상 우리는 초기 무문토기를 중국 동북지방의 토기유물군과 비교하는 방식으로 접근한다.[38] 이미 말한 것처럼 청동기시대가 새로운 농경집단이 경작지를 점유하기 위해 거주영역을 확대하면서 시작했다면 이 시대 개시기에 농경집단의 이주 과정을 생각해 볼 필요가 있다. 이와 같은 농경집단의 점유지역 확대는 요서와 요동지역의 새로운 농경문화의 정착과 함께 이루어진다. 또한, 이러한 변화가 상주 고대국가 형성과 시간·공간적으로 계기적 관계를 맺고 있다는 사실을 부정하기는 어렵다. 다만 상호작용의 관점에서 연쇄적 관계를 어떻게 설명하는가는 차후의 과제로 여겨질 따름이다.

조기 농경집단 점유확대의 증거물인 각목돌대문토기 취락은 예외 없이 강안 충적지를 따라서만 입지한다.[39] 강을 따라 깊은 내륙까지 진출하면서도 충적대지라는 한정된 지형을 벗어나지 않았다. 신석기시대 취락의 입지변동을 고려했을 때 한반도 대하천과 1차 지류의 충적층은 전·중기 이후 오랫동안 점유되지 않았던 지형에 속한다. 주지하다시피 신석기시대 말기의 토기는 대체로 해안 구릉이나 패총에서 채집된다. 이점을 고려하면 각목돌대문토기 집단은 숲으로 덮여 있던 하안의 충적대지를 개발하기 위해 벌목하면서 점유·확산해 갔을 것이다. 신석기시대 말기 공동체의 점유지와는 서로 충돌을 일으키지 않으므로 정치적인 갈등은[40] 적거나 없었을 것이다.

이후 청동기시대 전기와 중기의 과정은 꾸준한 점유지역의 확대와 그로부터 추론해 볼 수 있는 인구의 증가로 설명될 수 있을 것이다. 영남지방의 자료를 통해 보아도 전기에서 중기로 가면서 취락의 수와 규모가 확장되는 현상이 보이기 때문에 꾸준한 인구

37) 王巍, 「夏商周時期遼東半島和朝鮮半島西北部的考古學文化序列及相互關係」, 『中國考古學論叢: 中國社會科學院考古學研究所建所40年紀念』, 北京: 科學出版社, 1993.

38) 林淳發, 「渼沙里類型 形成考」, 『湖西考古學』 9, 2003; 裴眞晟, 「無文土器의 成立과 系統」, 『嶺南考古學』 32, 2003; 千羨幸, 「한반도 돌대문토기의 형성과 전개」, 『韓國考古學報』 57, 2005; 千羨幸, 「한반도 조·전기 무문토기와 중국 동북지역」, 『中國 東北地域과 韓半島 南部의 交流』, 第22回 嶺南考古學會 學術發表會, 2013; 김재윤, 「요동 초기 청동기문화의 형성과 한반도 무문토기의 기원」, 『요령지역 청동기문화의 전개와 한반도』, 제4회 한국청동기학회 학술대회, 2010.

39) 安在晧, 앞의 논문, 2000, 51~52쪽.

40) 金壯錫, 「농경사회로의 전환에 대한 이해」, 안승모·이준정 편, 『선사 농경연구의 새로운 동향』, 서울: 사회평론, 2009, 56~77쪽.

의 증가를 생각해 볼 수 있다고 하며 그것 때문에 취락의 양상이 분화되고 전문화되는 과정이 뚜렷하다고 한다.[41] 특히 청동기시대 전기에서 중기 송국리문화기로의 이행에서는 물질문화의 양상에서 중대한 변화들이 보인다. 물론 중기의 물질문화 중에는 전기의 후반에 이미 원초적인 형태를 보이는 것도 있지만 중기가 되어야 전반적인 변화가 증대되고 심화된다. 가장 현저한 변화는 대규모 취락의 형성일 것인데 아마 경제적 혹은 정치·이념적 결정에 따라 인구가 재배치된 결과로 이해해 볼 수 있다.[42] 송국리유적이나 대평리유적과 같은 대규모 취락은 환호와 목책으로 둘러쳐져 있고 다른 취락에서 볼 수 없는 생산시설이 공존하며 공동체적 의례를 통해 구축된 분묘유적이 인근에 함께 하기도 한다. 말하자면 이 시기 동안 취락유형의 전반적인 전이가 이루어진 셈이다.[43]

눈에 보이는 물질적 양상의 변화를 넘어 사회 구조화의 변동, 이념적 가치의 창조, 새로운 사회정체성의 구축과 재편, 집단과 집단, 혹은 집단과 개인의 관계에 대한 관념의 변화를 상정하지 않을 수 없으며,[44] 이는 우리가 앞으로 꾸준히 모색해 가야 할 질문이라고 생각된다. 한편 인구가 증가하고 농경취락이 발전하는 과정에서 농경정착민들은 주거를 정하고 경작지를 개간하며 오랜 시간 그곳에 살게 된다. 그래서 주거와 그것을 둘러싼 경관에 대해 이전과는 다른 관념을 가지게 된다.[45] 특히 자신의 근거지와 관련된 연고의 관념, 혹은 공간에 대한 역사적인 관념을 가지게 된다. 이러한 관념은 가까운 장소에 기념물적인 분묘를 축조하고 조상의 매장의례를 반복하면서 재확인 되었을 것이다. 李相吉의 지적과 같이 변화된 세계관에 따라 공간에 대한 관념을 부여하게 되고 그에 토대를 두고 의례를 반복함으로써 우리를 둘러싼 경관에 물질적인 양상으로 나타나게 된다.[46]

---

[41] 김권구, 『청동기시대 영남지역의 농경사회』, 서울: 학연문화사, 2005, 145~178쪽.

[42] 李盛周, 「都市와 마을(村落)에 대한 고고학적 논의」, 『考古學』, 2012.

[43] 安在晧, 「中西部地域 無文土器時代 中期聚落의 一樣相」, 『韓國上古史學報』 43, 2004; 李亨源, 『청동기시대 취락 구조와 사회조직』, 서울: 서경문화사, 2009, 210~214쪽.

[44] 金鍾一, 「韓國 先史時代 女性과 女性性」, 『한국고고학보』 78, 2011; 禹姃延, 「금강 중하류 송국리형무덤의 상징구조에 대한 맥락적 고찰」, 『부여 송국리유적으로 본 한국 청동기시대 사회』, 제38회 한국상고사학회 학술발표대회, 2010; 禹姃延, 「錦江中流域 松菊里文化段階 社會의 威信構造에 대한 試論的 考察」, 『한국고고학보』 84, 2012; 마틴 T. 베일, 「경제만이 아니다」, 『한국 고고학의 신지평』, 제38회 한국고고학전국대회, 2014.

[45] 李盛周, 「儀禮, 記念物, 그리고 個人墓의 발전」, 『湖西考古學』 26, 2012, 92~95쪽.

[46] 李相吉, 「靑銅器時代 儀禮에 관한 考古學的 硏究」, 大邱曉星가톨릭大學校 博士學位論文, 2000, 196~202쪽.

이처럼 관념적인 틀에 중대한 변화가 이루어지고 그에 따라 반복된 물질적인 실천으로 청동기시대 중기에는 그 이전 어느 시기보다도 많은 유구와 유물들이 축적되기에 이른다. 그러나 청동기시대 중기는 짧은 기간에 불과하다. 길어 보아야 400년을 넘지 않을 것이며 청동기시대 조기와 전기를 합친 시간대도 500년 정도에 불과하다. 그러하다면 농경에 전적으로 의존한 취락이 확산 정착하면서 기념물적 분묘가 축조되는 시점까지의 시간이 500년 남짓한 기간에 불과하다. 경관과 시간에 대한 관념이 유지되어 기념물이 지속적으로 축조되고 의례가 반복되어갔던 시기도 300~400년에 불과하다. 이 기간, 청동유물이 유입되어 사용되고 매납되어 지금까지 고고학 자료로 남았다. 동북아지역, 그중에도 요동과 한반도는 정착 농경취락의 확산으로부터 기념물의 축조, 금속의 유통에 이르기까지 800년 정도에 불과한 매우 압축적인 변동과정을 보였다. 이러한 역사적 과정에 대해서는, 농경취락의 확산이 자연적인 경계나 기후 조건 때문에 늦게 진행된 점, 중원문명의 형성시점이 상대적으로 늦은 점, 근동과 유럽보다는 선박, 수레, 항로와 도로의 이용이 덜 발달한 점, 그리고 문명과 주변사회의 네트워크가 그리 긴밀하게 조직되지 않은 점 등 여러 이유를 생각해 볼 수 있을 것이다. 그런데 후기선사시대의 시작은 상당히 지체된 반면 문명지역에 성립된 제국이 주변 사회의 역사에 직접 개입하는 시점은 동서양이 비슷하여 동북아 주변사회로서 한반도의 후기선사시대는 상대적으로 짧았고 변동은 압축적일 수밖에 없었던 것 같다.

III. 역사 개시기로서 1~3세기

1. 三神山과 울티마 툴레

울티마 툴레(Ultima Thule)는 서양인에게 매우 신비스러운, 그리고 아주 먼, 알고 있는 세상의 끝을 일컫는 단어이다. 로마의 세네카나 베르길리우스와 같은 시인이 읊었던 문구에 이상세계로 등장하며 당연히 플리니우스나 스트라보와 같은 대학자들이 그 실재에 대해 끊임없이 논박했던 지명이기도 하다. 중세시대 사람들에게 툴레는 아이슬란드였다. 서기 8세기 베다 베네라빌리스(Beda Venerabilis)는 아이슬란드로 가서 여름 며칠

동안을 머물다 밤에 뜬 태양을 보았던 사람들의 이야기와 함께 툴레는 아이슬란드임을 말한다. 고대 지중해 문명인들에게 미지의 세계는 북방이었던 것 같다. 기원전 5세기 헤로도토스는 스키타인 북방에 거주하는 몇몇 민족에 관해 서술했지만, 우리의 지식은 여기까지라고 하면서 그 이북의 민족들에 대해서는 아주 신비스럽고 비현실적으로 묘사하곤 했다.[47]

로마시대의 지성인, 이를테면 플리니우스, 세비야의 이시도르, 그리고 가이우스 솔리누스 등은 툴레를 영국 북서쪽의 멀리 떨어진 섬으로 믿었다. 이처럼 비현실적이며 낭만적이고 모험심을 불러일으키는 세계가 서양인들에게 오랫동안 회자되어 온 그 발단이 된 것은 그리스의 식민도시 마살리아(오늘날 마르세유)의 모험가 피테아스의 항해이다.[48] 그는 영국을 거쳐 아이슬란드를 처음 항해했던 인물이며 북극의 빙원과 백야를 보고 그에 대해 처음으로 묘사했다. 그의 기록은 전하지 않지만, 기원전 1세기와 기원후 1세기 초까지 살았던 스트라보가 그의 항해를 기록으로 남겨 세계의 끝에 대한 서양인의 관념을 심어주었다.

동아시아에서의 미지의 세계는 동쪽에 있는 듯하다. 『史記』 권6 진시황본기(秦始皇本紀)에는 진시황이 동쪽으로 순행하여 발해만을 따라 산동반도의 가장 끝, 진제국의 제일 동쪽인 成山에 올랐다가 다시 之罘山에 올라 비석을 세웠다. 지부산에는 옥벽을 포함한 옥기 매납유구가 발견되어 제국의 안과 바깥 세계에 대한 상징적 장소에서 의례를 지냈을 것이라는 의견이 있다.[49] 그리고 다시 琅邪山에 올라 낭야대를 지어 비석을 세우는 공사를 한다. 이 공사가 완공되어 마칠 즈음 제나라 사람 徐市 등이 글을 올려 "바닷속에 三神山이 있는데 이름하여 蓬萊山, 方丈山, 瀛洲山이라고 합니다. 거기에 신선들이 살고 있으니, 청컨대 재계하고 어린 남녀와 함께 신선을 찾으십시오."라고 말했다. 이에 서불을 보내 어린 남녀 수천 명과 함께 바다로 들어가 신선을 찾게 했다. 고대 중국인이 가보지 못한 동쪽 바다의 신비스러운 곳의 이름은 후대 한반도와 일본열도의 해안지대 곳곳에 지명을 남기게 된다.

진시황 29년 두 번째 동방순행에 다시 오른 지부산 비문에도 지부에 올라 바다를 바

---

47) 헤로도투스, 박광순 옮김, 『역사』 상, 서울: 범우사, 1987, 379~389쪽.

48) Cunliffe, B., *The Extraordinary Voyage of Pytheas the Greek*, London: Penguin Press, 2001, pp.116~135.

49) Li, Min, *Social Memory and State Formation in Early China*, Cambridge: Cambridge University Press, 2018, pp.449~453.

라보았다는 기록이 있다. 말하자면 제국을 통일하고 그 너머의 미지의 세계를 바라본 것이다. 제국이 주변세계에 대해 본격적으로 세력을 확장한 것은 漢武帝 때 일이다. 요컨대 제국이 형성되자마자 그 주변세계에, 혹은 먼 미지의 세계에 관심을 돌리기 시작한다는 것이다. 주변의 사회에 개입하고, 그들과 관계를 맺고 지속적으로 왕래하려 했으며 그들에게 관심을 가지고 그들이 보고 경험한 것을 기록으로 남기기 시작한다. 그렇게 주변 사회의 역사기록이 시작되었으며 역사의 기록이 확장된 것이다. 역사는 물론 문자가 발명된 지역의 어느 시점부터 시작되는 것이 사실이지만 이미 말한 것처럼 기록은 공간적으로 확장된다.

역사개시기란 구체적인 종족이나 그들의 땅이름이 기록으로 남기 시작하고, 특정 인물의 이름이 등장하며 그들을 주어로 한 활동이 희미하게나마 전해지는 시대이다. 먼저 문명지역 고대국가에서 주변 사회에 관심을 가지고 개입하면서부터 역사가 시작되므로 주변 사회에 관한 이야기는 고대국가와의 관계 및 그들의 관심으로부터 기록이 남기 시작한다. 그리고 비로소 고고학에서는 물질자료를 기록된 사실들과 대비시키며 논의할 수 있게 된다. 한반도에서는 바로 이 시대가 1~3세기인 듯하다.

2. 원사시대의 설정

『한국고고학개설』에는 서력기원 전후부터 서기 300년경까지의 약 300년이 원삼국시대(Proto-Three Kingdom Period)로 설정되어 있다. 삼국시대의 원초기, 또는 원사 단계의 삼국시대라는 뜻으로 시대명을 그리 정의하였다고 이 책은 언급하고 있다.[50] 고고학의 입장에서는 이 시대를 원사시대로 받아들인다고 보아도 좋을 것 같다. 그러나 현대 고고학의 어느 지역 편년체계에서도 '原史'라는 시대명을 사용하는 경우는 흔치 않다. 고고학의 편년체계에 원사시대를 정의해 넣고 빈번히 언급하는 연구자들이 있다면 프랑스 고고학자들이다. 유럽고고학의 통상적인 시대구분은 구석기, 신석기, 청동기, 철기시대 즉 삼시대 체계에 따른다. 이 일차적인 시대 체계와 병행하여 프랑스의 고고학자들은 先史, 原史, 歷史時代라는 구분법도 흔히 사용한다. 원사시대를 신석기시대까지 포괄하면서 이 시대가 한편으로는 선사시대고 다른 한편으로는 원사시대라는 견해를 제

---

50) 金元龍, 『韓國考古學槪說』－第3版－, 서울: 一志社, 1986, 128쪽.

시하기도 한다.[51] 하지만 프랑스 연구자들이 '원사시대'라고 부르는 시간적 범위는 적어도 기원전 2천 년 이전부터이며 전형적인 금속사용의 시대를 지칭한다. 즉 동석시대(Chalcolithique)를 포함해서 청동기와 철기시대를 거쳐 갈리아 지역이 점령되어 로마 시대가 시작되기 직전까지에 해당 된다고 보는 것이다.[52] 프랑스의 고고학자들이 원사시대의 설정을 강조하는 것은 가브리엘 드 모르띠에 이래의 전통을 따르는 것인 듯하다. 이미 19세기부터 프랑스 고고학자들은 석기, 청동기, 철기의 시대(Age) 체계를 설정하고 그 상위 시간대(Temp)의 구분으로 先史, 原史, 歷史라는 범주를 정의해 왔던 것이다.[53]

세계사적으로 본다면 초기 문명은 극히 일부 지역에 한정되고 그 안에서만 역사시대가 시작된다. 그 가까운 주변지역은 문명의 영향을 받지만, 자체적인 역사는 없는 상태에 머물고 먼 외곽지역은 文明人의 인식에서도 찾아지지 않는 선사시대가 연장된다. 어찌 보면 문자기록이 남지 않은 선사시대와 문자로 기록된 역사가 전하는 역사시대의 중간시기가 바로 원사시대라고 할 수 있다. 한 사회에서 문자기록이 없으면 先史, 있으면 歷史로 구분하면 그만이므로 중간시기라는 개념이 필요한가 하는 의문이 들 수도 있다. 하지만 원사시대는 단순한 시기 구분에 그치는 것은 아니다. 시간적으로 선사와 역사의 과도기를 정의한 것이긴 하지만 지리적으로 분화된 시대설정이다. 문자는 문명의 표징이며 산물이고 그로 인해 문명 그 내부는 역사시대가 된다. 그 가까운 주변지대에서는 상당한 기간의 정치적 발전을 이룩한 다음 문자기록을 수용하여 역사시대로 접어든다. 이때까지 문명인의 기록으로만 역사가 전해지는데 이 지역이 원사시대이다. 그러나 그 너머의 지대는 선사시대가 지속된다. 그렇다면 수메르문명기의 메소포타미아 주변지대로부터 시작하여, 고전 그리스시기에 그에 이웃했던 트라키아나 스키타이 사회, 그리고 로마 팽창기의 갈리아나 브리튼지역, 제정 로마시대 라인강 이동과 다뉴브강의 이북지역 등이 전형적인 원사시대에 속한다고 볼 수 있다.[54] 동북아시아에서는 漢 帝國期와 三國·西晉 時期까지의 한반도 제 지역도 원사시대에 속한다고 볼 수 있을 것이다.

51) Lichardus, J. et M. Lichardus-Itten, *La Protohistoire de L'Europe: Le Néolithique et le Chalcolithique*, Paris: Presses Universitaires de France, 1985, p.208.

52) Otte, M., *La protohistoire*, Paris: De Boeck, 2008; Briard, J., *Protohistoire, Encyclopædia Universalis France*, 2015(http://www.universalis.fr/encyclopedie/protohistoire/).

53) Mortillet, G. de, *Formation de la Nation Française*, Paris: Alcan, 1897, pp.189~193.

54) Diringer, D., *The Alphabet: A Key to the History of Mankind Ⅰ·Ⅱ*, London: Hutchinson, 1968; Andrén, A., *Between Artifacts and Texts: Historical Archaeology in Global Perspective*, New York: Springer, 1998.

　원사시대라고 할 수 있는 기간은 지역에 따라 그 시작과 시간 폭이 서로 다르게 설정된다. 또한 이 시대에 해당하는 사회에 대한 기록들도 그 양이나 성격이 천차만별이다. 또 같은 문명의 주변사회라 하더라도 원사시대로 볼 수 있는 기간은 서로 차이가 클 수 있다. 문명인들이 정치·군사적, 혹은 경제적으로 많은 관심을 가진 사회나 오래 동안 관계가 유지되어 온 주변집단에 대해서는 장기간 많은 양의 역사기록을 남겼을 가능성이 크고 그 반대의 경우에는 거의 언급조차 되지 않을 수도 있다. 따라서 문명과의 관계나 지리적인 위치에 따라 원사시대 설정은 가변적일 수밖에 없고 어떤 사회의 어떤 시간대가 원사시대이어야 한다는 일반론도 근거 있게 말하기는 어렵다.

　앞서 말한 것처럼 프랑스 고고학자들은 다른 유럽 고고학계와 달리 原史(protohistory)라는 시대개념을 통용시키고 있으며 동석기시대부터 로만시대 직전까지를 포괄하고 있어 상당히 긴 시간대를 이 시대로 정의한다. 이 시간대는 보통 유럽고고학계의 일반적 용어 사용에서 보면 후기선사시대(late prehistory)에 해당된다. 하지만 유럽학계에서 흔히 생각하는 원사의 시간대는 보통 프랑스적 시기보다는 훨씬 늦고 짧은 편이다. 독일에서도 "Frühgeschichte", 즉 초기역사시대로 보는 기간의 시점은 그리 오랜 것이 아니다. 특히 게르만지역은 로마 시대에 제국에 편입되지 않았으므로 하한은 더 늦어진다. 영어권에서 원사시대의 인식을 살피면 가령 티모시 테일러는 고전 그리스문명기의 흑해 연안의 부족들을 서술하면서 "전 지역의 모든 사회는 아니지만, 일부 사회의 역사기록이 전하는 기원전 1천년기의 기간을 우리는 선사시대라고 하는 것보다 흔히 '원사시대'(protohistoric)라고 부른다."라고 적고 있다.[55] 배리 컨리프는 영국의 철기시대 후기(150 BC~AD 43)를 "원사시대에서 역사시대로"의 기간이라고 설정한다. 그리고 이 시기를 전반(150 BC~55 BC)과 후반(55 BC~AD 43)으로 나누고 전반은 주화의 형식이나 분포를 통해 부족 단위의 활동을 희미하게나마 분간할 수 있는 시기, 후반은 카이사르의 정벌과 함께 브리튼의 왕들이나 왕에 준하는 구체적인 인물과 관련된 사실이 역사기록과 주화자료에 드러나는 시기라고 정의했다.[56]

---

[55] Taylor, T., Thracians, Scythians, and Dacians 800 BC-AD 300, In Cunliffe, B.(ed), *The Oxford Illustrated Prehistory of Europe*, Oxford: Oxford University Press, 1994, p.373.

[56] Cunliffe, B., *Iron Age Communities in Britain*, 5th Edition, London: Routledge, 2005, p.127.

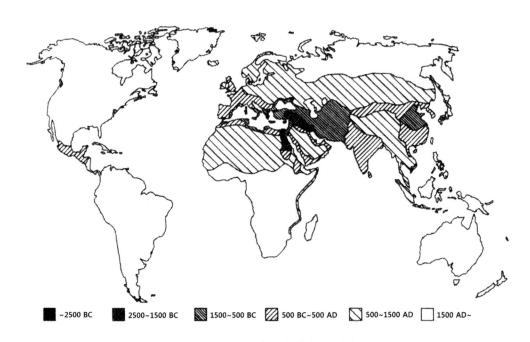

~2500 BC   2500~1500 BC   1500~500 BC   500 BC~500 AD   500~1500 AD   1500 AD~

〈그림 2〉 해독된 문자기록의 시간-공간적 분포
이 지도는 적어도 글로벌한 관점에서 역사 고고학의 편년-지리적인 범위를 나타내 준다고 봄
(출전: Andrén 1998, 5쪽에서)

어찌 보면 원사시대는 시기적으로 특정하기 어렵고 전형적인 원사시대라고 할 만한 기간은 무척 짧을 수 있다. 가령 스키티아와 트라키아사회와 같은 경우 테일러는 기원전 1천년기의 기간을 원사시대로 정의하지만 역사기록이 남겨진 시점은 헤로도투스와 같은 이가 활략했던 5세기 무렵부터였으므로 아주 긴 시간대를 원사로 포괄하는 셈이다. 영국 중남부의 철기시대를 다루면서 컨리프는 글자가 새겨진 주화의 분포와 카이사르의 기록으로 알려진 약 200년만을 원사시대로 정의한 셈이다. 이처럼 전형적인 원사시대는 아주 짧게 설정되기도 하는데 그럼에도 이 기간에 진행된 역사변동은 매우 중요하다. 문명 주변의 사회들은 매우 중대한 변화를 겪게 되며 이 경험은 이후의 역사적 전개에서도 아주 커다란 의미가 있게 된다. 이전에 보기 어려웠던 규모와 조직의 부족이 형성되고, 경우에 따라 항시적 정치조직화라든가 정치사회적 정체성을 가지게 된다. 정치, 경제, 군사, 그리고 의례의 거점이 형성되고 도시화라고 부를 수 있는 변동이 진행되어 이차국가의 형성이 촉진되기도 한다. 원거리의 관계망이 형성되는 시대이며 교

통과 통신의 방법이 고안되어 멀리 떨어진 집단들과의 직접적인 접촉이 가능해지고 문명지역의 기술혁신이 빠르게 전달되기도 한다. 광역에 걸친 이와 같은 변동은 인류역사상 최초의 경험이었으며 이는 문명이나 주변 사회 모두의 세계관에 커다란 변화가 동반되었을 것이다.

대략 기원전 800년에서 500년 사이에 지중해 지역에 도시국가와 문자기록이 확산된다. 기원전 150년을 전후해 지중해 세계를 제패한 로마가 기원전 2세기를 전후한 시기부터 내륙의 유럽으로 진출하기 시작한다. 물론 동석시대부터를 原史時代로 취급하는 프랑스의 고고학자들도 있지만 전해지는 기록의 성격을 감안하면 온대유럽의 원사시대를 그리 이르게 볼 수 없다. 유럽 내륙은 확실히 철기시대 후기 늦은 단계가 되어야 역사적 실체들이 나타난다. 부족이나 전쟁지도자, 땅과 강, 그리고 도시의 이름, 주화를 발행한 인물과 분포의 중심지와 같은 정보들이 드러나는 것이다. 따라서 지역마다 여건은 조금씩 다르지만 온대유럽은 일러야 라뗀느 후기의 어느 시점부터 본격적인 원사시대로 접어든다고 보아야 하지 않을까 한다.

한국의 원사시대 시작은 세 단계로 타진해 볼 수 있다. 첫째는 『三國志』韓條에서 『魏略』을 인용하며 언급한 朝鮮 관련기록이 첫 번째의 검토대상이다. 이에 따르면 전국시대의 燕이 기원전 4세기 말 3세기 초 무렵(昭王代 311~270 BC) 동으로 세력을 확장하여 2,000여 리를 차지하는 것으로 나와 있다. 이 기록을 근거로 요령지역의 철기문화 개시기와 한반도의 세형동검유물군 등장시점이 정의되었고,[57] 이때부터 초기철기시대가 설정된다. 그러나 희미하게라도 한반도의 사정을 살필 수 있는 역사기록은 찾아볼 수 없으므로 이때부터를 원사시대라고 보기는 어렵다. 둘째가 『史記』朝鮮傳의 기록이다. 그러나 이 시기 역시 위만조선의 중심지나 영역, 혹은 그 존재와 연결시킬 고고학 자료가 분명치 않기 때문에 아직 원사시대로 거론하기 곤란하다. 구체적이고 전반적인 기록의 시작이나 역사적 실체를 고고학 자료와 대입시켜 볼만한 시대는 한군현의 설치와 함께 시작된다고 볼 수밖에 없다. 그러므로 한군현의 설치로부터 『三國志』魏書 東夷傳의 기록이 작성된 시점, 그 전후까지의 한반도를 원사시대에 속한다고 볼 수 있을 것이다.

---

57) 尹武炳, 「韓國靑銅遺物의 研究」, 『白山學報』 12, 1972.

Ⅳ. 1~3세기 동이 사회의 위치

1. 부족지대의 설정

고대 지중해문명의 문헌에서 어떤 특정한 사회집단이 일정한 영역 거주할 때 그들을 일차적으로, 일반적으로 지칭하는 말은 라틴어로 트리부스 tribus, 그리스어로 필레 phyle 이다. 영어로는 tribe이고 우리말로 변역하면 部族이다. 우리 고고학과 고대사에 널리 소개된 신진화주의 도식에 따르면 부족사회는 진화의 한 단계로 엄밀하게 정의된다. 가장 단순한 원시사회인 무리사회(band society)와 초기 복합사회인 족장사회(chiefdom society) 사이의 단계가 부족사회로 정의 된다.[58] 사실 19세기의 초기 인류학자들로부터 부족이란 말은 흔히 사용되어왔는데 아프리카나 아메리카, 혹은 멜라네시아의 원시사회에서 확인되는 어떤 집단들을 가리킬 때 흔히 부족이라고 했다. 물론 부족으로 지칭되는 사회집단들 사이에는 서로 차이가 큼에도 불구하고 20세기 들어와서도 그렇게 불러 왔다. 그러나 20세기 중반 이후 인류학자들은 부족이란 말이 서구와는 다른 사회, 혹은 원시사회임을 나타내주는 것 말고는 무어라 정의하기 어려운 모호한 개념이란 것을 알게 되었고 그런 집단이 현실적으로 존재하지도 않았다는 비판이 주어지기도 했다.[59]

1960년대와 70년대 인류학자들 사이에 부족이란 말은 두 가지 의미로 개념화되어 왔다고 알려져 있다. 첫째가 앞서 말한 것처럼 신진화주의의 도식에 따라 사회진화의 한 단계로 정의되는 방식이다. 서비스는 부족이 무리사회와 족장사회의 중간단계로 무리사회와는 달리 일정한 범위에 전문화된 조직이라 할 수는 없지만 혈연적인 관계의 가로지르는 조직체를 가졌다고 보는 것이다.[60] 여러 공동체나 마을 등을 연결시킨 사회조직 정도로 이해하면 될 것 같다. 둘째로는 부족을 특별한 역사적인 조건에서 파생된 사회로 보는 관점으로 문명, 국가, 제국 등과의 접촉을 통하여 변화가 이루어진 사회라고 보는 것이다. 특히 프리드는 정치사회조직의 일반진화를 검토했음에도 서비스의 발전도

---

58) Service, E. R., *Primitive Social Organization*, New York: Random House, 1962.

59) Skalnik, P., Tribe as Colonial category, In Boonzaier, E. and J. Sharp (eds), *South African Keywords: The Uses and Abuses of Political Concepts*, Cape Town: David Philip, 1988.

60) Service, E. R., 앞의 책, 1962, 111쪽.

식을 비판했다. 그는 사비스가 말하는 부족과 같은 정치사회조직체는 원칙적으로 무리사회와 구분이 되지 않는다고 보았다. 대부분 부족이라 칭해지는 것은 진화의 한 단계가 아니라 이차적 현상으로 상대적으로 높은 수준으로 조직화된 사회가 등장할 때 그에 대한 반응으로 나타났다고 보는 것이다.[61] 프리드는 지금 우리가 알고 있는 民族誌 상의 부족이란 것은 모두 식민지 현상의 일부로 파악된다고 하면서 심지어는 유럽이 부족을 창조했다고까지 말한다.[62]

　프리드는 정치사회 조직체로서 부족을 세부적으로 정의한 적은 없다. 그저 서로 구분되어 있는 정치조직체라는 정도로 간단히 규정하고 있다.[63] 일반적으로 우리가 진화론적 관점에서 이해하는 부족이란 여러 공동체, 혹은 취락이 연결되어 사회적 관계를 형성하고 자기 동일성을 가지며 그래서 다른 부족과 구분되지만 통합되고 전문화된 그리고 위계화된 정치조직체를 형성하지 못한 사회정도가 아닐까 한다.[64] 부족이라 할 수 있는 것을 존슨과 얼이 구분한 정치조직체의 구분에 대입해 보면 국지집단(local group) 정도가 아닐까 한다.[65]

　부족이 역사적이고 이차적인 현상이기 때문에 일반적인 사회진화의 한 단계로 보기는 어렵다고 생각하는 프리드의 입장에서는 부족을 조직적인 특성으로 이해하려 하지 않는다. 그래서 부족의 형성에 대해 프리드는 사회의 조직적인 특성보다는 경계 지움에 초점을 맞춘다. 부족의 형성과정(tribalization)에 대한 기존의 이론들을 검토하여 전쟁에 중점을 두는 모델과 사회적·환경적 리스크에 초점을 맞춘 이론으로 나누어 검토한 조나단 하스도 부족을 갈등론이든 협력론이든 부족의 형성은 그동안 분명하지 않던 경계가 분명해지는 과정이라고 전제해 두고 있다.[66] 중국의 문명형성에 대해 논하면서 프리

---

[61] Fried, M., The concepts of "tribe" and "tribal society" In Helm, J., (ed) *Essays on the Problem of Tribe*, Seattle: University of Washington Press, 1968, pp.3~20.

[62] Fried, M., Economic theory and first contact, In Leons, M. and F. Rothstein (eds), *New Direction in Political Economy*, Connecticut: Greenwood Press, 1979, p.4.

[63] Fried, M., 앞의 논문, 1968; Fried, M., 앞의 논문, 1975.

[64] Service, E. R. 앞의 책, 1962, 140~141쪽; Haas, J., Warfare and the evolution of tribal polities in the prehistoric Southwest, In Haas, J.(ed), *The Anthropology of War*, Cambridge: Cambridge University Press, 1990, p.172.

[65] Johnson, A. and Earle, T., *The Evolution of Human Societies: From Foraging Group to Agrarian State*, Stanford: Stanford University Press, 1987, pp.189~191.

[66] Haas, J., 앞의 논문, 1990, 174쪽.

드는 형성기의 국가들이 공통적으로 수행하는 임무가 두 가지라고 지적한 바 있다. 그의 견해에 따르면 그중 첫째가 국가에 포함되는 구성원들의 범위를 명확히 해두는 것이라고 한다. 국가의 범위와 그 구성원(집단)을 명확히 한다는 것은 비구성원(집단)을 묶어서 분명하게 구분하는 작업과 연동되기 때문에 프리드는 부족(Tribe)이나 종족집단(ethnic group)이 초기국가의 창조물이라고까지 말하는 것이다.[67]

부족의 개념으로 계급의 발생(ranking)이나 계층화(stratification)에 대해 논의하기 어렵고 정치조직의 진화에 대한 일반론적 설명에는 적절치 않은 개념이라고 하면서 프리드는 그것을 역사적으로 특정한 맥락에 두고 파악해야 할 필요성을 제기한다.[68] 유럽 제국들의 식민지와 그 주변은 물론이고 로마나 중국을 비롯한 고대의 팽창적인 국가가 주변사회를 구분하고 규제하는 맥락에서 부족의 형성과정을 연구하는 일이 필요하다는 것이다.[69] 이러한 관점을 계승하여 브라이언 퍼거슨과 닐 화이트헤드는 "부족지대(tribal zone)"라는 용어를 만들어 냈다.[70] 그들은 지금까지의 인류학이 오염되지 않은 사회의 연구, 원초적 국가의 형성과 같은 문제만을 강조해 왔다고 문제를 제기하면서 국가 혹은 제국이 토착사회에 영향을 주어 그들이 변모되어 가는 모습을 범문화적으로 비교 분석하는 작업이 매우 부족했다고 지적한다. 그래서 그들에게 부족지대란 침략적, 혹은 확장적 국가의 경계지대로부터 더 나아간 지대를 의미하며 이곳에서는 국가와의 접촉을 통해 토착사회는 끊임없는 변화를 겪게 된다고 한다. 사회조직의 새로운 패턴을 만들어 내거나 아니면 기존의 관계가 강화되기도 하고 때로는 분해와 재조직이 이루어지기도 한다는 것이다.[71]

팽창적인 국가와 주변 사회집단들의 관계, 그리고 부족지대에서 일어나는 사회변동에 초점을 맞추는 관점은 이전 구조-마르크스주의 고고학자들에게서도 찾아볼 수 있

---

[67] Fried, M., Tribe to state or state to tribe in Ancient China? In Keightley, D. N.(ed), *The Origins of Chinese Civilization*, Berkeley and Los Angeles: University of California Press, 1983, p.478.

[68] Fried, M., 앞의 논문, 1968; Fried, M., 앞의 논문, 1979.

[69] Fried, M., 앞의 논문, 1968, 18쪽

[70] Ferguson, R. B. and Whitehead, N. L., The violent edge of empire, In Ferguson, R. B. and N. L., Whitehead (eds), *War in the Tribal Zone*, School of American Research Advanced Seminar Series, Santa Fe: School of American Research Press, 2005, pp.1~30.

[71] Whitehead, N. L., Tribes make states and states In Ferguson, R. B. and N. L., Whitehead (eds), *War in the Tribal Zone*, School of American Research Advanced Seminar Series, Santa Fe: School of American Research Press, 2005, pp.127~150.

다. 이들의 연구는 사회적 변형과정(social transformation)을 주어진 사회적 단위 안에서 단선적인 시간의 과정으로만 파악하려는 전통적인 관점을 거부한 데서 출발하였다. 이러한 생각은 프리드만과 로울랜즈와 같은 연구자의 제안에 비롯되었다고 하겠는데 그들은 단위사회의 진화를 설명한다는 것은 의미 없는 일이고 하나의 과정으로서 재생산이 이루어지는 '총체적 공간'을 고려해야만 한다고 주장한다.[72] 말하자면 하나의 단위사회로서 부족(tribe)이나 족장사회(chiefdom)가 있다면 그 단위를 정의하고 내부를 살피는 것을 통해 그 진화과정을 이해할 수 있는 것이 아니라는 것이다. 그러한 사회의 변동도 그들이 놓여있는 커다란 시간과 공간의 틀 안에서 작동하는 확장된 체계의 구조적인 변동의 일부일 뿐이라고 한다. 진화는 우리가 임의로 설정한 단위 내에서 진행되는 시간적인 과정이 아니라 시간적이면서도 공간적인 과정이므로 마르크스주의 학자들은 진화적 과정이 작동하는 시간-공간의 틀을 마련해야 한다고 보았던 것이다.[73] 그러한 시간-공간의 틀로서 마르크스주의 고고학자들은 중심지와 주변의 관계에 기초한 세계체계의 모델을 제안하며.[74] 어찌 보면 지역 간 상호작용의 시스템이라고 하는 것도[75] 그와 크게 다르지 않은 연구관점이라 할 수 있다.

사회집단들의 지역적인 분포와 진화에 대해서 크리스티안센은 부족, 족장사회, 국가로 이어지는 진화적 도식 그 이면에서 공간적 배치에 따라 달라지는 사회형성의 구조적 원리를 밝혀내야 한다고 주장한다.[76] 크리스티안센에 따르면 가령 부족이라는 조직체는 세계체계 안에 자리 잡은 그들의 위치에 따라서 진화의 방향성과 가능성이 달라진다고 한다. 세계체계는 중심지-주변의 관계를 비롯하여 구조적으로 다양하며 그와 같이

[72] Friedman, J. and Rowlands, M., Notes towards an epigenetic model of the evolution of civilization, In Friedman J. and M. J. Rowlands (eds) *The Evolution of Political Systems*, Pittsburgh: University of Pittsburgh Press, 1978, p.272.

[73] Friedman J. and M. J. Rowlands, 앞의 책, 1978; Ekholm, K., On the structure and dynamics of global systems, In Kahn, J. S. and J. R. Llobera (eds), *The Anthropology of Pre-capitalist Societies*, London: The Macmillan Press, 1981.

[74] Champion, T. C. (ed), *Centre and Periphery: Comparative Studies in Archaeology*, London: Unwin Hyman, 1989; Dobesch, G., Ancient literary sources, In Moscati, S., et. al. (eds), *The Celts*, New York: Rizzoli International Publication, 1999, pp.30~38; Collis, J., *The Celts*, Stroud: Tempus Publishing, 2003, pp.3~26.

[75] Schortman, E. M. and Urban, P. A. (eds), *Resources, Power, and Interregional Interaction*, New York: Plenum, 1992.

[76] Kristiansen, K., *Europe before History*, Cambridge: Cambridge University Press, 2005, p.50.

구조적으로 정의된 공간 안에서 국가, 족장사회, 부족이 배치되고 시간적인 궤적을 따라 부족에서 족장사회, 혹은 족장사회에서 국가로의 진화도 이루어진다고 본다. 사실이와 같은 세계체계론은 부족지대의 개념과는 상당한 차이가 있다. 확실히 세계체계론은 경제적인 상관관계에 초점을 맞춘 개념적인 틀이며 구체적인 사회집단들을 분석하기보다는 개별적인 사례를 이론적 틀로 설명해내기 편리하다.

이에 비해 부족지대의 개념은 전쟁에 초점을 맞춘다. 팽창적인 국가와 주변 토착집단의 접촉은 여러 가지 양상으로 살필 수 있지만, 전쟁이라는 폭력적인 개입에 의해 주변 부족의 정치사회적인 규모와 조직, 그리고 정체성에 커다란 변화를 가져오는 것으로 파악한다. 주변의 토착사회는 수천 명 정도의 집단이 일정 영역 안에서 느슨한 통합을 이루는 정도의 사회집단이다. 정치적인 위계나 집단의 정체성도 희미하고 집단들 사이의 경계도 유동적인 상태라고 보는 것이 옳다. 이러한 토착사회는 국가와의 폭력적인 접촉을 통해 정치사회조직에 커다란 변화를 겪게 되는 것이다. 유럽의 철기시대 사회도 로마의 접근을 맞이하면서 부족이 연합하고 부족의 범위에 변화가 나타나며 강한 집단 정체성에 대한 의식을 가지게 된다. 때로 확대된 영역의 경계에 대해서도 뚜렷한 관념이 생기고 중심지가 등장하며 전쟁을 이끌어갈 한 명의 강력한 지도자가 나타나기도 한다.[77]

철기시대 후기 유럽내륙의 토착사회가 분포하는 지역은 꾸준히 확장해 들어오는 지중해 지역의 복합사회와 지속적인 상호작용을 통해 사회적 변형을 겪게 된다는 점에서 부족지대라고 할 수 있다.[78] 이와 같은 역사적 맥락이 조성된 지역은 구대륙의 이곳저곳에서 여러 시간대에 확인된다. 燕의 철기문화가 확산되어 들어오는 중국 동북지방, 그리고 한제국이 설치한 낙랑의 주변도 부족지대로 이해할 수 있다. 그렇다면 원사시대의 한반도는 퍼거슨과 화이트헤드가 말하는 일종의 부족지대로서 고고학의 입장에서는 그 물질적 양상을 고대국가와 여러 제국의 주변에서 이루어지는 변동과 비교해 볼 필요가 있는 것이다.

---

[77] Wells, P. S., *Beyond Celts, Germans and Scythians*, London: Duckworth, 2001, pp.84~102; Cunliffe, B., *Greeks, Romans and Barbarians: Spheres of Interaction*, London: Batsford, 1988, pp.80~105.

[78] Wells, P. S., 앞의 책, 2001, 31쪽.

2. 1~3세기 동이와 철기시대 말기 갈리아의 비교

지중해 문명권에서도 주변사회에 대한 지리적, 민족지적 지식을 기록으로 남기기 시작한 사람들은 그리스인들이었으며 후대에는 로마인이 그것을 대신했다. 상대적으로 페니키아인이나 에트루리아인들은 기록물을 남긴 것이 없다. 이오니아인들이 처음으로 민족지와 같은 기록을 시작한 것은 대략 기원전 6세기 후반부터이며 유럽의 야만인들에 대한 최초의 언급도 이 무렵부터 볼 수 있다. 기원전 5세기부터 3세기의 기록에는 그저 크게 잡은 종족과 그들의 거주지가 어디쯤이라는 사실이 나타날 뿐 구체적인 사정을 전하는 기록은 보이지 않는다. 가령 기원전 5세기의 헤로도투스의 경우, 스키티아와 트라키아에 관해서는 상세한 기록을 남겼음에도 내륙의 켈토이에 대해서는 다뉴브강 상류에 거주한다고 언급했을 뿐이다. 내륙지역과 지중해의 도시국가들 사이의 교역이 상당히 빈번했고 군사적인 충돌도 있었지만 역사－민족지적 구체성을 가진 기록은 없었다. 기원전 2세기에 들어서야 유럽내륙의 야만인에 대한 상세한 기록이 등장한다. 온대유럽의 켈트인에 대한 민족지적 기록은 그리스인 포시도니우스(Posidonius)에 의해 처음으로 이루어졌다고 하나 이 기록은 전하지 않는다. 그러나 이후의 저술가들, 이를테면 디오도루스 시쿨루스, 스트라보, 아테나이우스 등의 기록에 빈번히 언급되어 그가 서부 유럽을 광범위하게 여행했고 직접 관찰자의 입장에서 저술했을 것이라는 사실을 짐작할 수 있다. 폴리비우스와 포시도니우스의 저술은 대략 기원전 2~1세기 초의 켈트사회에 대한 것이고 카이사르의 기록은 기원전 1세기 중반에 해당된다. 타키투스(Tacitus)가 다시 게르만사회를 기록한 것은 카이사르보다 150년 정도 뒤의 일이다.[79]

앞서 언급한 것처럼 고전시대의 저술가들이 특정한 집단을 지칭할 때 가장 흔한 범주적 명칭은 '부족'이다. 원사시대 부족의 사회적 성격을 파악하는데 가장 근거 있는 문헌은 포시도니우스, 카이사르, 그리고 타키투스가 남긴 켈트와 게르만, 그리고 브리튼 등에 대한 기록이다. 기원전 1세기 중반에 기록을 남긴 카이사르는 갈리아의 부족과 같은 집단을 가리키는 용어로 '키비타스(civitas)'라는 말을 사용하였다. 『갈리아戰記』에서 언급된 키비타스는 갈리아지역의 정치사회단위로서는 가장 큰 단위임에 분명하다. 영어 번역본에서는 state로 번역되는 것이 일반적인 듯한데,[80] 한국어 번역본에서는 커다란

---

[79] 이상 Champion, T. C., 앞의 책, 1985; Dobesch, G., 앞의 논문 1999; Collis, J., 앞의 책, 2003 참조.

국가조직과의 혼동을 피하려고 부족이라고 번역하는 것이 좋을 것 같다고 말한다.[81] 존 콜리스는 키비타스를 갈리아 중앙지대의 수준 높은 정치체, 이를테면 아이두이(Aedui)족과 같은 경우 선출된 최고수장(vergobret)과 원로원(senatus)을 갖춘 정치사회 조직체를 가리키므로 국가로 보는 것이 더 낫다고 말한다.[82]

카이사르는 또한 갈리아인의 부족집단을 가리킬 때 키비타스라는 용어 외에 pagus라는 말을 자주 사용하였다. 그리고 그의 저서에는 여러 파구스들이 연합하여 키비타스를 형성하는 것처럼 묘사되어 있다.[83] 이 파구스와 키비타스는 일반적으로 사람들의 모임이며 무언가 집단의 정체성을 가진 정치적인 단위체를 의미하지만 동시에 이 두 용어는 해당집단이 차지하고 있는 일정한 지리적 영역을 지칭하기도 한다. 특히 뒤에 해당 정치집단들이 로마제국에 편입된 이후에는 이 용어가 지역행정구역을 가리키기 때문에 파구스나 키비타스는 종족적·정치적 집단을 가리키는 말인 동시에 그들이 차지했던 땅이름을 함의한다.[84] 라떼느 후기의 갈리아 사회에서 정치사회적인 집단들은 그 규모와 등급에 따라 확대가족 집단, 하위-종족 공동체(sub-ethnic community), 종족 공동체(ethnic community) 세 가지로 구분해 볼 수 있다는 의견이 있다.[85] 그럴 때 갈리아 사회에서 하위-종족 공동체가 파구스라면 종족 공동체는 키비타스가 되는 셈이다. 다시 말해서 파구스는 여러 부족집단을 가리킬 때 가족이 뭉쳐서 형성된 공동체이고 여러 파구스들이 연합한 것이 키비타스공동체로 되는 셈이다.[86] 그러나 카이사르의 기록을 참고하면 파구스가 키비타스를 구성하는 하부 단위이긴 하지만 완전히 종속된 집단은 아닌 듯하다. 가령 파구스 티구리누스(Tigurinus)는 헬베티(Helvetia)부족 안에 네 개의 파구스 중에 하나로 설명하고 있지만, 완전히 독자적인 군사행동을 벌이는 것으로 묘사된다. 이러한 점에서 보면 파구스는 서로 연합하여 키비타스를 구성하지만 완전 통합된 것이

---

80) 예를 들면 Hammond, C., *The Gallic War*, Oxford World's Classics, Oxford: Oxford University Press, 1996.

81) 카이사르, 박광순 역, 『갈리아 戰記』, 서울: 범우사, 1997, 22쪽 역자 주 20.

82) Collis, J., 앞의 책, 2003, 105쪽.

83) 『갈리아 전기』 제 I 권 12절: 헬베티족과의 전쟁에서 헬베티족은 네 개의 파구스로 구성되어 있으며 파구스 단위로 전투에 참여하는 것으로 묘사하고 있다.

84) Roymans, N., *The tribal Societies in Northern Gaul*, University of Amsterdam: Cingula 12 1990; Fichtl, S., *Les Peuples Gaulois*, Paris: Édition Errance, 2012.

85) Fernández-Götz, M., *Identity and Power: The Transformation of Iron Age Societies in Northest Gaul*, Amsterdam: Amsterdam University Press, 2014, p.41.

86) Roymans, N., 앞의 책, 1990 18~23쪽; Fichtl, S., 앞의 책, 2012, 14~26쪽.

아니라 어느 정도 정치적인 자치성을 가진 집단으로 보아야 할 것 같다.[87]

갈리아 사회도 그 기본 단위는 가족에서 출발하며 그것이 확장된 확대가족이 사회의 기초단위를 형성하고 있는 셈이다. 그것이 모여 부족 혹은 종족−공동체라 할 만한 것이 형성되는데 하위의 것은 파구스이고 상위의 그것은 키비타스라고 보면 적당할 것 같다. 그렇다면 각 부족공동체들 내의 계급의 분화와 권력관계의 조직은 어떠한가? 카이사르가 언급했던 것처럼[88] 갈리아사회의 계급은 단순하여 평민과 귀족 두 가지로만 나뉜다. 카이사르가 묘사하는 평민은 노예와 거의 비슷한 상태로 토지에 예속되어 부채와 세금을 짐 지고 있었고 고귀한 계급은 드루이드(druid)와 기사가 있다. 종교적 권력을 지닌 드루이드의 역할에 대해서 카이사르는 상세히 언급하였는데 그것은 다음과 같다. 카이사르에 따르면 드루이드는 公私의 모든 판정, 범죄나 상속, 혹은 국경문제 등, 개인이나 가족, 혹은 부족들 사이의 모든 분쟁에 판결을 내리고 배상을 결정하는 권한을 가졌다고 한다. 모든 드루이드들은 일 년에 한번 정해진 때에 갈리아 지역의 중심지에 있던 카르누테스(Carnutes)族의 영지 안의 신성한 장소에서 회합한다고 한다. 또한 드루이드의 모임에서는 그들을 대표하는 한 사람의 최고 드루이드가 정해지는데 경우에 따라서는 투표도 한다고 서술되어 있다. 기사에 대해 카이사르는 전쟁을 하는 계급이라고 정의하면서 전쟁터로 나가는 것이 그의 역할이고 각자의 위세와 재산에 따라 그들은 주위로부터 가급적 많은 수의 추종자와 피호민들을 두고자 한다고[89] 말한다.

지배계급과 피지배계급으로 간단히 나누어진 계급구조에서 권력은 어떻게 유지되며 사회적 연대는 어떻게 가능해지는가? 갈리아사회에서 지배자가 그 권력을 높이고 유지하는 것은 개인의 능력과 그를 따르는 인원에 달려 있다는 것이 정설인 듯하다.[90] 갈리아사회의 형성에 있어서 각 층, 즉 시비타스이든 파구스이든 몇 개의 단위 혹은 분파(parti)로 구성되어 있고 각 분파는 권력을 가진 자가 이끌어 갔다. 카이사르는 이에 대해 "갈리아에서는 모든 키비타스, 모든 파구스, 심지어는 모든 가족에 이르기까지 분파가 있었다. 가장 세력이 강하다고 인정된 사람이 중심인물이 되었고 모든 일의 계획과

---

[87] Roymans, N., 앞의 책, 1990, 23쪽.

[88] 『갈리아 전기』 제Ⅵ권 13절.

[89] 『갈리아 전기』 제Ⅵ권 15절.

[90] Champion, T. C., 앞의 논문, 1985, 19~21쪽; Cunliffe, B., 앞의 책, 1988, 89~90쪽; Fernández-Götz, M., 앞의 책, 2014, 42~44쪽.

집행은 그들의 중재와 판단으로 결정되었다. 예로부터 실력자 앞에서는 부하 어느 누구도 다른 사람의 원조를 받지 못하게끔 되어 있었다. [중략] 이와 같은 생각이 전 갈리아에 퍼져 있었고 그 어떤 부족도 두 당파로 나뉘어 있었다." 하고 서술되어 있다.[91] 말하자면 갈리아 사회를 구성하는 단위들은 하나의 지도자와 그 추종자를 중심으로 구성되어 있다고 할 수 있다.

이와 같은 조직은 주종관계, 즉 주인(patron)과 부하 혹은 추종자(client)의 관계로 이해할 수 있다. 여기서 주인은 추종자들에게 식량을 제공하고 보호를 책임지며 추종자들은 노동력과 군사력을 제공하고 정치적인 지원을 하는 관계로 파악된다. 이러한 주종관계에서 권력과 신분은 거의 전적으로 개인적 능력 즉, 내부적으로는 추종자를 끌어 모으고 외부적으로는 다른 집단의 장들과 동맹을 맺는 능력에 달려 있다고 보아야 한다.[92] 추종자를 끌어 모으는데 가장 효과적인 방법 가운데 하나는 전쟁에서 용맹함을 보이고 전리품을 획득하는 행위일 것이다. 그리고 또 하나는 식량과 부를 축적하여 그것을 추종자들에게 풍성하게 나누어주는 포틀래치적 방법이 효과적으로 구사되었을 것이다. 아테나이우스가 포시도니우스를 인용하여 서술한 켈트의 酋長 루에니우스(Louernius)의 과시와 잔치를 보면 권력이 어떻게 확장되고 유지되는지 알 수 있다. "군중의 호감을 얻기 위해 그는 마차를 타고 벌판을 가로지르며 그를 따르는 수천의 켈트인들에게 금이나 은 조각을 나누어 주었다. 게다가 그는 한 변의 길이가 반 마일 쯤 되는 방형의 울타리를 치고 값비싼 술을 담은 통을 가져다 놓았다. 그리고 엄청난 양의 음식을 준비하여 여러 날 동안 원하는 사람은 누구나 들어와서 잔치를 즐길 수 있도록 하였으며 그의 부하들은 그들의 시중을 들었다."[93]

한편 권력자들이 이웃한 권력자들과 동맹을 공고히 해두는 것도 그 세력을 확대하는 중요한 방법이었다. 이를 위해 흔히 시도하는 것이 정략적인 결혼과 양자관계를 맺는 방법이다. 정략결혼을 통해 세력을 확대하는 사례로서 카이사르가 서술한 아이두이(Aedui)족의 둠노릭스(Dumnorix)에 대한 기록이 있다. "그의 권력은 그 자신의 키비타스뿐만 아니라 인근 부족들에게까지 광대하게 미쳤다. 그는 또 영향력을 확대하기 위해 비투리

---

91) 『갈리아 전기』 제VI권 11절.

92) Champion, T. C., 앞의 논문, 1985; Fernández-Götz, M., 앞의 책, 2014, 43쪽.

93) Cunliffe, B., 앞의 책, 1988, 90쪽.

게스(Bituriges)족 가운데 가장 명망 있고 영향력을 가진 유력자에게 모친을 개가시켰고 자신은 헬베티족으로부터 아내를 취했으며 동복자매와 친척을 다른 부족에게 시집보냈다. 이러한 인척관계 때문에 헬베티족은 그의 뒷배를 봐주었다."[94]

포시도니우스와 카이사르가 전하는 철기시대 후기 유럽사회는 주인-추종자 관계로 조직된 단위집단들이 뭉쳐서 정치집단을 형성하고 있었다. 이런 사회는 사실 정통 마르크스주의자들이 생각하는 계급갈등으로 이해할 수 없고 피라미드식 계급구조로 파악하기도 어렵다.[95] 계급갈등의 모순을 폭력적으로 억압하기 위한 제도적 장치로 국가가 출현했다고 볼 수 없으며 오히려 카이사르가 말한 사회 내의 분파들이 경쟁과 타협을 반복하면서 사회가 조식되었다고 보는 것이 적절할 듯하다. 사실 신대륙의 고고학 자료를 통해 족장사회와 국가단계의 정치발전을 분파의 경쟁이란 요인으로 설명하려는 시도가 있었다.[96] 유럽 내륙의 철기시대 부족들의 정치적 발전도 분파의 경쟁이란 개념으로 접근할 수 있을 것으로 여겨진다.

『三國志』 동이전의 기록에서는 韓은 종족의 이름이라기보다는 땅의 이름처럼 언급되어 있다. 한의 존재를 말하면서 그 지리적인 위치만을 설명한 다음 그 안에 마한, 진한, 변한 세 종족이 있다고 서술하였다. 그리고 각 종족의 분포 영역 안에는 하나의 거수 혹은 장수가 다스리는 '國'이라는 독립적 정치체들이 분립되어 있다고 일일이 국명을 열거하면서 말하고 있다. 하지만 거의 영역국가로 성장한 고구려와 부여는 종족과 정치체의 구분을 따로 하지 않았다. 『三國志』 동이전의 기록자는 아마 고구려나 부여를 종족의 분포범위를 통합한 국가의 존재로 인식한 듯하다. 이에 비해 옥저라는 종족의 영역에는 三老라고 칭하는 거수가 읍락을 다스린다고 했을 뿐 읍락의 이름이나 숫자는 언급이 없다. 濊지역의 경우도 侯, 邑君, 三老라는 집단의 리더가 있지만 대군장은 없다고 하는 것으로 보아 소규모 정치집단이 산재한 것으로 볼 수밖에 없다. 말하자면 옥저와 예는 종족으로 명명하여 구분하면서도 그 안의 정치집단은 너무 소규모로 분산되어 있

94) 『갈리아 전기』 제 I 권 11절.

95) Hill, J. D., How Did British Middle and Late Pre-Roman Iron Age Societies Work(If They Did)?, In Moore, T., and X. -L. Almada (eds), *Atlantic Europe in the First Millennium BC. Crossing the Divide*, Oxford: Oxford University Press, 2011, p.245.

96) Brumfiel, E. M. and J. W. Fox(eds), *Factional Competition and Political Development in the New World*, Cambridge: Cambridge University Press, 1994.

어 그 각각의 존재를 명기하지 않은 셈이다.

　갈리아지역에는 키비타스가 구체적인 정치적 실체이다. 『三國志』 위서 동이전 한조의 'ㅇㅇ國'과 비교하면 어떤 키비타스들은 훨씬 큰 규모의 정치집단이어서 차라리 부여나 고구려와 비교하는 것이 온당하다. 가령 헬베티족의 인구를 카이사르가 기록한 것이 있는데 고향을 떠나 무장한 채 이동해간 사람만 263,000명이나 된다.[97] 이는 지방이 2천 리가 되고 호수가 8만에 달하는 부여에 비교되는 인구이다. 하지만 함께 열거한 다른 키비타스들은 인구가 36,000명에서 14,000명 정도 된다. 이 정도는 1만 호가 넘는 마한의 대국에서 6~7백여 호 되는 변진의 소국 범위 안에 들어간다.

　그렇다면 갈리아 지역에서 키비타스의 범주를 넘어 광범위한 종족의 범주에 대한 기록은 없는가 하는 점이다. 가령 『三國志』 동이전 한조의 'ㅇㅇ國'으로 구분되는 정치집단의 구분 그 위의 마한이나 진한, 변한과 같은 종족의 범주는 기록되지 않았는가 하는 점이다. 이에 대해서는 『갈리아 전기』의 맨 앞에 나오는 내용이 참조된다. "갈리아는 모두 세 지역으로 나뉘며, 그 한 지역에는 벨가이(Belgae)인, 다른 한 지역에는 아퀴타니(Aquitani)인, 그리고 나머지 한 지역에는 그들의 언어로는 켈타이(Celtae)인, 로마의 말로는 갈리(Galli)인으로 불리는 종족이 살았다."[98] 그리고 이들은 언어, 풍습, 그리고 법률이 서로 달랐고 각자의 영토는 커다란 강을 경계로 구분된다고 카이사르는 설명하고 있다.

　이와 같은 폭넓은 구분은 물질문화의 분포와도 대략 일치하며 고고학 자료에 의한 광역의 종족 구분이 적어도 기원전 1천년기 전반부터는 유효하다고 한다.[99] 카이사르가 갈리인이 거주하는 영역으로 구분한 지역도 고고학 자료의 분포로 보면 중부 갈리아, 동부 갈리아, 아모리칸 갈리아 등 3개의 하위지역으로 세분할 수 있다고 한다.[100] 이처럼 물질문화의 내용으로도 종족의 구분이 가능하다면 카이사르가 말했던 것처럼 지리적인 영역으로 구분되는 종족집단은 언어와 풍습도 서로 달랐을 것이다. 하지만, 당시

---

[97] 『갈리아 전기』 제 I 권 29절.

[98] 『갈리아 전기』 제 I 권 1절.

[99] Duval, A., Regional Groups in Western France, In Macready, S. and F. H. Thompson (eds), *Cross-Channel Trade between Gaul and Britain in the Pre-Roman Iron Age*, London: The Society of Antiquaries of London, 1984, pp.78~91쪽; Cunliffe, B., 앞의 책, 1988, 90쪽.

[100] Duval, A., 앞의 논문, 1984.

주민들이 그러한 커다란 종족의식을 가졌을까? 하고 의문을 제기한다면 필자의 의견으로는 그럴 가능성이 매우 낮다고 말하고 싶다. 이 광역의 종족범위가 정치집단화 하지 않은 이상 그 안에 살고 있는 사람이 그러한 큰 규모의 종족 정체성을 가졌을 리 없다는 것이다.

國의 이름이 군현이 상호식별을 위해 붙였든 스스로 가진 이름이든 국명까지 있는 만큼 당시 한지역의 개인은 국으로서의 정체성을 의식했을 가능성은 크다. 그러나 광역의 종족의식도 가졌다고 말하기는 어려울 듯하다. 그리스 폴리스나 철기시대 후기의 갈리아 사회의 정치체는 집단의 강한 정체성을 표현한다. 로이만은 심지어 "종족성을 정의하는 것은 정치이며 송속성이 정치를 결정하는 것은 아니라"라고까지 말한다.[101] 그러면서 갈리아사회에서 키비타스와 파구스는 정치화된 종족집단(politicized ethnic group)이라고 정의한다.[102] 그러나 특징적인 물질문화의 분포는 키비타스의 경계와 일치하지 않는다. 프레더릭 바스의 제안[103]처럼 "종족의 구분은 집단의 경계에 의해 정의되는 것이지 문화적 내용물에 따라 구분되지 않는다" 하는 생각에 필자는 전적으로 동의하지는 않는다. 그러함에도 생활내용의 유사성에 따라 종족집단이 형성되는 것이 아니라 정치적인 집단화가 종족의식을 강화해 갔다는 점에 대해서는 의심하기 어렵다고 본다.[104]

한국 원사시대를 기록한 郡縣의 식자들은 그들의 여행과 접촉 혹은 전언을 통해 수집한 정보를 토대로 주변사회를 지리적, 민족지적으로 개념화, 지식화하는 과정에서 광역의 종족 구분을 정식화 했을 것이며 토착사회 주민들의 정치적인 행동에 따라 '國'이란 정치체의 범주를 정의했을 것이다. 역시 카이사르도 한편으로 키비타스와 파구스를 정의하면서도 다른 한편으로 나름대로 근거를 가지고 갈리아 종족의 큰 범주를 파악하고 지리적 영역, 풍습, 언어, 그리고 기질이 다르다고 서술했을 것이다. 하지만 그러한 종

[101] Derks, T. and Roymans, N., Introduction, In Derks, T., and N. Roymans (eds), *Ethnic Constructs in Antiquity: The Role of Power and Tradition*, Amsterdam: Amsterdam University Press, 2009, p.1.

[102] Gerristen, F. and N. Roymans, The central places and the construction of the tribal identities, In Haselgrove, C. (ed), *Les Mutations del la Find de l'Âge du Fer, Celtes et Gaulois: L'Archéologie face à l'Histoire*, Mont-Beuvray, Centre Archéologique Européen, 2006, p.255.

[103] Barth, F.(ed), *Ethnic Groups and Boundaries: The Social Organization of Cultural Difference*, Oslo: Universitetsforlaget, 1969, p.15.

[104] 李盛周, 「物質文化, 集團의 領域, 그리고 種族正體性」, 『역사여명기의 종족정체성과 문헌 및 고고학 자료』, 제42회 한국상고사학회 학술발표대회, 2015.

족의 구분이 영역 내 개별 주민들의 의식과는 무관했을 가능성이 크다. 이런 점에서 동북아와 유럽의 부족지대에는 비슷한 규모와 성격의 정치체와 종족이 분포해 있었으며 비슷한 정체성의 의식이 자리 잡고 있었던 것 같다. 유럽 원사시대의 문헌과 물질문화를 통해 접근할 수 있는 정체성의 카테고리에 대해 피터 웰즈는 세 가지로 나누어 파악할 수 있다고 제안한다.[105] 그 첫째가 문화적, 혹은 종족적 정체성으로 그 안에 포함된 사람들이 구성원이라는 의식을 가진 사회집단 가운데 가장 큰 범주의 단위이다. 둘째는 공동체적 정체성(community identity)이라고 한다. 즉 서로 면식이 있는 구성원들로 이루어진 집단에 대한 의식을 웰즈는 공동체적 정체성이라고 말한다. 세 번째가 젠더와 연령 등으로 파악되는 개인의 정체성이다. 여기서 원사시대 상위 집단의 정체성은 그들 사이의 통합과 해체라는 정치적 과정에 따라 대단히 유동적이었을 것으로 추측된다.

V. 맺음말

1~3세기 원사시대 동북아 일원의 사회집단들은 상대적으로 큰 폭의 정치·사회적 발전을 거쳐 국가로 성장하였고 마침내 역사시대로 접어들었다. 이 정치·사회적인 변동의 시간-공간적 범위를 파악해 보면 유사한 범주와 역사적 맥락이 세계사의 여러 지점에서 확인된다. 각 지점에서 과정과 양상이 상당한 공통된다는 점도 인정되지만, 차이점도 있다는 것을 알 수 있다. 그러므로 원사시대의 여러 부족사회에서 진행된 사회문화 변동은 비교론적인 고찰을 필요로 한다. 이 논문은 거의 비슷한 시간대, 즉 철기시대 후기에, 구대륙의 양 끝, 즉 동북아와 유럽내륙에서 진행된 사회문화변동에 대한 비교론적 고찰을 제안하고 시대설정, 변동의 공간적인 구조, 그리고 기록된 사회집단의 특질에 대해 논의해 보았다.

1~3세기 한반도 사회를 고고학적으로 이해하려면 아래와 같은 그 이전 시기의 변화를 토대로 접근해야 한다. 첫째, 한국 청동기시대의 시작은 청동기의 생산과 사용으로

---

105) Wells, P. S., Culture contact, identity, and change in the European provinces of the Roman Empire, In Cusick, J. G.(ed), *Studies in Culture Contact: Interaction, Cultue Change, and Archaeology*, Center for Archaeological Investigations Southern Illinois University Carbondale Occasional Paper No. 25, Carbondale: Southern Illinois University Press, 1998, pp.317~318.

촉발된 것이 아니었다. 새로운 소규모 농업공동체들이 이전 오랫동안 인간거주가 없었던 충적지를 개간하고 점유해나가는 것으로부터 청동기시대가 시작되었다. 둘째, 이후의 변동도 청동기의 생산과 사용이 문화변동을 이끌어간 것이 아니라 농업공동체의 인구증가와 취락유형의 변동, 경관과 그 이용방식의 변화 등이 살펴질 뿐이다. 청동기는 이러한 변화에 아주 부분적으로, 혹은 보조적으로 이용되었을 따름이다. 셋째로 한반도의 중요한 문화변동은 유라시아대륙에 걸친 글로벌한 변동의 한 부분으로서 이해되어야 하며 특히 금속기의 사용도 마찬가지라고 할 수 있다. 그런 의미에서 한반도는 그 지리적인 조건, 혹은 위치 때문에 청동기의 유입과 사용이 가장 지체된 지역 가운데 하나이다. 넷째, 근동의 문명이 확산되고 주변지역이 문명과의 상호작용을 통해 변화를 겪듯이 요동과 한반도 일원의 후기선사시대도 商·周文明의 출현과 확산의 영향을 직간접적으로 받게 된다. 한반도 일원에 각목돌대문토기의 농업공동체가 확산되는 것도, 금속기의 최초 유입도 중원지역에 고대국가의 출현 및 세력 확산의 시도와 긴밀하게 맞물려 있다는 것이다. 다섯째, 요동과 한반도의 후기선사시대에는 농업의존도가 높은 촌락공동체의 등장으로부터 거점취락의 등장, 기념물의 축조, 청동기의 광범위한 사용과 같은 변화가 800년 남짓한 기간 안에 빠르고 압축적으로 진행되었다.

  1~3세기의 한반도는 역사개시기, 즉 원사시대에 속하며 이때부터 비로소 땅, 종족, 인물의 이름이 등장하고 그들을 주어로 한 사건과 상황이 기록되기 시작한다. 한반도의 역사시대는 중원의 고대국가 혹은 제국이 팽창하여 주변 사회에 개입하게 되고 이 지역에 관한 관심이 반영된 기록을 남기게 되면서부터 시작되었다. 이처럼 고대 제국의 형성으로부터 근대유럽이 신대륙으로 진출하기까지 여러 시간대와 지역, 그리고 다양한 역사적 맥락에서 정치사회조직의 수준차가 큰 집단들이 접촉하게 된다. 문명과 접촉하게 된 그 주변의 사회들은 제국 혹은 국가의 개입에 반응하여 종족 정체성과 정치사회조직의 변화를 겪게 된다. 이러한 주변 사회, 즉 부족지대의 사회·문화변동은 비교사적 접근을 통해 이해할 필요가 있으며 그런 의미에서 1~3세기의 한반도와 로마 진출 직전의 갈리아지역도 비교사적 관점에서 논의할만하다.

【참고문헌】

1. 國文

김권구, 『청동기시대 영남지역의 농경사회』, 서울: 학연문화사, 2005.

金永培·安承周, 「扶餘 松菊里 遼寧式銅劍出土 石棺墓」, 『百濟研究』 7·8, 1975.

金元龍, 「韓國文化의 考古學的 研究」, 『한국문화사대계』(Ⅰ) 民族·國家史, 서울: 高麗大學校 民
        族文化研究所, 1964.

金元龍, 『韓國考古學槪說』 初版, 서울: 一志社, 1973.

金元龍, 『韓國考古學槪說』 -第3版-, 서울: 一志社, 1986.

金壯錫, 「농경사회로의 전환에 대한 이해」, 안승모·이준정 편, 『선사 농경연구의 새로운 동향』,
        서울: 사회평론, 2009.

김재윤, 「요동 초기 청동기문화의 형성과 한반도 무문토기의 기원」, 『요령지역 청동기문화의 전
        개와 한반도』, 제4회 한국청동기학회 학술대회, 2010.

金鍾一, 「韓國 先史時代 女性과 女性性」, 『한국고고학보』 78, 2011.

남재우, 『안라국사』, 서울: 도서출판 혜안, 2003.

남재우, 『아라가야 역사읽기』, 창원: 경남문화, 2007.

盧爀眞, 「時代區分에 대한 一見解」, 『三佛金元龍敎授停年退任紀念論叢:考古學編』, 서울: 一志社,
        1987.

도유호, 「조선 원시 문화의 년대 추정을 위한 시도」, 『문화유산』 1958-2, 1958.

도유호, 「조선 거석 문화 연구」, 『문화유산』 1959-2, 1959.

도유호, 『조선 원시 고고학』, 과학원출판사, 1960.

도유호·황기덕, 「지탑리 유적 발굴 중간 보고」, 『문화유산』 1957-6, 1957.

마틴 T. 베일, 「경제만이 아니다」, 『한국 고고학의 신지평』, 제38회 한국고고학전국대회, 2014.

朴淳發, 「渼沙里類型 形成考」, 『湖西考古學』 9, 2003.

裵眞晟, 「無文土器의 成立과 系統」, 『嶺南考古學』 32, 2003.

安在晧, 「韓國 農耕社會의 成立」, 『韓國考古學報』 43, 2000.

安在晧, 「中西部地域 無文土器時代 中期聚落의 一樣相」, 『韓國上古史學報』 43, 2004.

禹姃延, 「금강 중하류 송국리형무덤의 상징구조에 대한 맥락적 고찰」, 『부여 송국리유적으로 본
        한국 청동기시대 사회』, 제38회 한국상고사학회 학술발표대회, 2010.

禹姃延, 「錦江中流域 松菊里文化段階 社會의 威信構造에 대한 試論的 考察」, 『한국고고학보』 84,
        2012.

尹武炳, 「韓國靑銅遺物의 硏究」, 『白山學報』 12, 1972.

李相吉, 「昌原 德川里遺蹟 發掘調査報告」, 『三韓社會와 考古學』, 第17回 韓國考古學全國大會發表要旨, 1993.

李相吉, 「靑銅器時代 무덤에 대한 一視角」, 『碩晤尹容鎭敎授停年退任紀念論叢』, 1996.

李相吉, 「靑銅器時代 儀禮에 관한 考古學的 硏究」, 大邱曉星가톨릭大學校 博士學位論文, 2000.

李盛周, 「1-3세기 가야 정치체의 성장」, 『韓國古代史論叢』 5, 1993.

李盛周, 「靑銅器時代 東아시아 世界體系와 韓半島의 文化變動」, 『韓國上古史學報』 23, 1996.

李盛周, 「巨視的 관점에서 본 東北亞 社會文化體系의 變動」, 『東北亞歷史論叢』 33, 2011.

李盛周, 「儀禮, 記念物, 그리고 個人墓의 발전」, 『湖西考古學』 26, 2012.

李盛周, 「都市와 마을(村落)에 대한 고고학적 논의」, 『考古學』, 2012.

李盛周, 「物質文化, 集團의 領域, 그리고 種族正體性」, 『역사여명기의 종족정체성과 문헌 및 고고학 자료』, 제42회 한국상고사학회 학술발표대회, 2015.

李殷昌, 「大田 槐亭洞 靑銅器文化의 硏究」, 『亞細亞硏究』 30, 고려대학교 아세아문제연구소, 1968.

李亨源, 『청동기시대 취락 구조와 사회조직』, 서울: 서경문화사, 2009.

李熙濬, 「三韓 小國 形成過程에 대한 考古學的 接近의 틀」, 『韓國考古學報』 43, 2000.

千羨幸, 「한반도 돌대문토기의 형성과 전개」, 『韓國考古學報』 57, 2005.

千羨幸, 「한반도 조·전기 무문토기와 중국 동북지역」, 『中國 東北地域과 韓半島 南部의 交流』, 第22回 嶺南考古學會 學術發表會, 2013.

崔鍾圭, 「韓國에 있어 靑銅器時代라는 用語의 適用에 대하여」, 『考古學探究』 10, 考古學探究會, 2011.

카이사르, 박광순 역, 『갈리아 戰記』, 서울: 범우사, 1997.

한국고고학회 편, 『한국고고학강의』, 서울: 사회평론, 2010.

헤로도투스, 박광순 옮김, 『역사』 상, 서울: 범우사, 1987.

2. 中文

孫淑雲·韓汝玢, 「甘肅早期銅器的發現與冶鍊·製造技術硏究」, 『文物』 7, 1997.

王 巍, 「夏商周時期遼東半島和朝鮮半島西北部的考古學文化序列及相互關係」, 『中國考古學論叢: 中國社會科學院考古學硏究所建所40年紀念』, 北京: 科學出版社, 1993.

李水成, 「西北與中原早期冶銅業的區域特徵及相互作用」, 『考古學報』 3, 2005.

任式楠, 「中國史前銅器綜述」, 『中國史前考古學硏究』, 陝西省博物館·陝西省考古硏究所·西安半坡博物館, 2003.

3. 日文

西谷正, 「朝鮮考古學の時代區分について」, 『小林行雄博士古稀紀念論文集』, 考古學論考, 東京: 平
凡社, 1982.

4. 英文

Andrén, A., *Between Artifacts and Texts: Historical Archaeology in Global Perspective*, New York:
Springer, 1998.

Barth, F.(ed), *Ethnic Groups and Boundaries: The Social Organization of Cultural Difference*, Oslo:
Universitetsforlaget, 1969.

Briard, J., *Protohistoire, Encyclopædia Universalis France*, 2015
(http://www.universalis.fr/encyclopedie/protohistoire/).

Brumfiel, E. M. and J. W. Fox(eds), *Factional Competition and Political Development in the New
World*, Cambridge: Cambridge University Press, 1994.

Champion, T. C. (ed), *Centre and Periphery: Comparative Studies in Archaeology*, London: Unwin
Hyman, 1989.

Champion, T. C., Written sources and the study of the European Iron Age, In Champion, T. C. and
J. V. S. Megaw (eds), *Settlement and Society: Aspects of West European Prehistory in the
First Millennium B.C.*, Leicester: Leicester University Press, 1985.

Chernykh, E. N., *Ancient Metallurgy in the USSR*, Cambridge: Cambridge University Press, 1992.

Chernykh, E. N., Formation of the Eurasian steppe belt culture, in Hanks, B. K. and K. M. Linduff
(eds), *The Social Complexity in Prehistoric Eurasia: Monuments, Metals, and Mobility*,
Cambridge: Cambridge University Press, 2009.

Childe, V. G., *The Prehistory of European Society*, London: Pelican, 1958.

Childe, V. G., *The Bronze Age*, New York: Biblo and Tannen, 1963(Cambridge: Cambridge University
Press, 1930).

Collis, J., *The Celts*, Stroud: Tempus Publishing, 2003.

Collis, J., The polities of Gaul, Britain, and Ireland in the late Iron Age, In Haselgrove, C. and T.
Moore (eds), *The Later Iron Age in Britain and Beyond*, Oxford: Oxbow Books, 2007.

Cunliffe, B., *Greeks, Romans and Barbarians: Spheres of Interaction*, London: Batsford, 1988.

Cunliffe, B., *The Extraordinary Voyage of Pytheas the Greek*, London: Penguin Press, 2001.

Cunliffe, B., *Iron Age Communities in Britain*, 5th Edition, London: Routledge, 2005.

Czebreszuk, J. (ed), *Similar But Different: Bell Beakers in Europe*, Leiden: Sidestone Press, 2014.

Derks, T. and Roymans, N., Introduction, In Derks, T., and N. Roymans (eds), *Ethnic Constructs in Antiquity: The Role of Power and Tradition*, Amsterdam: Amsterdam University Press, 2009.

Diringer, D., *The Alphabet: A Key to the History of Mankind Ⅰ · Ⅱ*, London: Hutchinson, 1968.

Dobesch, G., Ancient literary sources, In Moscati, S., et. al. (eds), *The Celts*, New York: Rizzoli International Publication, 1999.

Duval, A., Regional Groups in Western France, In Macready, S. and F. H. Thompson (eds), *Cross-Channel Trade between Gaul and Britain in the Pre-Roman Iron Age*, London: The Society of Antiquaries of London, 1984.

Ekholm, K., On the structure and dynamics of global systems, In Kahn, J. S. and J. R. Llobera (eds), *The Anthropology of Pre-capitalist Societies*, London: The Macmillan Press, 1981.

Ferguson, R. B. and Whitehead, N. L., The violent edge of empire, In Ferguson, R. B. and N. L., Whitehead (eds), *War in the Tribal Zone*, School of American Research Advanced Seminar Series, Santa Fe: School of American Research Press, 2005.

Fernández-Götz, M., *Identity and Power: The Transformation of Iron Age Societies in Northeast Gaul*, Amsterdam: Amsterdam University Press, 2014.

Fichtl, S., *Les Peuples Gaulois*, Paris: Édition Errance, 2012.

Fitzgerald-Huber, L. G., Qijia and Erlitou: The Question of Contacts with Distant Cultures, *Early China* 20, 1995.

Fokkens, H. and F., Nicolis (eds), *Background to Beakers*, Leiden: Sidestone Press, 2012.

Fried, M., The concepts of "tribe" and "tribal society" In Helm, J., (ed) *Essays on the Problem of Tribe*, Seattle: University of Washington Press, 1968.

Fried, M., Economic theory and first contact, In Leons, M. and F. Rothstein (eds), *New Direction in Political Economy*, Connecticut: Greenwood Press, 1979.

Fried, M., Tribe to state or state to tribe in Ancient China? In Keightley, D. N.(ed), *The Origins of Chinese Civilization*, Berkeley and Los Angeles: University of California Press, 1983.

Friedman, J. and Rowlands, M., Notes towards an epigenetic model of the evolution of civilization, In Friedman J. and M. J. Rowlands (eds) *The Evolution of Political Systems*, Pittsburgh: University of Pittsburgh Press, 1978.

Gerristen , F. and N. Roymans, The central places and the construction of the tribal identities, In Haselgrove, C. (ed), *Les Mutations del la Find de l'Âge du Fer, Celtes et Gaulois: L'Archéologie* face à l'Histoire, Mont-Beuvray, Centre Archéologique Européen, 2006.

Haas, J., Warfare and the evolution of tribal polities in the prehistoric Southwest, In Haas, J.(ed), *The Anthropology of War*, Cambridge: Cambridge University Press, 1990.

Hammond, C., *The Gallic War*, Oxford World's Classics, Oxford: Oxford University Press, 1996.

Hansen, S., 'Überaustattungen' in gräbern und horten der frühbronzezeit, In Müller, J. (ed), *Vom Endneolithikum zur Frühbronzezeit: Muster Sozialen Wandels?* Universtätsforschngen zur Prähistorischen Archaeologie Band 90, Bonn: Dr. Rudolf Habelt GmbH, 2002.

Heyd, V., Europe 2500 to 2200 BC: between expiring ideologies and emerging complexity, in Fokkens H. and A. Harding (eds), *The European Bronze Age*, Oxford: Oxford University Press, 2012.

Higham, C. F. W., *The Bronze Age of Southeast Asia*, Cambridge: Cambridge University Press, 1996.

Higham, C. F. W., *Early Mainland Southeast Asia: From First Humans to Angkor*, Bangkok: River Books, 2014.

Higham, C. F. W., Ciarla, R. Higham, T. F. G. Kijngam, A. and Rispoli F., The establishment of the Bronze Age in Southeast Asia, *Journal of World Prehistory* 24(4), 2011.

Hill, J. D., How Did British Middle and Late Pre-Roman Iron Age Societies Work(If They Did)?, In Moore, T., and X. -L. Almada (eds), *Atlantic Europe in the First Millennium BC. Crossing the Divide*, Oxford: Oxford University Press, 2011.

Johnson, A. and Earle, T., *The Evolution of Human Societies: From Foraging Group to Agrarian State*, Stanford: Stanford University Press, 1987.

Jovanović, B., Early metallurgy in Yugoslavia, in Maddin, R. (ed), *The Beginning of the Use of Metals and Alloys*, Cambridge, Massachusetts: MIT Press, 1988.

Kristiansen, K. and Larsson, T. B., *The Rise of Bronze Age Society: travels, Transmission and Transformations*, Cambridge: Cambridge University Press, 2005.

Li, Min, *Social Memory and State Formation in Early China*, Cambridge: Cambridge University Press, 2018.

Lichardus, J. et M. Lichardus-Itten, *La Protohistoire de L'Europe: Le Neolithique et le Chalcolithique*, Paris: Presses Universitaires de France, 1985.

Lillios, K. T., Late Neolithic/Copper Age Iberia, in Bogucki, P. and P. J. Crabtree (eds), *Ancient Europe 8000 B.C. - A. D. 1000*, Farmington Hills: Thomson Gale, 2004.

Maddin, R., J. Muhly, and T. Stech, in *The Beginning of Metallurgy*, Hauptmann, E. Pernicka, T.

Rehren, and Ü. Yalcin (eds), Bochum: Deutsches Bergbau Museum, 1999.

Mei, Jianjun, *Copper and Bronze Metallurgy in Late Prehistoric Xinjiang*, BAR international series, Oxford, 2000.

Mei, Jianjun, Early metallurgy and socio-cultural complexity: Archaeological discoveries in the Northwest China, in Hanks, B. K. and K. M. Linduff (eds), *The Social Complexity in Prehistoric Eurasia: Monuments, Metals, and Mobility*, Cambridge: Cambridge University Press, 2009.

Mortillet, G. de, *Formation de la Nation Française*, Paris: Alcan, 1897.

Muhly, J. D., The beginnings of metallurgy in the Old World, in Maddin, R. (ed), *The Beginning of the Use of Metals and Alloys*, Cambridge, Massachusetts: MIT Press, 1988.

Otte, M., *La protohistoire*, Paris: De Boeck, 2008.

Ozdogan, M. and M. Ozgodan, Archaeological evidence on the on the early metallurgy at Cayönü Tepesi, in *The Beginning of Metallurgy*, Hauptmann, E. Pernicka, T. Rehren, and Ü. Yalcin (eds), Bochum: Deutsches Bergbau Museum, 1999.

Renfrew, C., *The Emergence of Civilization: The Cyclades and the Aegean in the Third Millennium B.C.*, London: Methuen, 1972.

Renfrew, Space, time and polity, In Friedman J. and M, Rowlands, M. J. (eds) *The Evolution of Political Systems*, Pittsburgh: University of Pittsburgh Press, 1978.

Renfrew, C. and Bahn, P., Archaeology: Theories, Methods and Practices, London: Thames and Hudson, 2016.

Renfrew and Cook, Exploring Dominance : Predicting polities from centres, In Renfrew, C. and Cooke, K. L. (ed), *Transformation, Mathematical Approaches to Culture Change*, New York: Academic Press, 1979.

Roymans, N., *The tribal Societies in Northern Gaul*, University of Amsterdam: Cingula 12 1990.

Ruíz-Taboada, A. and I. Montero-Ruíz, The Oldest Metallurgy in Western Europe, *Antiquity* 73, 1999.

Schortman, E. M. and Urban, P. A. (eds), *Resources, Power, and Interregional Interaction*, New York: Plenum, 1992.

Service, E. R., *Primitive Social Organization*, New York: Random House, 1962.

Skalnik, P., Tribe as Colonial category, In Boonzaier, E. and J. Sharp (eds), *South African Keywords: The Uses and Abuses of Political Concepts*, Cape Town: David Philip, 1988.

Stein, G. J., *Rethinking World-System: Diasporas, Colonies, and Interaction in Uruk Mesopotamia*,

Tucson: The University Arizona Press, 1999.

Stein, G. J., Introduction: The comparative archaeology of colonial encounters, In Stein, G. J. (ed), *The Archaeology of Colonial Encounters*, Santa Fe: School of American Research Press, 2005.

Sun, Shuyun and Rubin Han, A study of casting and manufacturing techniques of early copper and bronze artifacts found in Gansu, In Linduff, K., Han Rubin, and Sun Shuyun (eds), *The Beginnings of Metallurgy in China*, New York: The Edwin Mellen Press, 2000.

Taylor, T., Thracians, Scythians, and Dacians 800 BC-AD 300, In Cunliffe, B.(ed), *The Oxford Illustrated Prehistory of Europe*, Oxford: Oxford University Press, 1994.

Tringham, R., and Kristic, D. (eds), *A Neolithic Village in Yugoslavia*, Los Angeles: UCLA press, 1990.

Vander Linden, M., *Le Phénomène Campaniforme: Synthèse et Nouvelles Perspectives*, British Archaeological Reports(International Series) 1470, Oxford: Archaeopress, 2006.

Vandkilde, H., *From Stone to Bronze: The Metalwork of Late Neolithic and Earlist Bronze Age in Denmark*, Aarhus; Aarhus University Press, 1996.

Wells, P. S., Culture contact, identity, and change in the European provinces of the Roman Empire, In Cusick, J. G.(ed), *Studies in Culture Contact: Interaction, Cultue Change, and Archaeology*, Center for Archaeological Investigations Southern Illinois University Carbondale Occasional Paper No. 25, Carbondale: Southern Illinois University Press, 1998.

Wells, P. S., *Beyond Celts, Germans and Scythians,* London: Duckworth, 2001.

Whitehead, N. L., Tribes make states and states In Ferguson, R. B. and N. L., Whitehead (eds), *War in the Tribal Zone*, School of American Research Advanced Seminar Series, Santa Fe: School of American Research Press, 2005.

함안 신음리 원삼국시대 취락유적의 조사 성과 및 의의

오재진 | 경남연구원 역사문화센터

I. 머리말

함안군에서는 국정과제인 '가야문화권 조사연구 및 정비 종합계획'의 일환으로 함안 지역에 산재하는 가야유적에 대한 조사 연구 및 복원 정비사업을 적극적으로 추진 중에 있다.

함안 남문외고분군은 2000년 8월 31일 경상남도 기념물 제226호로 지정되었으며, 2013년 정밀지표조사[1]를 통해 43기의 봉토분과 함께 지하에 축조된 다수의 고분으로 이루어진 고분군으로 확인되었다. 현재 함안군에서는 경상남도 기념물인 함안 남문외 고분군의 국가사적 승격을 추진 중에 있다.

남문외고분군은 2015년[2]과 2019년[3] 2차례 발굴조사를 통해 말이산고분군 이후 아라 가야 최고지배층의 고분군으로 추정할 수 있는 학술적 성과를 축적하였다.

---

[1] 경남발전연구원 역사문화센터, 『아라가야유적지 정밀지표조사 학술용역 – 함안 남문외고분군 · 傳 안라왕궁지 정밀지표조사 보고서』, 2013.

[2] 경남발전연구원 역사문화센터, 『함안 남문외고분군 11호분』, 2017.

[3] 삼강문화재연구원, 「함안 남문외고분군 정비사업부지 내 유적 약보고서」, 2019.

〈사진 1〉 함안 남문외 11호분(경발연, 2017)   〈사진 2〉 남문외고분군 6호분(삼강, 2019)

본 조사대상지역은 경상남도 함안군 가야읍 신음리 산4번지 일대로, 함안군에서 남문외고분군의 문화재 지정범위에 해당하지 않는 구역에 대하여 고분군의 범위 파악과 추가적인 훼손 방지를 위해, 2019년 매장문화재 긴급발굴조사 국고보조사업에 신청하여 선정되었다. 이에 2019년 9월 16일~9월 20일까지 시굴조사를 실시한 결과 삼국시대 고분을 비롯하여 삼국시대~조선시대로 추정되는 생활유구가 확인되었다. 삼국시대 고분은 석실묘 2기, 석곽묘 1기로 조사지역 상단과 중앙 부분에서 확인되었고, 생활유구는 주거지 2기, 구상유구 3기, 수혈 3기, 주혈 2기로 조사지역 하단부에서 확인되었다.

발굴조사는 시굴조사지역의 남쪽편 구릉 사면의 주거지와 수혈유구 등이 확인된 범위를 중심으로 실시하게 되었다. 조사 결과, 원삼국시대 주거지를 비롯한 고상건물지, 구상유구, 수혈, 주혈 등으로 구성된 생활유구와 조선시대 구상유구와 묘 등이 확인되었다. 이하에서는 함안 신음리유적의 원삼국시대 생활유구와 출토유물을 중심으로 발굴조사 성과 및 의의에 대해서 간단히 검토해 보고자 한다.

Ⅱ. 유적의 현황과 입지

조사대상지역은 경상남도 함안군 가야읍 신음리 산4번지 일대에 위치하며, 문화유적분포지도상 남문외고분군의 범위 내 남서쪽 부분으로, 2013년 정밀지표조사 시 다수의

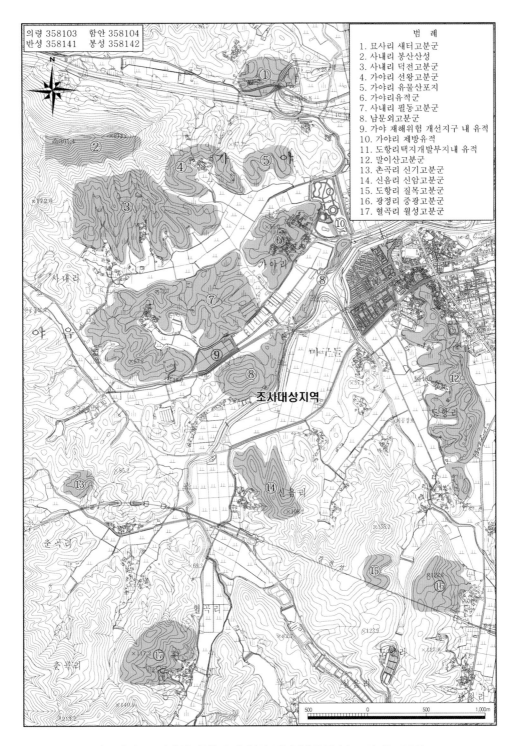

<도면 1> 조사대상지역(□)의 위치 및 주변유적 분포도(1/25,000)

봉토분이 밀집분포하는 것으로 확인된 괘안마을 북쪽 구릉 사면에 위치한다.

　남문외고분군은 여항산(해발 770m)에서 북서쪽으로 뻗어 내린 능선의 북쪽 끝부분에 분포하는데, 고분은 구릉의 정상부에 줄을 지어 축조되어 있다. 동쪽으로는 가야읍이 보이고 북서쪽으로는 삼봉산(해발 302m)이 위치한다. 남문외고분군 주변으로는 가야고분군이 다수 분포하는데, 서쪽으로는 선왕동고분군, 필동고분군 등이 있으며, 남동쪽으로는 함안 말이산고분군(사적 제515호)이 위치하고 있다. 남문외고분군의 북서쪽으로는 가야리유적(傳안라왕궁지, 사적 제554호)이 인접해 있다.

　남문외고분군 사이에는 국도가 개설되어 있어 2개의 구릉처럼 보이나 사실상 가야리부터 괘안마을 북동쪽까지 이어진 길이 약 1.6km의 구릉으로 파악된다. 2013년 정밀지표조사에서 크고 작은 봉토분 43기가 확인되었다.

　조사지역은 남문외고분군의 도기념물 지정범위에 해당되지 않는 지역으로, 고분군의 정확한 범위를 파악하고 추가적인 훼손을 방지하기 위해 2019년 9월 16일~9월 20일까지 시굴조사를 진행하였다. 시굴조사 결과, 삼국시대 고분을 비롯하여 삼국시대~조선시대

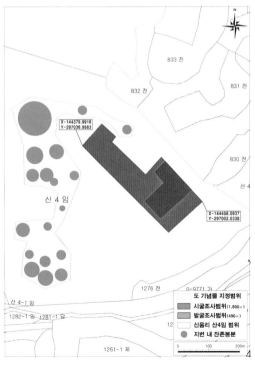

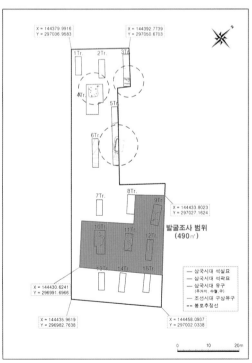

〈도면 2〉 조사대상지역의 위치도(1/1,000)　　　〈도면 3〉 시굴조사 트렌치 배치도(1/500)

로 추정되는 생활유구가 확인되었다. 조사지역 상단과 중앙 부분에서 삼국시대 고분(석실묘 2기, 석곽묘 1기)이 확인되었고, 조사지역 하단부에서 생활유구인 주거지, 구상유구, 수혈, 주혈군이 확인되었다.

　원삼국시대 생활유구가 확인된 하단부의 면적 490㎡에 대해 발굴조사를 실시하였다. 조사대상지역과 그 주변은 임야와 밭, 묘지 등으로 이용되고 있다. 조사지역 주변의 토양 모재는 퇴적암으로 구성되어 있으며, 토양 분포지형은 저구릉지로 조사지역 서쪽과 동쪽에는 산악지와 곡간지를 이루고 있다.

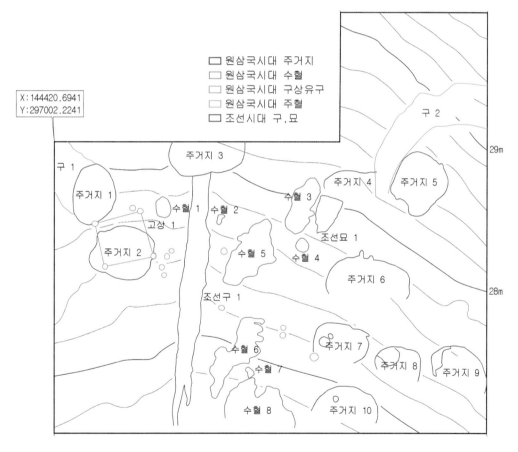

〈도면 4〉 발굴조사 유구 배치도(1/200)

Ⅲ. 조사내용

조사대상지역은 저구릉산지(해발 77.8m)의 사면에 해당하는 곳으로 대체로 완경사를 이룬다. 최초 상태는 원래 밭으로 이용된 것으로 보이나 현재는 경작이 이루어지지 않아 잡목과 수풀이 우거져 있는 상태이다. 조사범위는 시굴조사에서 생활유구가 확인된 트렌치를 중심으로 범위를 설정하였으며 조사면적은 490㎡이다.

발굴조사 결과, 원삼국시대 주거지 10동·고상건물지 1동·구상유구 2기·수혈 8기·주혈 10기, 조선시대 구상유구 1기·묘 1기가 확인되었다.

층위는 전체적으로 표토층-퇴적층-문화층(원삼국시대 및 조선시대 유구 조성층)으로 이루어졌다. 표토층은 갈색 부식토로 두께 10cm 내외로 얇게 형성되어 있다. 이 갈색토 바로 아래에서는 퇴적층인 암갈색 사질점토가 확인되며, 그 바로 아래에서 원삼국시대 유구 조성층인 적갈색 점질토층이 확인된다.

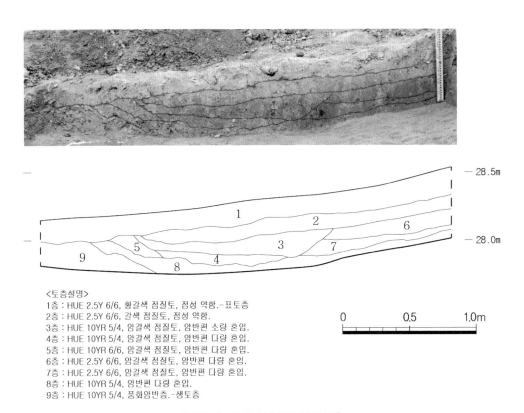

<토층설명>
1층 : HUE 2.5Y 6/6, 황갈색 점질토, 점성 약함.-표토층
2층 : HUE 2.5Y 6/6, 갈색 점질토, 점성 약함.
3층 : HUE 10YR 5/4, 암갈색 점질토, 암반편 소량 혼입.
4층 : HUE 10YR 5/4, 암갈색 점질토, 암반편 다량 혼입.
5층 : HUE 10YR 6/6, 암갈색 점질토, 암반편 다량 혼입.
6층 : HUE 2.5Y 6/6, 암갈색 점질토, 암반편 다량 혼입.
7층 : HUE 2.5Y 6/6, 암갈색 점질토, 암반편 다량 혼입.
8층 : HUE 10YR 5/4, 암반편 다량 혼입.
9층 : HUE 10YR 5/4, 풍화암반층.-생토층

〈도면 5〉 조사대상지역 기준토층

〈사진 3〉 조사대상지역 원경(동-서)

〈사진 4〉 조사대상지역 발굴조사 후 전경(직상방)

1. 주거지

원삼국시대 주거지는 총 10동이 확인되었으며 좁은 범위에 밀집분포하는 양상이다. 평면형태는 대부분 원형계로 타원형에 가까우며 일부 (말각)방형계가 확인되었다. 주거지 간의 중복되는 양상은 확인되지 않았다. 주거지는 경사면을 'ㄴ'자상으로 굴착하여 조성하였으며, 내부토는 소토와 목탄이 다량 혼입된 암갈색 점질토가 채워져 있다. 주거지 내부에서는 노지, 부뚜막, 주혈 등이 일부 확인되나, 대부분 내부시설이 잘 남아있지 않다. 유물은 삼각형점토대토기, 와질토기(주머니호, 조합우각형파수부호, 장경호 등), 연질토기(옹형토기, 시루, 잔형토기 등) 등이 출토되었다.

이 중 5호 주거지는 조사지역 내 북동쪽 가장자리에 위치하며 2호 구상유구로 인해 남서쪽 일부가 훼손되었다. 평면형태는 말각방형에 가까우며 내부에 부뚜막이 확인된다. 부뚜막은 주거지의 동쪽편에 위치하며, 점토를 이용하여 구축한 것으로 보이나 잔존상태는 양호하지 못하다. 부뚜막 주변에서 소토벽체편과 목탄 등이 확인된다. 규모는 길이 365㎝, 너비 300㎝, 최대깊이 28㎝이다. 유물은 와질토기 주머니호, 옹형토기, 승문타날호 등이 출토되었다.

9호 주거지는 조사지역 내 남동쪽 가장자리에 위치하고 있으며, 후대 삭평으로 인해 경사면 아래쪽인 남동쪽 대부분이 유실되었다. 평면형태는 타원형에 가까우며 내부에

〈표 1〉 주거지 속성표

유구명	평면형태	장축방향	출토유물	내부시설	규모(cm)		
					길이	너비	깊이
1호 주거지	원형계	N69°E	개, 장란형토기, 파수, 대호 등	-	302	196	24
2호 주거지	원형계	N10°W	주머니호, 시루, 미완성석기 등	-	350	312	32
3호 주거지	원형계	N80°E	파수 등	-	410	200	44
4호 주거지	원형계	N6°W	송풍관편 등	-	300	110	18
5호 주거지	방형계	N6°W	주머니호, 옹형토기 등	부뚜막	365	300	28
6호 주거지	원형계	N85°W	조합우각형파수부호, 송풍관편 등	수혈	495	250	35
7호 주거지	원형계	N70°W	연질호편 등	노지, 주혈	324	184	18
8호 주거지	원형계	N50°E	타날문호편, 슬래그 등	수혈	280	152	16
9호 주거지	원형계	N85°W	삼각형점토대토기, 발형토기 등	부뚜막	368	198	20
10호 주거지	원형계	N2°W	방추차 등	주혈	370	114	23

부뚜막시설이 확인되고 있다. 부뚜막은 주거지의 동쪽편에 위치하며, 수혈을 얕게 파서 점토로 구축하였던 것으로 추정된다. 부뚜막 주변에는 소토와 목탄 등이 일부 남아있다. 규모는 길이 368㎝, 너비 198㎝, 최대깊이 20㎝이다. 유물은 부뚜막 주변에서 삼각형 점토대토기, 발형토기, 타날문호편, 방추차 등이 출토되었다.

〈사진 5〉 6~10호 주거지 전경

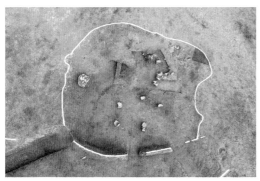

〈사진 6〉 5호 주거지 전경

〈사진 7〉 5호 주거지 부뚜막 전경

〈사진 8〉 5호 주거지 유물출토상태1   〈사진 9〉 5호 주거지 유물출토상태2

〈사진 10〉 9호 주거지 전경   〈사진 11〉 9호 주거지 유물출토상태

2. 고상건물지

고상건물지는 1동이 확인되었으며 4주식으로 1호 주거지와 2호 주거지를 일부 파괴하고 조성되었다. 주혈의 간격은 228~256㎝로 비교적 일정하며, 주혈의 규모는 직경

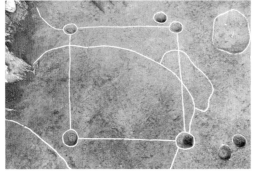

〈사진 12〉 1호 고상건물지 전경   〈사진 13〉 1호 고상건물지 주혈 토층

26~36㎝, 깊이 9~16㎝ 정도이다. 주혈 내부에는 목심의 흔적이 관찰된다.

3. 구상유구

구상유구는 2기가 확인되었다. 1호 구상유구는 1호 주거지를 파괴하고 조성되었다. 평면형태는 장방형이고 단면형태는 편평한 'U'자상이다. 조사경계 외곽으로 이어지고 있다.

2호 구상유구는 5호 주거지와 4호 주거지를 파괴하고 조성되었는데, 경사면을 따라 북쪽에서 남쪽으로 이어져 있다. 단면은 편평한 'U'자상이고, 내부토는 암갈색 점질토이다.

유구 내부로 유물이 쓸려들어 온 양상으로, 출토유물 또한 원삼국시대 주거지보다 늦은 시기에 해당하는 도질토기들이 확인되고 있어 주거지와는 약간의 시기차를 두고 조성된 것으로 판단된다. 내부 출토유물로는 철광석, 송풍관편, 철재 등 철 생산과 관련된 유물이 일부 확인되었다.

〈표 2〉 구상유구 속성표

유구명	평면형태	출토유물	규모(cm)		
			길이	너비	깊이
1호 구	장방형	완, 미완성석기, 철광석, 철재 등	324	372	54
2호 구	호상	파수부호편, 시루편, 송풍관편, 잔형토기 등	564	610	38

〈사진 14〉 1호 구상유구와 1호 주거지

〈사진 15〉 2호 구상유구와 5호 주거지 전경

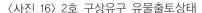

〈사진 16〉 2호 구상유구 유물출토상태   〈사진 17〉 2호 구상유구 유물출토 세부

4. 수혈

수혈은 총 8기가 확인되었다. 조사지역의 중앙부분에 집중된 양상을 보인다. 내부토는 대부분 주거지 내부토와 비슷한 소토와 목탄이 다량 혼입된 암갈색 점질토가 채워져 있는 것으로 보아 주거지와 동시기에 조성된 유구로 파악된다.

1·2·4·7호 수혈은 길이 58~122cm의 소형으로 타원형 혹은 부정형의 평면형태를 띠며, 3·5·6·8호 수혈은 344~510cm로 규모가 크지만 형태는 부정형으로 내부에 별다른 시설이 확인되지 않아 수혈의 기능에 대해서는 알기가 어렵다. 1호와 5호 수혈 내부에는 토기편이 출토되었다. 다만 주거지가 둘러싸고 있는 중앙에 수혈이 모여 있는 양상은 취락 내 공동의 생활공간으로 추정해 볼 수 있다.

〈사진 18〉 3호 수혈 전경   〈사진 19〉 5호 수혈 전경

〈표 3〉 수혈 속성표

유구명	평면형태	출토유물	규모(cm)		
			길이	너비	깊이
1호 수혈	타원형	구연부편 등	122	90	21
2호 수혈	부정형	-	64	40	15
3호 수혈	부정형	-	344	164	10
4호 수혈	원형	-	102	98	15
5호 수혈	부정형	호편, 구연부편 등	452	264	12
6호 수혈	부정형	-	510	220	13
7호 수혈	부정형	-	424	290	20
8호 수혈	부정형	-	58	34	20

5. 주혈

주혈은 총 10기가 확인되었다. 주혈 내부에는 소토와 목탄이 혼입된 암갈색 점질토가 채워져 있어 주거지와 동시기의 취락 구성요소로 파악된다. 일부 주혈에서는 목심의 흔적도 관찰된다. 다만 주혈의 정형성을 찾기는 어려운 편이지만, 수혈유구와 같이 취락의 중앙에 다소 모여 있는 양상을 보인다.

〈사진 20〉 주혈군 전경

〈사진 21〉 3호 주혈 토층

Ⅳ. 출토유물 검토

함안 신음리유적에서 출토된 유물은 총 136점으로 대부분 원삼국시대 안야국의 실체를 밝혀줄 수 있는 유물들로 판단된다. 이하에서는 유적 출토 토기류과 제철관련 유물에 대해 간략히 소개하고자 한다.

1. 토기류

신음리유적에서는 경남내륙지역 생활유적에서는 거의 확인되지 않았던 삼각형점토대토기와 함께 주머니호, 우각형파수부장경호 등 와질토기가 출토되어 주목된다. 신음리유적 외에 함안지역에서는 군북면 소포리유적[4]에서 삼각형점토대토기가 출토된 바 있으며 소포리유적에서 약간의 거리를 둔 목관묘에서 주머니호 등 와질토기가 출토되었다.

삼각형점토대토기가 출토된 소포리유적 B-1호 주거지의 평면형태는 원형이며, 내부시설로는 부뚜막이 확인되

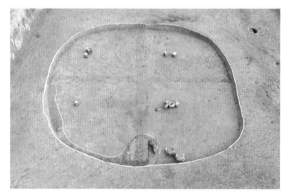

〈사진 22〉 소포리 B-1호 주거지 전경 및 유물
(삼강, 2015)

었다. 부뚜막의 평면형태는 타원형이며, 규모는 길이 400cm, 너비 300cm, 두께 10cm이다. 주거지의 규모는 길이 420cm, 너비 370cm, 깊이 16cm이며, 부뚜막 남쪽에서 삼각형점토대토기 3점이, 바닥에서 무문토기편이 소량 수습되었다.

소포리유적 목관묘[5]는 총 12기가 조사되었다. 목관묘는 높은 분포밀도는 아니지만, 군집의 형태를 보이며 조성되었다. 입지는 해발 30~40m 사이에 해당하는 구릉의 남사

4) 삼강문화재연구원, 『함안 소포리 유적－6구역 2구간 가지구－』, 2015.
5) 동서문물연구원, 『함안 소포리유적Ⅱ－6구역 3구간 다지구－』, 2015.

면 말단부에 분포한다. 장축방향은 대부분 등고선과 직교하며 동-서향이다. 관은 토층의 양상으로 보아 통나무관과 판재관을 사용한 것으로 판단된다. 묘광의 규모는 길이 203~256㎝, 너비 67~122㎝, 깊이 41~128㎝이고 목관의 규모는 길이 155~199㎝, 너비 33~63㎝, 깊이 12~32㎝로 다양하다.

출토유물은 주머니호, 파수부호, 점토대옹, 단경호, 완, 장경호 등 토기류와 철모, 철부, 철겸, 철촉, 환두소도, 따비, 철사 등 철기류가 목관상부, 충전토 내부, 충전토상부, 충전토 바닥에서 출토되었다. 목관묘의 상한은 기원전 1세기 전반이 되겠고, 하한은 1세기 후반에 해당한다.[6]

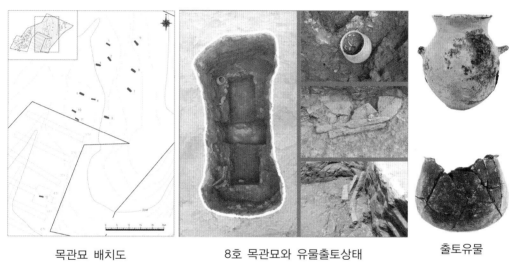

| 목관묘 배치도 | 8호 목관묘와 유물출토상태 | 출토유물 |

〈사진 23〉 함안 소포리유적(동서문물연구원 2015 인용)

신음리 유적은 신음천을 따라 북동쪽으로 약 1.6~2.0㎞ 떨어진 말이산고분군 최북단에서 확인된 목관묘 출토유물과 시기적으로 같은 시기에 해당할 것으로 판단된다. 함안 말이산고분군 목관묘는 1992년 11기, 1998년 21기, 2005년 2기가 조사되었다. 1992년과 1998년에 조사된 목관묘는 말이산고분군의 북쪽 능선 말단부에 입지하고 있으며 2005년에 조사된 목관묘는 말이산고분군의 중앙에 해당되는 6호분의 동쪽, 즉 주능선의 서쪽 사면부에 입지하고 있어 아마도 말이산고분군의 전 구릉에 목관묘가 분포할 것으로

---

6) 동서문물연구원, 『함안 소포리유적Ⅱ -6구역 3구간 다지구-』, 2015, 475쪽.

25호(경남고고학연구소, 이하 경고연)

22호(경고연)

24호(경고연)

29호(경고연)

25호(경고연)

23호(경고연)

〈사진 24〉 말이산고분군 목관묘와 출토유물

판단된다.

　말이산 목관묘의 평면형태는 장방형 혹은 말각타원형을 띠며, 방향은 일정하지 않으나 대체로 등고선과 직교하는 편이고 동－서향의 비중이 높다. 묘광의 규모는 대체로 길이 200~300㎝, 너비 100~150㎝, 높이 30~90㎝ 정도이다. 깊이는 깊은 것에서 점차 얕아지는 경향을 보인다. 목관은 모두 판재로 단벽이 양장벽의 내측에 들어오게 조립하여 'ㅍ'자형을 이룬다.

　유물은 목관 내부[隨身], 보강토의 내부, 보강토의 상단과 묘광채움토, 봉토 등으로 나눌 수 있다. 이는 각각 하관제, 시토제, 평토제라는 매장 단계마다의 제의와 연결된다. 말이산 목관묘에서는 주로 하관제와 시토제에 해당되는 예가 많고, 평토제의 예는 드물다. 또한 출토위치는 네모서리가 선호되지만 말이산고분군에서는 장변이 중시되는 경향이 확인된다.[7]

　출토유물은 와질의 조합우각형파수부장경호·소옹·단경호와 목기 그리고 철부·철

겸·역자(逆刺)형무경식철촉·2단병식 및 1단병식철모·철검 등이 있으며, 수습한 유물
도 대부분 철기가 많고, 장신구는 드물다.

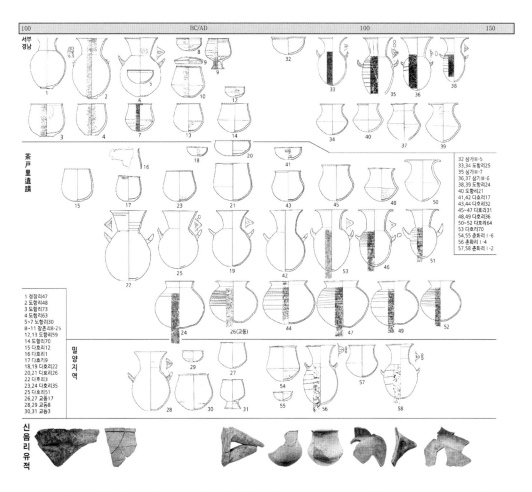

〈도면 6〉 신음리유적 출토유물과 변한지역 고식 와질토기 편년(이창희 2016 전제·수정)

  목관묘의 연대는 경주 조양동유적의 자료와 비교하면 기원전후한 시기에서 2세기 전
반기까지로 비정된다.
  함안 신음리유적의 연대 또한 시기적으로 말이산고분군 목관묘의 연대와 유사한 기
원전후한 시기부터 2세기대에 해당할 것으로 판단되며 향후 보고서 발간과 함께 추가

---

7) 국립문화재연구소, 『한국고고학전문사전－고분편－』, 2010.

적인 연구가 이루어진다면 함안지역뿐만 아니라 변한지역 원삼국시대 생활상 연구에 좋은 자료를 제공해 줄 것으로 판단된다.

2. 제철관련 유물

신음리유적에서는 다양한 기종의 원삼국시대 토기류와 함께 철광석, 철재, 슬래그, 송풍관편 등이 확인되어 주목된다. 대부분은 구상유구에서 출토되었지만 같은 층위에서 확인된 유물이 모두 원삼국시대 유물들로 한정되므로 동시기 유물로 파악된다.

이 중 철재와 철광석은 조사 이후 분석을 의뢰하였으며 그 결과, 철광석은 비교적으로 철 산화물의 함유량이 높은 반면, 맥석산화물은 상대적으로 낮게 나타나고 있다. 이는 본 유적에서 가까운 지역에 철을 환원하는 제련로가 존재하였거나 제련된 환원괴를 단련하는 소재로 채취할 때 혼입되어 이동되었을 가능성이 있다.

철재는 외형상으로는 철재의 형태를 갖고 있으나 분석 결과에 의하면 반환원괴이며 다른 산화물은 미량으로 편석되어 있는 것으로 판단된다. 이 반환원괴는 제련로에서 발생할 수 있으나 이 유적에서는 제련로의 흔적이 없으므로 다른 지역(유적)의 제련로에서 가져온 정련단야 원료일 가능성이 크다.

분석된 두 유물(철광석, 철재)을 상호 비교 검토해 본 결과, 본 유적에서는 환원괴를 원료로 사용하여 단련을 하는 소위 정련단야시설이 존재했을 가능성이 있고 이를 증명하는 것으로서 철재(실제적으로는 환원괴+반환원괴)가 정련단야의 원료로 판단된다. 철광석의 경우 정련단야로 내에 투입되는 탈탄재(철광석분을 정련단야로의 바닥에 깔아서 가열 과정에서 탈탄효과를 얻음)일 가능성도 배제할 수 없다.

유적에서는 송풍관편도 일부 수습되었는데, 이 송풍관은 직경 10㎝ 정도의 중구경으로 추정되며 정련단야 등에 사용되었을 것으로 보인다.

이를 종합하면 신음리유적에서는 기원전후~기원후2세기대에 해당하는 정련단야시설이 존재했을 가능성이 매우 높다. 추후 이 일대에 대한 추가적인 조사가 이루어진다면 원삼국시대 변진안야국의 제철문화를 이해하는데 중요한 자료를 제공해 줄 것으로 판단된다.

철광석 1(분석)　　　　　철광석 2　　　　　철재(분석)

송풍관편　　　　　슬래그　　　　　지석(숫돌)

〈사진 25〉 신음리유적 출토 제철관련 유물 일괄

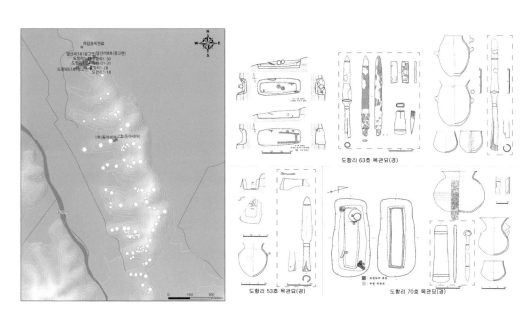

〈도면 7〉 함안 말이산고분군 목관묘 확인지점 및 유구 및 출토유물

V. 조사 성과 및 의의

조사대상지역은 경상남도 함안군 가야읍 신음리 산4번지 일대로 남문외고분군의 지정범위에 해당하지 않는 구역에 대해 고분군의 범위 파악과 추가적인 훼손 방지를 위해 시굴조사를 실시한 결과, 원삼국시대 취락유적 등이 확인되어 발굴조사를 진행하게 되었다.

조사지역은 남문외고분군의 남서쪽부분으로 다수의 봉토분이 밀집분포하는 괘안마을 북쪽 저구릉성 산지의 사면부에 해당하는 곳으로 이전에는 밭으로 이용된 것으로 보이나 현재는 잡목과 수풀이 우거져 있는 상태이다.

발굴조사의 전체적인 층위는 표토층 – 퇴적층 – 문화층(유구조성층)으로 이루어졌다. 조사 결과, 원삼국시대 주거지 10동, 고상건물지 1동, 구상유구 2기, 수혈 8기, 주혈 10기, 조선시대 구상유구 1기, 묘 1기가 확인되었다.

원삼국시대 주거지의 평면형태는 대부분 원형계로 타원형에 가까우며 일부 (말각)방형계가 확인되었다. 내부시설은 노지, 부뚜막, 주혈 등이 일부 확인되며, 유물은 삼각형구연점토대토기, 와질토기(주머니호, 조합우각형파수부호, 장경호 등), 연질토기(옹형토기, 시루, 잔형토기 등) 등이 출토되었다.

현재까지 함안지역에서 안야국 단계에 해당하는 기원전후~기원후 2세기대 취락관련 유적이 거의 확인되지 않은 상황에서 이번 신음리유적의 조사 성과를 통해 함안지역 원삼국시대 생활상 및 사회상을 파악할 수 있는 좋은 자료를 확보하였다. 또한 말이산고분군 북쪽에 집중되어 확인되는 원삼국시대 목관묘 출토유물과의 비교검토를 통해 목관묘 조성집단, 즉 안야국의 일면을 찾을 수 있을 것으로 기대된다.

함안지역뿐만 아니라 경남 내륙지역에서도 조사 예가 드문 이번 함안 신음리 원삼국시대 취락유적의 조사는 경남 서부해안지역에서 삼각형점토대토기의 등장 및 동남해안지방과 영남내륙으로의 전파 및 확산과정을 연구하는데 매우 중요한 자료를 제공해 줄 것으로 판단된다. 영남지역 대표적인 원삼국시대 취락유적은 경남 서부해안지역인 사천 봉계리유적, 늑도유적, 방지리유적 등이 있으며 집중되는 양상이다. 동남해안지역은 김해 구산동, 흥동, 대성동, 기장 방곡리, 울산 달천, 중산동 약수유적 등에서 확인되고 있다.

원삼국시대 주거지 주변에는 고상건물지, 구상유구가 주거지와 중복되어 확인되며, 수혈과 주혈은 주거지가 둘러싸고 있는 중앙부분에 집중되어 있어 공동의 생활공간으로 추정된다. 특히 수혈과 주혈은 주거지 내부토와 같은 암갈색 점질토가 퇴적되어 있어 동시기에 조성된 취락 구성요소로 파악된다. 이는 제한된 범위 내에서 주거지 10동을 비롯한 수혈, 주혈 등이 밀집되어 있고 주변으로 유구가 확장되는 양상으로 보아 일정 규모의 원삼국시대 취락이 존재할 것으로 파악된다.

구상유구는 주거지를 파괴하고 조성되었는데, 유물이 구 내부로 쓸려 들어 온 양상 및 출토유물로 보아 주거지와는 약간의 시기차를 두고 조성된 것임을 알 수 있다. 한편, 구상유구 내부에서 철광석, 송풍관편, 철재, 슬래그 등 철 생산과 관련된 유물이 일부 확인되고 있어 주목된다.

구상유구에서 출토된 철재, 송풍관편, 슬래그, 철광석 등은 小片이지만 철광석과 철재를 분석한 결과, 기원전후~기원후 2세기대에 해당하는 정련단야시설이 존재했을 가능성이 매우 높을 것으로 판단된다는 결과가 확인되었다. 추후 이 일대에 대한 추가적인 조사가 이루어진다면 원삼국시대 변진안야국의 제철문화를 이해하는데 중요한 자료를 제공해 줄 것으로 판단된다. 말이산고분군 목관묘 단계의 철기 생산을 논할 수 있는 중요한 자료로 평가되며, 추후 관련 자료의 증가를 기대한다.

【참고문헌】

경남고고학연구소, 『도항리·말산리유적』, 2000.

경남발전연구원 역사문화센터, 『아라가야유적지 정밀지표조사 학술용역－함안 남문외고분군·
　　　傳 안라왕궁지 정밀지표조사 보고서』, 2013.

경남발전연구원 역사문화센터, 『함안 말이산고분군 정밀지표조사 학술용역 보고서』, 2014.

경남발전연구원 역사문화센터, 『함안 남문외고분군 11호분』, 2017.

경남연구원 역사문화센터, 「함안 남문외고분군 산4번지 일원 발굴조사 약식보고서」, 2020.

국립가야문화재연구소, 『가야고분 입지·환경 연구용역 보고서』, 2013.

국립문화재연구소, 『한국고고학전문사전－고분편－』, 2010.

국립창원문화재연구소, 『함안 도항리고분군』Ⅰ, 1997.

국립창원문화재연구소, 『함안 마갑총』, 2002.

남재우, 『안라국사』, 혜안, 2003.

동서문물연구원, 『함안 소포리유적Ⅱ－6구역 3구간 다지구－』, 2015.

동아세아문화재연구원, 『함안 도항리고분군(함안 도항리 6-1호분)』, 2008.

박천수·홍보식·이주헌·류창환, 『가야의 유적과 유물』, 학연문화사, 2003.

삼강문화재연구원, 『함안 소포리 유적－6구역 2구간 가지구－』, 2015.

삼강문화재연구원, 「함안 남문외고분군 정비사업부지 내 유적 약식보고서」, 2019.

오재진, 「남강유역의 고대무덤」, 『남강의 고고학』고대편, 경상대학교박물관, 2017.

이창희, 「弁韓社會의 中心地移動論」, 『嶺南考古學』76, 嶺南考古學會, 2016.

조수현, 「고분자료로 본 아라가야」, 경주대학교 박사학위논문, 2017.

함안박물관, 『함안박물관 도록』, 2004.

함안박물관, 『말이산』, 2013.

함안박물관, 『새로 찾은 함안 군북의 문화유적과 유물』, 2015.

변한 소국 네트워크의 위계 구조와 안야국

남혜민 | 연세대학교 사학과

Ⅰ. 머리말

함안 지역에 '安邪國'이 성립한 시기는 알 수 없지만,『삼국지』한전에서 안야국은 구야국과 함께 변한(변진)의 대표적 大國으로 언급되었다. 이후 안야국은『일본서기』의 '安羅(國)',『삼국사기』지리지의 '阿尸良國'나『삼국유사』오가야조의 '阿羅加耶' 등 여러 사서에서 다양하게 표기되었다. 특히『일본서기』에서 안야국(후의 안라국)은 안라고당 회의를 주재할 만큼[1] 유력한 세력이었으며, 신라에 정복되는 6세기까지 존재하였다.[2]

이처럼 사료상 안야국은 변한과 가야를 대표하는 세력으로 상당히 오랜 기간 존재하였다. 그럼에도 불구하고 안야국의 입장에서 서술된 기록은 거의 남아 있지 않으며, 제3자의 관점에서 남겨진 내용이 대다수였다. 이러한 사료적 한계에도 소국[3]으로써 안야

---

[1] 『일본서기』권17, 계체 23년 3월.

[2] '咸安郡 法興王以大兵 滅阿尸良國〈一云阿那加耶〉 以其地爲郡'(『삼국사기』권34, 잡지3 지리1 신라)

[3] 기존 연구에 따라 이 글에서도 삼한의 '國'을 '소국'으로 칭한다. 다만『삼국지』한전에서는 '國'의 규모를 '大國'과 '小國'으로 표현하여 혼동을 일으킬 가능성이 있어 표기를 구분하고자 한다. '소국'은 정치체로서 '國' 자체를 지칭하는 것이며, '大國'과 대비되는 國의 규모를 구분하는 경우에만 '小國'으로 한자 표기한다.

국이 형성·성장, 4세기 이후 안라국으로 변화하는 과정 등을 파악하려는 시도들이 있었다.[4]

그러나 안야국에 대한 연구가 축적되었음에도 여전히 안야국과 주변 소국들, 변한 諸國들과의 관계를 설명하기는 쉽지 않다. 기존 연구에서 주로 중심국과 주변 諸國들의 관계는 주로 '연맹'으로 정의하였으며, 그중 변한은 구야국을 중심으로 하나의 '연맹'으로 해석되거나 소국 각각이 분립된 상태였음이 강조되기도 하였다.[5] 그러나 안야국의 존재는 변한을 하나의 구심으로 설명하거나 혹은 諸國이 병렬적으로 존재하였다는 식으로 설명할 수 없음을 보여준다.

또한 후술하겠지만, 사료상 변한 소국들은 중심국을 따라 하나로 행동하기보다 유동적이었음을 보여주고 있다. 이처럼 '변한'은 중심국과 주변 소국들의 관계, 혹은 그 관계의 결속 수준 등을 일관되게 설명하기 어렵다. 이처럼 '변한' 내부의 존재 양상을 규명하기에 앞서 안야국과 주변 소국들의 관계, 구체적으로 안야국과 변한 소국들의 위계구조에 대한 이해가 선행될 필요가 있다.[6]

이와 더불어 대부분 연구들은 國의 성장부터 사회의 변동에 이르기까지 '교역'이 주요한 원인으로 거론되었다. 이에 따르면 소국들은 교역에 민감하게 반응하였으며, 교역의

---

[4] 지금까지 안라국·아라가야에 대한 연구는 상당히 진척되었다. 그중 안야국을 비중 있게 다룬 연구는 權珠賢, 「阿羅加耶의 成立과 發展」, 『啓明史學』 4, 1993; 「安邪國에 대하여; 3세기를 중심으로」, 『大丘史學』 50, 1995; 金泰植, 「咸安 安羅國의 成長과 變遷」, 『한국사연구』 86, 1994; 李炯基, 「阿羅伽耶聯盟體의 成立과 그 推移」, 『史學研究』 57, 1999; 남재우, 『안라국사』, 혜안, 2003 등이 대표적이다. 고고학 자료를 활용한 연구로 金亨坤, 「阿羅伽耶의 形成過程 硏究-考古學的 資料를 중심으로-」, 『가라문화』 12, 1995; 이주헌, 「道項里木棺墓와 安邪國」, 『文化財』 37, 2004; 이동희, 「고고학을 통해 본 안라국의 형성과정과 영역 변화」, 『지역과 역사』 42, 2018 등이 있다.

[5] 변한을 '연맹'으로 본 이래(李丙燾, 『韓國史 (古代篇)』, 震檀學會, 1959, 376~389쪽) '전기가야연맹'으로 정의하기도 하였다(金泰植, 「加耶의 社會發展段階」, 『한국 고대국가의 형성』, 民音社 1990). 이와 달리 변한은 특정한 구심을 중심으로 일괄적으로 파악할 수 없다고 보기도 하였다(李賢惠, 『三韓社會形成過程硏究』, 一潮閣, 1884, 183쪽). 구야국과 함께 안야국의 존재를 주목하기도 하였으나(白承忠, 「弁韓의 成立과 發展-弁辰狗邪國의 성격과 관련하여」, 韓國古代史硏究會 編, 『(韓國古代史硏究 10) 三韓의 社會와 文化』, 신서원, 1995) 안야국과 주변 소국들의 관계를 구체적으로 검토한 것은 아니었다.

[6] 안야국과 변한 소국들의 관계를 역동적으로 살펴보기 위해 소국들의 관계나 그 관계망에 주목해보고자 한다. 여기서 안야국과 인근 변한 소국들의 관계, 그 외 여러 소국들의 관계를 '소국 네트워크'로 칭한다. '네트워크'(관계망)에는 읍락들의 관계, '마한'·'진한'·'변한'처럼 삼한의 관계 혹은 중국 군현과의 관계 등 다양한 층위가 있지만, 소국들의 관계에 집중한다. '소국 네트워크'는 소국들의 관계나 여러 소국들의 관계망 자체를 아우를 수 있을 것이라고 생각한다.

주도권을 장악한 國이 유력국으로 성장할 수 있었다. 이러한 이유로, 교역 주도권·교역 방식의 변화는 소국들의 역학 관계를 바꾼다고 이해하였다. 그러나 중국 군현이 주목했던 물자는 어느 정도 설명할 수 있으나, 정작 변한의 입장에서 외부에서 조달해야만 했던 '무언가'에 대해서는 밝혀진 바가 없다. 무엇보다 '포상팔국' 전쟁처럼 소국들이 전쟁을 감수해야 했던 상황을 '교역'으로 논의하기에 한계가 있다.

이에 이 글은 변한의 내부 구조·소국들의 역학 관계에 관심을 더 기울여 변한 諸國의 관계를 탐색하고 가설을 세워보고자 한다.[7] 먼저 2장에서는 『삼국지』 한전을 통해 대외적으로 드러난 안야국의 위상을 설명하고, 삼한에서 공통적으로 보이는 大國과 주변 소국들의 위계 구조를 파악한다.[8] 이어 3장에서는 변한 내부, 안야국과 변한 諸國들의 위계질서에 대한 가설을 세워보고자 하였다. 여기서 안야국을 중심으로 하는 변한 소국 네트워크를 차등적 위계질서와 소국들에 대한 중심국의 통제력에 주목하여 살펴본다. 변한 소국들의 입장에서 '안야국을 大國으로 인정한다'라는 정치적 의미를 구체화하고자 하였으며, 그 위계질서에서 주변 소국들에 대한 안야국의 결집력이 어느 정도였는지 설명하고자 하였다.

이러한 과정에서 3세기 중후반 안야국과 변한 소국들과의 관계, 위계 구조에 대해 새롭게 이해할 수 있을 것이다. 나아가 중심 세력과 주변 정치체와의 관계에 대한 이해는, 이후 가야 諸國들의 존재 양상을 유기적으로 이해할 수 있는 실마리를 얻을 수 있을 것으로 기대한다.

---

[7] 원거리 교역망의 생성·확대를 사회의 변동 원인으로 설명하기에 앞서 특정 중심국의 내부적 성장이 우선적으로 이루어져야 한다는 제언(李盛周, 「考古學을 통해 본 阿羅伽耶」, 『고고학을 통해 본 가야』, 제23회 韓國考古學全國大會 발표문, 1995, 27쪽)을 주목할 필요가 있다.

[8] 앞서 『삼국지』 한전에 묘사된 삼한 소국들의 존재 양상은 위계화된 소국 네트워크였으며, 사로국과 진한 소국들도 위계 서열을 가진 소국 네트워크로 파악하였다(남혜민, 「三韓 소국 네트워크의 위계 구조와 斯盧國」, 『韓國古代史研究』 92, 2018). 특히 2장은 삼한 소국들의 네트워크와 위계 구조를 재검토하여 안야국과 주변 소국들의 관계를 설명하고자 하였기 때문에 이전 논지를 재검토하고 구체화한 것이다.

<h1 style="text-align:center">Ⅱ. 『삼국지』 韓傳의 소국 네트워크와 안야국</h1>

1. 변·진한 24국의 열거 방식과 소국 네트워크

『삼국지』 한전에서 안야국은 구야국과 더불어 변한(변진)의 유력국으로 언급되어 있으며, 변진한조에서 24국의 하나로 나열되어 있다. 두 기사는 변한 사회에서 안야국의 위상과 주변 소국들과의 관계를 설명할 수 있는 기록이지만, 유기적으로 해석하기 쉽지 않다. 특히 변·진한 소국들의 이름은 무작위로 선별된 것이 아니라고 추정하지만, 그 수록 기준·나열 규칙을 파악하기 어렵기 때문이다. 일찍이 소국 나열 기사에 대한 분석이 이루어지기도 하였는데,[9] 안야국과 주변 소국들의 관계를 고려하여 해당 기사를 좀 더 면밀하게 살펴보고자 한다.

> 이저국·불사국·변진미리미동국·변진접도국·근기국·난미리미동국·변진고자미동국·변진고순시국·염해국·변진반로국·변(진)낙노국·<u>군미국·변(弁)군미국</u>·변진미오사마국·여담국·변진감로국·호로국·주선국·<u>마연국</u>·변진구야국·변진주조마국·변진안야국·<u>마연국</u>·변진독로국·사로국·우유국이 있다. 변·진한은 모두 24국이다. (『삼국지』 한전 변진한조)

위의 기사에서 변한·진한 소국은 24개라고 설명하였으나,[10] 이는 변한과 진한에 존재했던 소국 전체를 정리한 것은 아니었다. 소국 나열 기사에 언급되지 않았지만, '염사(국)'[11]이나 '한 나해국'[12] 등이 확인되기 때문이다. 따라서 한전에 언급된 변·진한 24국

---

[9] 『삼국지』 한전에서 각각 정리된 마한 소국과 변·진한 소국의 나열 경향성을 파악하여 소국의 위치를 비정한 연구가 있다(千寬宇, 「辰·弁韓諸國의 位置 試論」, 『白山學報』 20, 1976; 「馬韓諸國의 位置 試論」, 『東洋學』 9, 1979). 이후 마한 소국들의 분포 범위를 재검토하여 노령산맥 이북을 중심으로, 서해 항로에 가까운 연안 지역의 소국들일 가능성을 제기하였다(윤용구, 「『三國志』 韓傳에 보이는 馬韓國目」, 『漢城百濟 史料 硏究』, 京畿文化財團 附設 畿甸文化財硏究院, 2005; 「馬韓諸國의 位置再論－漢簡으로 본 朝貢使行과 관련하여－」, 『지역과 역사』 45, 2019a).

[10] 막연하게 소국의 수가 50여 개국이라고 정리한 마한과 달리, 변·진한 소국의 합은 구체적으로 밝히고 있다. 26개 국명 중 군미국은 '弁'이 붙기도 하였으나 정리·필사 과정에서 착오가 있었을 것으로 생각된다(李鍾旭, 『新羅國家形成史硏究』, 一潮閣, 1982, 75쪽). 마연국 역시 주선국과 변진구야국 사이, 변진안야국과 변진독로국 사이에 두 번 나열되어 있다. 이를 정리하면, 변·진한 소국이 24개라는 설명과 일치한다.

은, 일정한 시점에 중국 군현이 파악한 소국들로 이해할 수 있다.

『삼국지』한전이 주로 다루고 있는 시기는, 주로 『삼국지』동이전의 서문을 주목하였다. 서문에 따르면 동이 사회의 정보는 낙랑·대방군을 평정한 경초 연간(237~239)부터 정시 연간(240~249)에 걸쳐 얻었고, 이를 바탕으로 동이전을 서술하였다고 한다.[13] 서문의 서술에 따라, 동이전의 내용은 경초 연간(237~239) 이후부터 정시 연간(240~249) 사이 획득한 정보가 대부분이었던 것으로 파악된다.[14]

나아가 중국 군현의 입장에서 소국을 선별·열거하는 방식을 파악할 수 있는 사료는 『삼국지』왜인전일 것이다. 왜인전은 공식적으로 파견된 郡使의 보고를 토대로 한 기록이기 때문에 비교적 倭에 대한 정보가 구체적이다. 특히 諸國의 이름과 國에 대한 정보가 비교적 정연하게 정리되어 있기 때문에 변·진한 24국 나열 기사를 해석할 수 있는 여지를 준다.

　　왜인은 대방군의 동남쪽 큰 바다 가운데 있고, 산과 섬을 의지하여 국읍을 이루었다. 옛날에는 100여 국이었는데 漢시기에 조정에 알현한 나라가 있었고, Ⓐ 지금은 使譯을 통하는 나라가 30개 국이다. Ⓑ [대방군에서 왜까지 해안을 따라 물길로 하면 韓國을 지난다. 때로는 남쪽으로 때로는 동쪽으로 지나면 그 북쪽 해안의 구야한국에 도착하는데 7,000여 리이다. 처음 바다를 건너 1,000여 리 가면 Ⓒ 대마국에 이른다.…남쪽으로 바다 1,000여 리를 건너는데, 이름은 瀚海라고 한다. 일대국에 이른다.…또 바다 하나를 건너서 1,000여 리를 가면 말로국에 이른다.…여왕국의 이북은 그 호구의 숫자와 거리를 대략적이라도 기재할 수 있지만, 그 나머지 주변국은 멀리 떨어져 있기 때문에 상세한 것을 얻을 수 없다. Ⓓ 다음으로 사마국이 있고, 다음으로 이백지국이 있으며…이것이 여왕의 경계 안에 있는 것을 모두 열거한

---

11) '魏略曰 … 至王莽地皇時 廉斯鑡爲辰韓右渠帥 … '(『삼국지』한전 所引「위략」). 염사(국)와 그 지배자의 존재는 『후한서』한전에서도 확인된다('建武二十年 韓人廉斯人蘇馬諟等詣樂浪貢獻 〈廉斯 邑名也 諟音是〉 光武封蘇馬諟爲漢廉斯邑君 使屬樂浪郡 四時朝謁').

12) '正始 七年…韓那奚等數十國 各率種落降'(『삼국지』권4, 魏書4 齊王芳). 염사(국)는 후한 건무 20년(44) 이후 국명이 바뀌거나 소국이 멸망하였을 수도 있다. 그러나 나해국의 경우, 230년대 후반~246년 사이 새롭게 등장하였다기보다 소국 나열 기사에 누락되었을 가능성이 더 높다고 생각한다. 나해국이 변·진한 소국이 아니라 마한에 속했다고 보더라도 마찬가지다.

13) '景初中 興師旅 誅淵 又潛軍浮海 收樂浪 帶方之郡 而後海表謐然 東夷屈服 其後高句麗背叛 又遣偏師致討 窮追極遠 踰烏丸·骨都 過沃沮 踐肅愼之庭…遂周觀諸國 采其法俗 小大區別 各有名號 可得詳紀雖夷狄之邦 而俎豆之象存 中國失禮 求之四夷 猶信 故撰次其國 列其同異 以接前史之所未備焉'(『삼국지』오환선비동이전 서문).

14) 윤용구, 앞의 논문, 2005, 35쪽.

것이다. 그 [여왕국] 남쪽에는 구노국이 있는데…(『삼국지』 왜인전)

왜인전은 倭의 지리적 위치·특징을 간략히 설명하면서 시작한다. 그리고 왜인전은 漢代의 사정과 대조하면서 당시 曹魏시기 중국 왕조(군현)과 倭의 교섭 관계를 기록하였다. 왜인전에서, 지금 使譯하는 소국이 30개국이라고 하였는데(Ⓐ) 이는 曹魏대 통교하는 諸國을 가리키는 것이다. 이 숫자는 대마국부터 여왕(국)의 경계에 있던 諸國들,[15] 여왕국에 속하지 않은 구노국까지 포함한 수와 일치한다. 당시 倭地에 몇 개의 소국이 더 있었지만,[16] 중국 군현의 입장에서는 주목할 대상이 아니었던 것으로 보인다.

이처럼 변진한 24국 역시 曹魏시기, 중국 군현과 교류하여 파악한 소국들이었던 것으로 이해할 수 있다. 그리고 曹魏 왕조는 소국의 수장층(혹은 대리인)들에게 印綬를 사여하기도 하였다.[17] 중국 왕조(군현)이 주변 이민족의 지배층에게 印章을 사여할 경우, 사여 대상의 정치적 위계나 정치체의 규모·종족 등을 고려하였다. 중국 군현이 인수를 준비하는 과정에서, 삼한 소국들의 이름·규모 등의 정보가 하나의 문서로 정리하였을 가능성도 충분히 있다.[18] 다만 曹魏 왕조가 처음 접촉한 소국들도 있었겠지만,[19] 이전부터 중국 군현과 교류했던 소국들이 대부분이었을 것이다.[20]

---

[15] 一大國부터 邪馬臺國까지 8개 국, 斯馬國부터 奴國까지 21개 국으로, 총 29개 국명이 확인된다. 다만 '奴國'이 5번째와 29번째, 두 차례 나와 다양한 견해가 제시되었다. 단순히 중복된 것으로 이해하기도 하지만, 각각 다른 奴國을 가리키는 것으로 보았다(山田孝雄, 「狗奴国考－古代東国文化の中心」, 『考古学雑誌』 12-1, 1922(佐伯有清 編, 『邪馬台国基本論文集 Ⅰ』, 創元社, 1981, 169쪽); 牧健二, 「魏志の女王國の政治地理」, 『史学雑誌』 62-9, 1953(佐伯有清 編, 『邪馬台国基本論文集 Ⅱ』, 創元社, 1981, 232쪽)]. 나아가 同名의 國이 공존하는 것이 부자연스럽다고 지적하기도 하였다. 여러 '□奴國' 사례를 통해 29번째 奴國은 앞의 글자가 누락되었을 가능성을 제기하였고(水野祐, 『評釈 魏志倭人伝』, 雄山閣, 1987, 177~179쪽) '□+奴國'일 것으로 보았다(佐伯有清, 『魏志倭人伝を読む－邪馬台国への道』, 吉川弘文館, 2000, 85~86쪽). 이처럼 5번째 奴國과 29번째 奴國이 서로 다른 존재로 보는 경향이 강하다.

[16] '女王國東渡海千餘里 復有國 皆倭種 又有侏儒國在其南 人長三四尺 去女王四千餘里 又有裸國·黑齒國復在其東南 航行一年可至'(『삼국지』 왜인전).

[17] '景初中 明帝密遣帶方太守劉昕·樂浪太守鮮于嗣越海定二郡 諸韓國臣智加賜邑君印綬 其次與邑長 其俗好衣幘 下戶詣郡朝謁 皆假衣幘 自服印綬衣幘千有餘人'(『삼국지』 한전).

[18] 金泰植, 『加耶聯盟史』, 一潮閣, 1993, 45쪽.

[19] 마한의 신미국은 280년경이 되어서야 중국과 교섭했던 것으로 보인다['乃出華爲持節都督幽州諸軍事 領護烏桓校尉安北將軍 撫納新舊 戎夏懷之 東夷馬韓新彌諸國 依山帶海 去州四千餘里 歷世未附者二十餘國 並遣使朝獻'(『진서』 권36, 열전6 장화)]. 마한 소국의 사례이지만, 중국과 직접 교류하지 않던 변한·진한 소국들도 있을 수 있다.

[20] 한전에 누적된 정보의 상한은 대방군이 설치된 후한 건안 연간(196~220)까지 올라갈 가능성도 있다

그런데 한전의 시작에서 韓은 마한과 진한·변진(변한)이 있다고 소개한 것[21]과 달리 변·진한 24국 나열 기사는 변한 소국과 진한 소국이 섞여 있다. 한전은 24국을 진한 소국과 변한(변진) 소국을 구분하고 있었지만, 그 소속을 일괄적으로 정리하지 않았다. 다시 말해, 소국의 이름을 정리하는 방식은 각 소국들의 소속보다 우선시되었던 기준이 있었던 것이다.

변한·진한 24국 중 소국들의 위치를 파악할 수 있다면, 변·진한 24국 기사를 정리한 방식도 짐작할 수 있을 것이다. 소국들의 위치 비정은 주로 음성사적 접근이 이루어졌는데, 이견이 적은 소국들은 많지 않다. 이처럼 일부 사례를 종합하여 변·진한 소국의 열거 순서의 경향성을 설명하기는 한계가 있다.

〈표 1〉 위치를 알 수 있는 변·진한 소국

國名	위치	비고
불사국	창녕	『삼국사기』의 비지국·비자벌 등
변진고자미동국	고성	『삼국사기』의 고자국·고사포국 등
변진감로국	김천	『삼국사기』의 감문국
변진구야국	김해	→ 금관국(금관가야)
변진안야국	함안	→ 안라국(아라가야)
변진독로국	부산?	* 거제도설/부산 다대포설/동래설
사로국	경주	→ 신라
우유국	울진	창녕비의 '우추·실직·하서아군' 중 '우추'

이에 관점을 달리하여 다른 외국 열전에서 이민족 사회를 소개하는 방식을 주목해보고자 한다. 중국 사서에서 이민족 사회에 대한 정보를 서술하는 방식·기본 태도를 통해 국명을 배열하는 기준을 설명할 수 있을 것이다. 다시 『삼국지』 왜인전을 보면, 중국 군현과 통교했던 소국들은 郡使의 이동에 따라 정리되어 있다. 郡使가 지나가는 행로에 따라(ⓒ), 혹은 '차례'로(ⓓ) 소국의 이름을 열거하면서 그와 관련된 내용을 정리하였다. 여기서 소국의 이름은 앞선 행로의 도착지이자 다음 行程의 출발지로, 郡使가 지나가는 행로를 연결하는 경유지로 쓰이고 있다.[22]

(千寬宇, 『古朝鮮史·三韓史硏究』, 一潮閣, 1989, 211~212쪽).

[21] '有三種 一曰馬韓 二曰辰韓 三曰弁韓'(『삼국지』 한전).

변·진한 24국 중 위치가 확인되는 소국은 주로 해안가나 낙동강 수계에 가까이 있었던 소국들이었다. 이들의 위치에서 해안교통로·내륙의 수로를 상정할 수 있고, 이들의 배열은 중국 군현 관계자나 교역 담당자의 이동 경로와 밀접한 관련이 있었다.[23] 즉 중국 군현 관계자·교역 담당자들이 직접 접촉한 소국들을 위주로, 전해들은 소국들을 더해 정리하였던 것이다.

이처럼 정보 수집자가 이동하면서 접촉했던 소국들을 그대로 열거하면서 변한 소국과 진한 소국들이 섞인 채로 서술되었던 것으로 보인다.[24] 다만 24국 모두가 하나의 교통로를 중심으로 연결되었다고 단정하기는 조심스럽다. 왜인전에서도 하나의 교통로에서 '차례로' 있는 것처럼 서술되어 있지만,[25] 특정 소국을 기점으로 행로가 傍線 혹은 四方으로 나누어졌을 가능성도 고려하고 있기 때문이다.[26]

변·진한 24국 중에서 주로 후반부에 열거된 소국들의 위치를 파악할 수 있는데, 이들을 연결하면 일정한 이동 방향을 파악할 수 있다. 변진구야국(김해)을 시작으로 변진주조마국[27] – 변진안야국(함안) – 마연국 – 변진독로국(남동해안 일대) – 사로국(경주) – 우유국(울진)이다. 이들 소국들을 하나로 이으면, 변진구야국부터 변진안야국까지 내륙으로 향하다가 갑자기 남동해안으로 북상하는 양상이 되기 때문에 다소 부자연스럽다.

여기서 중복 나열된 마연국을 기준으로 삼아 소국군을 구분해볼 수 있지 않을까 한다.[28] 첫 번째 마연국부터 두 번째 마연국까지의 소국군은 낙동강 수로를 따라 내륙으

22) 牧健二, 「魏志倭人伝いのげる前漢書の道里等式の踏襲」, 『史林』 45-5, 1962, 94쪽.

23) 외국전은 해당 이민족 사회의 특산물을 언급하고 있다는 것이 특징이다. 변진한조도 철의 생산·유통에 대해 서술하여'國出鐵 韓·濊·倭皆從取之 諸市買皆用鐵 如中國用錢 又以供給二郡'(『삼국지』 한전 변진한조) 중국이 진·변한의 철을 주목하였음을 알 수 있다. 이미 지적되었듯이, 철소재·철기의 운반은 주로 水運을 이용되었을 것이다.

24) 이희준, 『신라고고학연구』, 사회평론, 2007, 173쪽. 변·진한이 잡거하였다는 서술('弁辰與辰韓雜居')도 비슷한 맥락에서 이해할 수 있을 것이다.

25) 米倉二郎, 「魏志倭人伝に見ゆる斯馬国以下の比定」, 『史學研究』 53, 1953(佐伯有清 編, 『邪馬台国基本論文集 Ⅱ』, 創元社, 1981, 250쪽).

26) 山田宗睦, 『魏志倭人伝の世界–邪馬壹国と卑弥呼』, 歴史新書, 1979, 55~101쪽; 松永章生, 「漢語的思考法からみた『魏志』倭人伝の行程」, 『東アジアの古代文化』 50, 1987, 45~48쪽.

27) 칠원과 마산 일대로 보기도 하지만(千寬宇, 앞의 논문, 1976, 13~14쪽) 김천 조마면 일대(李丙燾, 『(修訂版) 韓國古代史研究』, 博英社, 1976, 276쪽)나 함양군(김태식, 『미완의 문명 7백년 가야사 2』, 푸른역사, 2002, 164~169쪽)으로 비정하기도 한다. 별도로 비정하지 않고 배열의 경향성만 살펴본다.

28) 마연국은 동떨어진 위치에서 두 번 나오는데, 단순한 착오로 치부할 수는 없을 것으로 생각된다. 마연국을 기준으로 소국군을 구분할 수 있다는 점을 고려하면, 마연국이 두 소국군이 교차하는 지점이

로 이동하는 경로로, 이후의 소국군은 연안 항로에 있었던 것으로 파악할 수 있다. 이처럼 변·진한 소국들은 여러 교통로에 따라 파악되었으며, 여러 소국군을 하나의 기사로 정리되었던 것으로 이해할 수 있다.[29]

나아가 중국 군현 관계자가 소국들을 일일이 찾아다니며 삼한 사회를 파악하였다는 식의 막연한 상상에서 벗어날 필요가 있다. 서해안·남해안의 지형적 특징·潮流 등의 문제를 고려하면, 선박은 연안 가까이로만 이동하였다고 보기 어려웠을 것이라는 지적들이 있었다.[30] 필요에 따라서 선박은 근해로 항해했을 것이며,[31] 정박하기 적합한 환경의 거점이 있었다고 생각된다.[32]

특히 대방군에서 倭地로 이르는 항로(Ⓑ)처럼 장거리의 항해에서 항로 중간에 정박할 수 있는 기항지는 중요한 문제였다.[33] 『삼국지』 왜인전에서 한반도 서·남해안의 마지막 경유지로 구야한국(구야국)을 언급한 것(Ⓑ)이 대표적 사례일 것이다. 변진한조에서 변한 소국 중 독로국이 왜와 경계를 접하고 있다고 하면서도[34] 대방군의 郡使가 독로국이 아닌 구야국을 경유한 것은, 구야국이 정박하기 유리한 지역이었기 때문으로 보인다.

라는 가능성(千寬宇, 앞의 논문, 1976, 239쪽)을 다시 주목할 필요가 있다.

[29] 구야국을 꼭짓점으로 하는 V자형 교통로를 상정하기도 하였다(尹善泰, 「馬韓의 辰王과 臣濆沽國-嶺西濊 지역의 歷史的 推移와 관련하여-」, 『百濟研究』 34, 2001, 8~9쪽). 하나의 교통로로 설명하고 있지만, 부분적으로 본류에서 뻗은 수계를 따라 소국들이 있었음을 인정하고 있다. 이미 변·진한 24국을 여러 소국군으로 설명하는 시론이 제기되었는데(千寬宇, 앞의 논문, 1976) 이후 새로운 기준으로 改稿를 기약하였다(千寬宇, 「凡例를 겸한 自序」, 앞의 책, 1989, v쪽). 소국의 위치 비정을 그대로 수용하기 조심스럽지만, 낙동강을 중심으로 뻗어 나온 수계들을 중심으로 여러 소국군이라는 관점 자체는 여전히 유의미한 분석이다.

[30] 특히 마한조에서 '馬韓在西…散在山海間'을 서·남해안의 리아스식 해안에 대한 묘사로 보기도 하였다(윤용구, 앞의 논문, 2019a, 27쪽).

[31] 윤명철, 「古代 東亞지중해의 海洋交流와 榮山江流域」, 『지방사와 지방문화』 3-1, 2000, 186~187쪽; 권주현, 「'古自國'의 歷史的 展開와 그 文化」, 부산대학교 한국민족문화연구소 편, 『가야 각국사의 재구성』, 혜안, 2000, 304쪽.

[32] 마한 소국들도 연안 수로의 거점과 주변에 연계된 소국들로 이해하였다(윤용구, 앞의 논문, 2005; 앞의 논문, 2019a).

[33] 藤口健二, 「古代推定船「野性号」による海路踏査-韓国沿岸地域の航海を中心として-」, 『国立歴史民俗博物館研究報告』 151, 2009, 256쪽. 위의 논문은 2009년에 소개된 것이지만, 1975년에 진행된 실험을 바탕으로 한 것이다. 실제 경험을 바탕으로 고대 선박 구조상의 한계나 潮流 등의 자연적 요인들을 정리하였다. 연구 내용은 위의 논문, 211~257쪽; 東潮, 『邪馬台国の考古学-魏志東夷伝が語る世界』, 角川選書, 2012, 152~164쪽 등에 구체적으로 정리되어 있다.

[34] '弁辰…其瀆盧國與倭接'(『삼국지』 한전 변진한조)

　김해의 구야국은 연안 지역인 동시에 낙동강 하구로, 해로와 낙동강이 만나는 결절지라는 점도 주목할 필요가 있다. 구야국은 낙동강 수계 혹은 내륙에 있던 소국들이 해로를 이용하기 위해 혹은 중국 군현·倭와 교류할 때 거쳐야 하는 거점이자 내륙의 물산이 모이는 집산지였던 것이다.[35] 즉 중국 군현 관계자는 구야국과 같은 특정 중계지에서 인근 소국들, 혹은 구야국과 교류하였던 諸國들과 교류하였을 것으로 생각된다.

　그리고 중국 군현은 불사국과 같이 내륙 소국 일부와도 접촉하고 있었다. 이때 내륙의 水運와 연안 항로가 모이는 지점으로, 안야국 역시 주목할 수 있지 않을까 한다. 안야국에 대한 별도의 언급은 없지만, 함안의 안야국은 해안 가까운 내륙 지역에 있으면서 해로와 낙동강·남강 수로를 잇는 거점이었다.[36] 이처럼 안야국은 주변 소국들에 비해 상대적으로 중국 군현과 접촉하거나 인근 소국들이 모여들기 유리한 위치에 있었다. 특별히 언급된 구야국에 비해 그 중요성이 적었을 수도 있지만, 안야국은 군현 관계자·교역 담당자가 방문하여 주변의 소국들과 교류하였던 교역 거점 중 하나였을 것이다. 안야국은 대방군과 왜, 주변의 마한 소국이나 내륙의 변·진한 소국들을 연결하였으며, 주변 소국들은 특정 거점을 중심으로 소국 네트워크를 형성하고 있었던 것으로 파악할 수 있다.

2. 위계화된 거수호와 두 大國의 존재

　『삼국지』한전에서 변·진한 소국이 함께 정리된 것은, 무작위로 정리한 것이 아니라 중국 군현 관계자·교역 담당자가 접촉한 소국군별로 정리하였기 때문이었다. 변한 소국과 진한 소국은 소속을 달리하여도 특정국을 중심으로 교류·접촉하였을 것으로 생각된다. 그리고 거점국은 주변 소국들의 주도적 역할을 하였을 것으로 파악되는데, 그 대표적 사례가 중국 군현과의 교섭이었던 것이다.

　이와 더불어 당시 대방군에서 주로 이용한 교통로를 고려하면, 중국 군현은 변한 사회에 대한 정보를 접하기 유리했던 것으로 보인다. 변진한조의 진한 12국의 일부는 연

---

35) 이희준, 앞의 책, 2007, 183쪽.
36) 진동만이나 마산만을 이용하였거나(남재우, 앞의 책, 2003, 73~74쪽) 남강을 통해 사천만으로 나갔을 가능성도 제기되었다(金亨坤, 앞의 논문, 1995, 23쪽).

안 지역에 있었지만, 이는 濊지역으로 향하는 해로였다. 또한 강 가까이 있었던 진한 소국들 역시 내륙 깊숙이 있어서 변한 소국들에 비해 접촉이 용이하지는 않았을 것이다. 반면 변한 소국 대부분은 남해안 일대나 해안과 가까운 수계 근처에 있었고, 중국 군현 관계자는 주로 변한의 특정 소국들과 교류하였을 것이다.

　이러한 사실은 한전에서 변한의 구야국·안야국의 위상에 대한 설명이 더해 있다는 것을 통해 짐작할 수 있다.

　　　辰王은 月(目)支國을 다스린다. 臣智或加優呼 臣雲遣支報 安邪踧支 濆臣離兒不例 拘邪秦支
　　　廉之號. 그 官은 魏率善邑君·歸義侯·中郎將·都尉·伯長이 있다. (『삼국지』 한전)

　위의 내용은 문장의 해석 자체가 쉽지 않고, 진왕과의 위상·실질적 영향력에 대한 이해에 따라 다양한 견해가 제시되었다. 두 번째 문장을 신운[신국]의 견지보 / 안야국]의 축지 / 분신리애[신분고(야)국]의 불례 / 구야국]의 진지렴으로 구분하면,[37] 목지국과 함께 신운신국·안야국·신분고국·구야국을 확인할 수 있다.

　여기서 중요한 문제는, 진왕과 '加優呼'하였던 4국의 신지와의 관계이다. 삼한 사회에서 진왕의 실체나 실질적 영향력에 따라 '加優呼'에 대한 해석이 달라졌다. 그중 진왕을 '가우호'의 주체로 보아 4국의 신지들에게 '優號'를 내려 주었다고 보는 것(ⓛ)이 주류인 듯하다.[38]

---

37) 위의 기사를 4국으로 나눈 연구는 신운신국·안야국·구야국와 더불어 염사국이 도치된 것으로 보기도 하였다(那珂通世, 「外交譯史」, 『那珂通世遺書』, 岩波書店, 1958, 129쪽(원재 1915)). 이후 신분고국이 도치된 것으로 해석하면서 신운신국·안야국·신분고국·구야국으로 파악되었다(李丙燾, 「三韓問題의 新考察 (三)−辰國及三韓考」, 『震檀學報』 4, 1936, 54~56쪽). '濆臣'를 '臣濆의 도치·誤記로 보기 어렵다는 비판도 있다(尹龍九, 「三韓의 對中交涉과 그 性格−曹魏의 東夷經略과 관련하여−」, 『國史館論叢』 85, 1999, 106쪽; 노중국, 「馬韓과 樂浪·帶方郡과의 군사 충돌과 目支國의 쇠퇴−正始 연간(240-248)을 중심으로−」, 『大邱史學』 71, 2003). 이와 더불어 신분고국은 판본에 따라 '臣濆活國'으로도 확인되는데, 이 글에서는 신분고국으로 통일한다.

38) 그 외, ㉠에 대해 우호가 漢字 借字表記되었다는 점이나 '魏率官'의 체계가 보이지 않는다는 점(武田幸男, 「三韓社會における辰王と臣智 (下)」, 『朝鮮文化研究』 3, 1996, 5쪽)을 들어 중국 왕조가 사여한 것으로 보기 어렵다는 지적이 주목된다. ㉢은 진왕과 목지국의 신지를 별개의 인물로 상정하고 있다. 그렇다면 목지국 내부에 성격을 달리하는 지배자가 동시에 존재하였던 배경이나 가능했던 이유가 설명되어야 한다. 하나의 정치체에 두 지배자, 즉 서로 다른 지배 구조가 있었던 상황은 다소 부자연스럽다. ㉣은 거수호의 일종으로 보고 있으나, 優號는 '신지'에 더해진 우호·존호로 보아야 한다.

〈표 2〉 '臣智或加優呼' 기사에 대한 해석과 辰王과의 관계

	주체	객체	해석	출처
타칭	魏	진왕	위가 진왕에게 수여했던 官號.	㉠[39]
	진왕(=목지국 신지)	신운신국·안야국· 신분고국·구야국	진왕이 4국의 신지들에게 각각 우호를 더하여 주었다.	㉡[40]
	진왕(≠목지국 신지)	목지국	진왕이 목지국의 신지에게 4국의 號를 더해 주었다.	㉢[41]
	신운신국·안야국· 신분고국·구야국	진왕	4국 신지들이 진왕에게 우호를 더하였다. [진왕을 추대함]	㉣[42]
자칭	진왕		진왕이 4국 (신지)의 군호를 겸하였다.[진왕의 兼號]	㉤[43]
	신운신국·안야국· 신분고국·구야국		거수의 名號를 國名과 열거.	㉥[44]
			4국의 신지를 더 높이 불렀다.	㉦[45]

『삼국지』 외국전은 이민족 지배층의 다양한 명칭을 그대로 정리하였는데,[46] '왕'은 지배자 중 일부에게만 칭해지는 것이었다. 따라서 목지국의 진왕이 마한의 중심 大國의

---

39) 三品彰英, 「史實と考證-魏志東夷傳의 辰國과 辰王-」, 『史學雜誌』 55-1, 1944, 38~39쪽. 소국의 이름은 '신운'은 신운신국, '안야'는 안야국, '구야'는 구야국으로 보았는데 '支廉'은 염사의 도치, '불례'는 마한의 비리국와 연결하였다.

40) 盧重國, 「目支國에 대한 一考察」, 『백제논총』 2, 1990; 앞의 논문, 2003; 尹善泰, 앞의 논문, 2001; 이용현, 「가야의 대외관계」, 부산대학교 한국민족문화연구소편, 『한국 고대사 속의 가야』, 혜안, 2001, 343쪽; 篠原啓方, 「구야한국 관련 문헌사료와 연구사적 검토」, 『구야국과 고대 동아시아』, 제21회 가야사국제학술대회, 2015, 71~72쪽.

41) 武田幸男, 앞의 논문, 1996, 6쪽.

42) 井上幹夫, 「魏志東夷傳에みえる辰王について」, 『續律令國家と貴族社會』, 吉川弘文館, 1978, 617~623쪽. 여기서는 신운신국-견지보 / 안야국-축지 / 신분고국-리아불례 / 구야국-진지와 함께 '廉'을 염사국으로 읽고, 염사국의 왕을 진왕과 연결하였다.

43) 三上次男, 「南部朝鮮における韓人部族國家の成立と發展」, 『古代東北アジア史研究』, 吉川弘文館, 1966, 104쪽. 여기서는 그 의미는 정확히 알 수 없고 높은 권위를 표현한 것으로 짐작한다. 이후 진왕이 안야국·구야국의 동조를 얻어야 한다는 것으로 설명하거나(金泰植, 앞의 논문, 1994, 44쪽) 진왕이 변한의 대표권을 장악하고 있음을 보여준 것으로 이해하여(이도학, 「새로운 摸索을 위한 點檢, 目支國 研究의 現段階」, 『馬韓史 研究』, 忠南大學校 出版部, 1998, 122~123쪽) 차이가 있다.

44) 李丙燾, 앞의 논문, 1936, 53~56쪽; 앞의 책, 1976, 279쪽.

45) 栗原朋信, 「邪馬台国と大和朝庭」, 『史觀』 70, 1964, 16~17쪽; 권오영, 「三韓의 「國」에 대한 研究」, 서울대 박사학위논문, 1996, 219쪽; 윤용구, 「『三國志』 韓傳 對外關係記事에 대한 一檢討」, 『馬韓史 研究』, 忠南大學校 出版部, 1998, 106쪽; 박대재, 『고대한국 초기국가의 왕과 전쟁』, 景仁文化社, 2006, 98~100쪽.

46) 鄭早苗, 「中國周辺諸民族の首長号-『後漢書』『三國志』より-」, 『村上四男博士和歌大學退官紀念 朝鮮史論文集』, 開明書店, 1981 참고.

신지로, 중국 군현도 그 대표성을 인지하였다. 그러나 진왕의 실질적 영향력과 그 범위에 대한 이해 역시 층위가 다양한데, 위의 문장은 진왕의 권위를 가늠할 수 있는 내용으로 파악되었다.

앞서 진왕을 사여의 주체로 보는 견해는, '加優呼'를 '加賜'와 비슷한 의미로 해석하였다.[47] 그러나 이미 지적되었듯이, '加優呼'는 상위의 사여 주체가 '號'를 더해주는 의미의 '加號'와 의미가 다르다. '加優呼'는 '우대하여 부르는 것을 더하다'·'더하여 우대해 부른다', 혹은 '더하여 존중히 부른다'[48]로 해석하는 것이 문맥상 자연스럽다. 따라서 위의 기사는 왕의 수준이었던 목지국 신지와, 우월한 호칭[優號]으로 불릴 만큼 우세한 4국의 신지를 차례로 나열한 것(Ⓐ)이다.[49]

안야국의 신지는 구야국과 마찬가지로 優號(尊號)를 내세울 수 있었을 만큼 유력국이었음을 알 수 있다. 여기서 안야국의 신지가 '優號'을 내세웠다는 사실만으로 우월한 위상을 드러낼 수 있었던 것은 아니다. '우대하여 불렸다는 것(優呼)'에서도 알 수 있듯이, 주변의 거수들이 특유의 호칭으로 안야국의 신지를 일컬었을 때 우월한 위상을 나타내는 호칭[優號]이 유의미해지는 것이다.

안야국의 신지가 '안야축지'로 우대하여 불렸다는 것은 안야국과 주변 諸國들의 관계에서 어떤 의미가 있을까. 구야국·안야국 신지가 가진 優號는 소국의 거수호에 더해 불렸던 것으로, '우대하여 불렸던 것[優呼]'의 의미는 거수호와 관련하여 이해할 수 있다.

> 진한…처음에는 6국이었던 것이 차츰 나누어져 12국이 되었다. 변진도 12국이며 또 여러 소별읍이 있다. 각각 渠帥가 있는데 [세력이] 큰 자는 臣智라 하고, 그 다음에는 險側이 있고, 다음은 樊穢가 있고, 다음에는 殺奚가 있고, 다음에는 邑借가 있다.
>
> …변·진한은 모두 24국이다. 大國은 4,000~5,000家이며 小國은 600~700家로, 총 40,000~50,000戶이다. (『삼국지』 한전 변진한조)

> 마한…각각 長帥가 있어서 [세력이] 큰 자는 스스로 臣智라고 칭하였으며, 그 다음이 邑借라고 하였다.…모두 50여 국이 있다. 大國은 만여 家이고 小國은 수천 家로, 총 10만여 戶이다.(『삼국지』 한전)

---

47) 武田幸男, 앞의 논문, 1996, 5쪽.
48) 篠原啓方, 앞의 논문, 2015, 71쪽. 다만 진왕이 대국의 신지들에게 존호를 '加'했다고 보았다.
49) 권오영, 앞의 논문, 1996, 219쪽; 박대재, 앞의 책, 2006, 99쪽.

『삼국지』 한전에 정리된 거수호는 소국의 수장층들이 공유하고 있던 고유한 호칭을 漢字로 借字表記한 것이다.[50] 변·진한 수장층의 거수호는 신지부터 차례로 험측, 번예, 읍차로 나열되어 있다. 기존 연구에서도 '大國'과 '小國'의 차이·차등적 거수호를 통해 諸國 간의 우열 차이를 지적하였다. 여기서는 소국의 수장층 사이에서 차등화된 거수호가 실질적으로 공유·인식되고 있었다는 점을 주목해보고자 한다.

거수호의 나열 순서, 즉 차등화의 기준은 거수가 거느리고 있던 소국의 규모였다. 한전은 각 소국의 규모를 설명하기보다 마한과 진·변한의 '大國'과 '小國' 규모의 범주를 각각 기록하였다. 마한 大·小國의 규모 혹은 격차에 비해 크지 않지만, 변·진한 大國의 家 규모는 小國에 비해 약 6~8배의 차이를 보인다.[51]

大國과 小國의 차이를 단순히 인구의 많고 적음으로만 치부할 수 없다. 삼한 '國'이 국읍을 중심으로 여러 읍락들이 결합된 구조임을 고려하면, 大國과 小國의 격차는 소국을 구성하는 읍락의 수나 읍락 자체의 규모 차이를 보여주는 것이다. 大國 규모의 소국 수장층은 小國보다 많은 수의 읍락을 관리·파악할 수 있었을 만큼, 자신이 거느린 읍락에 대한 통제력을 지닌 상태였다.[52]

여기서 확인할 수 있는 사실은 수장 개인이 거수호를 임의로 칭할 수 없었다는 점이다. 비슷한 규모의 國을 갖춘 수장층의 거수호들이 각각 위계화되었으며, 달리 말하면 각 소국의 지배자는 자신의 國 규모에 준하는 거수호를 칭할 수 있었다. 이를 통해 거수들은 자신이 통솔하고 있던 읍락의 수나 그 규모를 파악하고 있었으며, 주변 소국과의 우열을 파악하고 있었음을 알 수 있다.

---

[50] 박대재, 「변진사회의 분화와 구야국의 성장」, 『한국고대사연구』 94, 2019, 102쪽.

[51] 일정한 규모를 나타내는 '大國'·'小國'이라는 표현은 고유 명사가 아니기 때문에 삼한 소국에서의 자체적 표현인 것인지 중국 군현에서 임의로 적은 것인지는 판단하기 어렵다. 적어도 '大國' 수준의 규모나 '小國'으로 표현된 약소국 구분은 삼한 사회 자체의 인식임이 틀림없다. 『孟子』에 따르면, 춘추 전국시대 國은 면적에 따라 '大國'과 '小國', 그 사이 '次國', 그 외 '附庸國'으로 설명되기도 하였다(이춘식, 『事大主義』, 고려대학교 출판부, 1997, 156~157쪽). 삼한의 경우에도 거수호가 세분화되어 있었다는 것을 보면, '大國'과 '小國' 사이에 여러 규모의 國들이 있었을 것으로 생각된다. 현격한 차이를 보이는 '大國'과 '小國'을 대표적 사례로 정리한 것이 아닐까 한다.

[52] 중국 관찰자는 소국(국읍)에 관가·성곽(성책)이 있었다고 하였다[其國中有所爲及官家使築城郭(『삼국지』 한전); '辰韓…有城柵'; '弁辰…亦有城郭(『삼국지』 한전 변진한조)]. 모든 國의 국읍에 관가가 있거나 거수층이 성곽을 축조할 때 장정을 동원할 수 있는 수준의 동원력을 가지고 있었다고 보기 어렵다. 이러한 서술은 大國의 국읍에 해당한다는 이해(박대재, 「三韓의 '國邑'에 대한 재인식」, 『韓國古代史研究』 91, 2018, 29쪽)가 주목된다.

예를 들어 일정한 규모에 도달한 國의 신지는 스스로를 '大國'으로 인지하였으며, 반대로 그에 미치지 못한 약소국들은 임의로 '大國'으로 칭할 수 없었다. 大國의 주변 諸國은 大國의 우세함을 인지하였으며, 자신을 상대적 약소국으로 인식하였을 것이다. 반대의 입장에서 설명하면 가장 큰 규모를 통솔하였던 신지는 상대적 우월한 규모를 기준으로, 자신보다 작은 규모의 國들을 인지하였을 것이다. 이러한 인식을 바탕으로 '大國'의 거수는 스스로를 '신지'라 칭하였으며, 주변 소국들의 거수들도 그를 '신지'로 일컬었을 것이다.

'안야축지'를 비롯하여 大國 신지의 특별한 호칭 역시 마찬가지였다. 주변 소국들보다 상대적으로 우월한 위상을 드러내고자 안야국의 신자는 優號를 내세웠고, 거수들은 그 호칭으로 안야국의 신지를 일컬었을 것이다. 여기서 주변 소국의 거수들이 안야국의 신지를 우대하여 불렀다는 것은, 자신의 위상을 인지한 상태에서 우월한 '大國'의 위상을 인정하였음을 전제한다.

그리고 실제로 소국의 수장층이 서열화된 호칭을 통용하고 있었으며, 大國들의 신지를 優號로 불렀다는 사실은 중국 군현에도 알려졌던 것으로 보인다. 이는 변한·마한의 大國에 대한 내용을 特記하면서, '위솔선읍군' 이하의 官이 있었다는 서술에서도 알 수 있다. 앞서 살펴보았듯이 진왕이 목지국을 다스린다는 설명과 '臣智惑加優呼~' 기사는 진왕의 권위와 별개의 서술로, 문맥상 이후의 '官'과 관련된 서술도 진왕과 무관하다.[53] 특히 '歸義'·'率善'라는 문구는 전통적으로 중국 왕조가 이민족의 수장층에게 사여했던 印章의 관례적 표현이었다. '귀의'·'솔선'을 포함한 印文의 구성은 가장 앞에 수여 주체인 중국 왕조의 이름이 더해졌다.[54] 따라서 '魏率善邑君·歸義侯·中郎將·都尉·伯長'에서 '魏'는 曹魏가 사여 주체였음을 보여주는 것이다.

목지국이나 신운신국·신분고국·안야국·구야국과 관련된 서술에서 曹魏왕조가 사여한 官(印)이 함께 서술되었는데, 이는 大國과 관련된 官(印)을 별도로 정리한 것이 아

---

53) 권오영, 앞의 논문, 1996, 219쪽; 윤용구, 앞의 논문, 1998, 106쪽.

54) '歸義'는 황제의 武威에 歸服함을, '率善'은 황제의 덕화('善')를 따른다는 것을 의미한다(大谷光男,「魏室が倭を册封した官印について」,『二松学舎大学人文論叢』35, 1987, 4쪽). 수여 대상의 글자 수에 따라 한 글자는 '중국 왕조명+歸義/率善+□'으로, 두 글자는 '중국 왕조명+□□+歸義/率善' 순으로 새겨졌다(大庭脩,『親魏倭王』, 學生社, 1971, 184~190쪽; 梶山勝,「漢魏晋代の蛮夷印の用法 : 西南夷の印を中心として」,『古文化談叢』21, 1989, 172~173쪽).

닐까 한다. 수여 대상을 특정할 수 없지만, 마한·변한 大國과 관련하여 '귀의후'의 인장
이 포함되어 있다. 중국 군현은 소국들의 우열·거수의 정치적 위계를 고려하였고, 그
중 하나의 國 이상 영향력을 미치고 있던 大國의 지배자에게 '귀의후'의 인장을 주었을
가능성이 있는 것이다.[55] 중국 군현은 삼한 사회에서 大國의 우월한 위상을 인식하였고
삼한 사회에서 이들의 역할을 고려하고 있었다고 파악할 수 있다.[56]

　이처럼 진·변한은 小國부터 大國까지 다양한 규모의 소국이 있었으며, 이를 기반으
로 거수들은 위계 서열을 공유하고 있었다. 그중 구야국과 함께 안야국은 주변 소국으
로부터 특별한 優號로 불림으로써 위상을 드러냈던 大國이었으며, 이러한 유력국은 여
러 소국들의 중심적 역할에 있었다. 이를 통해 『삼국지』 한전에서 안야국과 주변 소국
의 관계는, 안야국을 중심으로 여러 소국들이 위계화된 네트워크로 상정할 수 있다.

Ⅲ. 안야국과 변한 諸國의 관계

1. 변한·진한의 구분과 차등적 위계질서

『삼국지』 한전에서 안야국은 구야국과 비견되는 大國이자, 주변 소국들과 위계화된
소국 네트워크를 형성하고 있었다. 안야국·구야국의 우월한 위상은 대외적으로 알려
졌으며, 변한 소국들뿐만 아니라 중국 군현이나 왜, 마한·진한 소국들도 안야국의 신
지를 지칭할 때 優號를 더해 불렸을 것이다.

　다만 안야국·구야국 주변에 있던 변한 소국의 입장에서는, 두 大國의 존재를 인정한
다는 것은 신지의 尊號를 더해 부른다는 형식적 차원에 그쳤다고 보기 어렵다. 실질적
으로 변한 소국들은 大國의 우월한 위상을 인정하며, 안야국·구야국을 우위로 하는 차

---

[55] 魏晉시기에 親(魏/晉)王−歸義王·侯−率善[邑君·邑長·仟長·伯長]/[中郞將·都尉·校尉]의 위계가
　정립되었다(秋山進午, 「魏晉周辺民族官印制度の復元と『魏志倭人伝』印」, 『史林』 93-4, 2010, 85쪽). 曹
　魏시기에 이르면, 이민족 지배층에게 사여되는 官印은 체계적이었음을 알 수 있다.

[56] 인장(관인)의 기본적 역할은 정식 공문서를 봉인하는 것이지만, 綬를 달아 패용하면 소유자의 신분·
　지위를 보여주는 기능도 하였다(西嶋定生, 『邪馬台国と倭国−古代日本と東アジア』, 吉川弘文館, 1994,
　54~55쪽). 읍군·읍장의 印綬는 중국 군현과의 교역에서 신지(혹은 그 대리자)가 교역대상자임을 보
　증하였을 것이다(李賢惠, 『韓國 古代의 생산과 교역』, 一潮閣, 1998, 267~268쪽).

등적 위계를 확인하는 행위가 있었을 것이다.

여기서 다시 『삼국지』 한전 변진한조의 소국 나열 기사를 보자. 아래의 기사는 변·진한 24국명 전후에 있는 내용으로, 변·진한 24국의 이름을 열거한 후 그 12국이 '진왕'에 속했다고 하였다.

> 변·진한은 모두 24국이다.…그 12국은 辰王에 속해 있다. 진왕은 항상 마한인으로 세우며, 대대로 서로 잇는다. 진왕은 스스로 내세워 왕이 될 수 없다. 〈『위략』에 따르면, 그들은 옮겨온 사람들이 분명하여, 마한의 통제를 받는 것이다.〉 (『삼국지』 한전 변진한조)

> 변진은 진한과 잡거하고…그(其) 독로국은 왜와 경계를 접한다. 12국 또한(亦) 왕이 있다. (『삼국지』 한전 변진한조)

24국 중 진한 소국과 변한 소국을 구분할 수 있는 것은 '변진'이 붙은 국명을 변한 소국으로 파악할 수 있기 때문이다. 그런데 변진독로국에 대한 설명은 국명에 '변진'을 더하지 않았는데, 이는 '변진'을 붙이지 않고도 충분히 설명할 수 있었기 때문으로 보인다.[57] 즉 소국 나열 기사에서 '변진+□□국'은 그 자체가 고유한 국명이 아니라 진한과 구분하려는 의도였음을 알 수 있다.[58]

변한 諸國 앞에 '변진'을 표기한 것은 변한 소국 스스로의 소개일 수도 있으며, 중국 군현 관계자 혹은 『삼국지』 찬자의 표현일 수도 있다. 그러나 진한과 변한의 구분 자체가 제3자에 의해 이루어졌다고 보기는 어렵다. 소속에 대한 인식은 소국 스스로에 의한 것이며, 주변 소국의 소속이 같고 다름을 인지하고 있었다고 보는 것이 자연스럽다.

이처럼 진·변한 소국들은 특정 거점을 중심으로 중국 군현과 접촉하는 가운데 자신의 소속을 인식하고 있었다. 이와 더불어 중국 군현 관계자(혹은 진수)가 변한 소국을 정리할 때, 국명에 '변진'을 별도로 쓰고 있다는 점도 주목할 필요가 있다.

그리고 '그 12국'이 '진왕'이라는 일원적 존재에 속해 있다고 설명하였다. 그러나 위의 기록에서 '진왕'의 실체나 '진왕'에 속했던 12국을 가리키는 諸國이 무엇인지 파악하기는 쉽지 않다. 변진한조의 '진왕'은 대대로 계승한다고 하면서('世世相繼') 동시에 스스로 왕

---

[57] 변진구야국도 『삼국지』 왜인전에 '狗邪韓國'으로 기재되어 있다.
[58] 金廷鶴, 「加耶史의 研究」, 『史學研究』 37, 1983, 25쪽.

이 될 수 없다('不得自立爲王')하는 등 서로 내용이 상충되어 해석하기 쉽지 않으며, 마한조의 진왕과도 관계가 불분명하기 때문이다.

기존 연구 대부분은 변진한조의 서술은 그대로 두고 해석상 모순을 해결하고자 시도하였다.[59] 최근 관점을 달리하여 현존하는 『삼국지』 한전의 기사 자체에 착오가 있을 가능성이 제기되었다.[60] 이처럼 변진한조의 '진왕'을 설명하기 위해서는 심도 있는 논의가 필요하지만, 현재 남아있는 변진한조 기록은 전해져 오는 과정에서의 혼동이 있을 가능성에 무게를 둔다.

위의 기록에서 '진왕'을 '진한'으로 이해한다면, '진한'에 속한 12국은 자연스럽게 진한의 소국들로 파악할 수 있다.[61] 즉 24국 중 '변진'이 더해진 소국은 변한 소국이며, 나머지 '변진'이 없는 소국들은 '진한'에 속한 것이다. 諸國을 교통로에 따라 분류하여 차례대로 나열하고 특정 大國·중심국에 속하였다는 서술은, 외국전에서 보편적으로 쓰이는 서술 방식이었다.[62]

물론 기존 연구에서 지적되었듯이, 3세기 중후반 '진한'에 속했던 諸國 모두가 4세기 이후 신라(사로국)의 영역이 된 것은 아니었다. 4세기 이후에도 불사국이 있었던 창녕 지역에 '比子炑'[63]이라는 국명을 가진 독자적 세력이 존재하였다. 마찬가지로 변한 12국

---

59) 변진한조의 진왕을 별개의 진왕, 즉 진한왕으로 해석하면서[千寬宇, 앞의 책, 1989, 234~239쪽(원재 「三韓考 第2部－'三國志' 韓傳의 再檢討」, 『震檀學報』 41, 1976)] 마한의 진왕과 동일한 존재인지, 마한의 진왕이 아니라면 별개의 진왕이 존재하였는지 혹은 '진한'인지에 대해 다양한 논의가 진행되었다. 진왕에 대한 논의는 남재우, 「辰國과 辰王」, 『昌原史學』 3, 1997; 선석열, 「3세기 구야국의 대군현 교섭과 진왕」, 『구야국과 고대 동아시아』, 제21회 가야사국제학술회의, 2015, 84~90쪽; 전진국, 「辰國·辰王 기록과 '辰'의 명칭」, 『한국고대사탐구』 27, 2017 등에 정리되어 있다.

60) 『진서』·『양서』·『북서』에서 '진왕'이 진한왕·진한으로 나온 것은 『삼국지』의 오류를 수정한 것으로 보았다(박대재, 앞의 책, 2006, 164~172쪽). 『삼국지』가 필사되어 전해지는 과정에서 착오가 생긴 것으로, 진수가 『삼국지』를 편찬할 당시부터 변진한조의 '진왕'은 '진한'이었을 가능성도 제기되었다(윤용구, 「『삼국지』와 『후한서』 韓傳의 '辰王' 이해－出土文獻와 傳存文獻의 字句변화를 중심으로－」, 『역사와 담론』 92, 2019b).

61) 변진한조의 '진왕'을 '진한왕'으로 보는 입장도 12국을 진한 소국으로 파악하였다(千寬宇, 앞의 책, 1989, 235쪽; 李賢惠, 앞의 책, 1998, 294쪽; 박대재, 앞의 책, 2006, 187쪽).

62) 대표적으로 『삼국지』에 인용된 『위략』 「서융전」이 있다('南道西行 且志國·小宛國·精絶國·樓蘭國皆并屬鄯善也 戎盧國·扜彌國·渠勒國·皮山國皆并屬于寘 罽賓國·大夏國·高附國·天竺國皆并屬大月氏…中道西行尉梨國·危須國·山王國皆并屬焉耆 姑墨國·溫宿國·尉頭國皆并屬龜茲也 楨中國·莎車國·竭石國·渠沙國·西夜國·依耐國·滿犂國·億若國·楡令國·損毒國·休脩國·琴國皆并屬疏勒…北新道西行 至東且彌國·西且彌國·單桓國·畢陸國·蒲陸國·烏貪國 皆并屬車師後部王'). 『삼국지』 왜인전은 여왕국, 즉 邪馬臺國의 경계 안에 있다고 하였다('此女王境界所盡').

63) '俱集于卓淳 擊新羅而破之 因以平定比自炑·南加羅·喙國·安羅·多羅·卓淳·加羅七國…'(『일본서

중에서 변진독로국은 이른 시기부터 신라(사로국)의 영향력하에 있기도 하였다.[64] 이처럼 변진한조에서 파악·정리된 변한·진한의 소속은 유동적이었다.

그럼에도 불구하고 12국이 '진한'에 속하였다고 일괄적으로 서술할 수 있었던 것은, 당시 진한 내부에 하나의 구심이 존재하였음을 보여준다고 생각한다. 2~3세기에 걸쳐 진한 소국들의 역학 관계가 변화하고 있었는데, 사로국이 주변 소국들을 복속하였던 것이다. 사로국과 주변 진한 소국들은 상대적 우열에 의한 위계를 공유하는 가운데 사로국과 복속국의 관계는 정치적 상하 서열로 변화하였다.[65] 3세기 중후반에 이르면, 사로국은 주변 소국들과는 구별되는 '진한'[66]을 대표하는 중심적 大國이었다. 하나의 구심이 대두하면서 진한 소국들은 '진한'에 속한다고 설명할 수 있었던 것으로 생각된다.

진한에서 사로국의 주도적 역할은 경제적 측면, 구체적으로 교역에서의 통제로 설명되었다.[67] 여기서 『삼국사기』 초기 기록을 살펴보면, 유력국의 주도적 역할이나 유력국과 주변 약소국이 차등적 위계를 확인하는 양상을 다양하게 나타난다. 이는 사로국이 본격적으로 주변 諸國들을 복속하기 이전, 즉 사로국과 인근 소국들이 상대적 우열 차이만 있었던 시기부터 확인할 수 있다.

음즙벌국과 실직곡국의 爭疆 사건과 사로국의 개입은, 주변 소국들 사이에서 사로국이 중심 소국이었음을 보여주는 사례이다.

> 23년(102) 가을 8월 음즙벌국과 실직곡국이 강역을 다투다가 왕에게 찾아와 해결해 주기를 청하였는데 왕이 이를 어렵게 여겼다. 금관국 수로왕이 나이가 많고 지식이 많다고 하여 그를 불러 의견을 물었다. 수로가 의논하여 다투던 땅을 음즙벌국에 속하게 하였다. 이에 왕이 6부에 명하여 수로왕을 대접하게 하였다. 5부는 모두 이찬이 잔치를 주재하였는데 오직 한기

기』 권9, 신공 49년 3월)

[64] 朱甫暾 「高句麗 南進의 性格과 그 影響—廣開土王 南征의 實相과 그 意義—」, 『대구사학』 82, 2006, 39쪽; 「文獻上으로 본 古代社會 昌寧의 向方」, 『한국 고대사 속의 창녕』, 창녕군·경북대 영남문화연구원, 2009, 25쪽; 백승옥, 「변·진한 및 가야·신라의 경계—역사지도의 경계 획정을 위한 試考—」, 『한국고대사연구』 58, 2010 등을 참고.

[65] 李賢惠, 앞의 책, 1984, 188쪽; 이희준, 앞의 책, 2007, 208~209·216~217쪽. 다만 후자의 연구는 3세기 후반~4세기 전반에 사로국과 주변 소국의 관계가 변화하여 사로국이 주변을 예속하였다고 보았다.

[66] 李賢惠, 앞의 책, 1984, 188쪽; 남혜민, 앞의 논문, 2018, 35~38쪽.

[67] 대체로 사로국의 복속 활동과 관련하여 사로국이 대외 교통로·교역 거점을 장악하였다고 파악하였으며, 이를 통해 교역물품이나 교역 상대를 규제하였다고 설명하기도 한다(李賢惠, 앞의 책, 1984, 190쪽).

부만 지위가 낮은 자(位卑者)를 보냈다. 수로가 노하여 奴인 탐하리에게 명령하여 한기부의 主인 보제를 죽이게 하고 돌아갔다. [수로왕의] 奴는 음즙벌[국]의 主 타추간의 집에 도망가 숨었다. 왕이 사람을 시켜 그 奴를 찾게 하였으나 타추는 보내지 않았다. 왕이 노하여 군사로 음즙벌국을 공격하니 그 主와 무리가 스스로 항복하였다. (『삼국사기』 파사이사금 23년)

음즙벌국과 실직곡국은 강역을 결정하는 문제로 다투다가 사로국의 파사왕에게 문제를 해결해달라고 요청하였고 사로국은 그 요청을 받아들인다. 파사왕은 금관국(구야국)의 수로왕을 경주로 불러 판정하게 하는 것이 사건의 개요이다.

위의 기사는 102년이라는 비교적 이른 시기의 사건이며, 수로왕의 활동 기간과 시기적으로 맞지 않는다는 문제가 있다.[68] 그러나 전개 과정에서 漢祇部主의 행동은 당시 사로국 내부 지배 세력들의 존재 양상이나 이사금의 통제력 수준을 구체적으로 보여주고 있다.[69] 따라서 위의 내용은 사로국의 대내외적 정치 상황을 반영한 것으로, 음즙벌국·실직곡국과 금관국(구야국) 사이에서 사로국의 위상을 보여주는 사료로 유의미하다.

먼저 음즙벌국과 실직곡국이 국경을 결정하는 중요한 사안에서 사로국에게 조정을 요청했다는 것을 주목할 필요가 있다. 이는 단순히 두 國의 궁여지책으로 볼 수 없고, 음즙벌국과 실직곡국이 평소에 가지고 있던 인식이 반영된 것이었다. 서로 결정할 수 없는 문제에 직면했을 때, 사로국이 판정해줄 것이라는 기대와 함께 사로국의 결정을 따를 것임을 전제한 것이었다.[70]

그리고 실제 사로국이 인근 諸國들 가운데 중재 역할을 하고 있었음을 보여준다. 여기서 파사왕은 직접 결정하기보다 수로왕이 현명하다는 명분을 세워 수로왕에게 판결을 맡긴다. 경계를 정하는 문제는, 한쪽의 불만이 야기될 가능성이 컸기 때문에 사로국

---

[68] 李賢惠, 앞의 책, 1998, 297쪽.

[69] 사로국 내부 지배세력의 존재 양상은 하일식, 『신라 집권 관료제 연구』, 혜안, 2006, 49~51쪽 참고.

[70] 사로국이 진한의 '맹주국'으로, 민감한 사안을 처리하고 주변 소국들은 그 결정을 따를 수밖에 없는 상황으로 파악하였다(강종훈, 『신라상고사연구』, 서울대학교 출판부, 2000, 122쪽). 그러나 사로국이 결정적 판단을 직접 하지 않는 것에 보면, 주변 소국들이 사로국의 판결을 그대로 순응할 만큼 사로국의 영향력이 압도적이지 않았던 것으로 보인다(남혜민, 앞의 논문, 2018, 22쪽). 사로국을 '맹주국'으로 파악하면서 사로국은 분쟁을 해결해야 하는 의무가 있으면서도 그 권한에 한계가 있었음을 지적하기도 하였다(노중국, 「辰·弁韓의 政治·社會구조와 그 운영」, 『진·변한사연구』, 경상북도·계명대학교 한국학연구원, 2002, 242쪽).

은 어느 한쪽의 불리한 판결을 내리기 부담스러웠을 것으로 생각된다. 이처럼 사로국의 입장에서 내부의 반발을 무시할 수 없었고, 불만이 생길 수 있는 판정을 구야국이 대신 하게 한 것이다.[71]

이처럼 쟁강 사건은 사로국이 주변 소국들을 완전히 압도하지 못한 상황을 보여준다. 이는 사건 이후, 음즙벌국의 타추간이 파사왕의 요청에 불응했던 것을 통해서도 짐작할 수 있다.[72] 즉 사로국은 인근 약소국들보다 상대적 우위에 있으면서, 諸國의 문제 해결 에서 주도적 역할을 하였던 상황을 확인할 수 있다.[73]

그리고 상위의 大國과 주변 소국들의 차등적 위계를 상호 인식하는 행위는 약소국들 의 進獻이었을 것이다.[74] 이는 사로국에 의해 무력으로 정복된 國의 복속 의례와 별개 로, 주변의 수장층이 瑞祥物을 헌상하는 사례들에서도 확인된다.

> 5년(84) 여름 5월, 고타군주가 靑牛를 헌상하였다. (『삼국사기』 파사이사금 5년)
> [3년(186)] 가을 7월, 남신현에서 嘉禾를 진상하였다. (『삼국사기』 벌휴이사금 3년)
> 13년(242) 가을,…고타군에서 嘉禾를 진상하였다. (『삼국사기』 조분이사금 13년)
> [11년(294)] 가을 7월, 다사군에서 嘉禾를 진상하였다. (『삼국사기』 유례이사금 11년)
> 21년(376) 가을 7월, 부사군에서 뿔이 하나 달린 사슴을 바쳤다. (『삼국사기』 나물 이사금
> 21년)

여기서는 진헌하는 주체는 '郡(主)'・'縣' 등으로 나와 있지만, 이것은 후대 신라의 일 방적 표현에 가깝다.[75] 따라서 진헌의 주체는 정치적 독자성을 유지하고 있던 주변 정

---

71) 金泰植, 「新羅와 前期 加耶의 關係史」, 『韓國古代史硏究』 57, 2010, 307쪽.
72) 강종훈, 앞의 책, 2000, 122쪽 각주 31번; 하일식, 앞의 책, 2006, 50쪽.
73) 하일식, 앞의 책, 2006, 50쪽; 남혜민, 앞의 논문, 2018, 23쪽.
74) 이는 마한왕과 사로국의 사신인 호공의 대화에서 짐작해볼 수 있다.
   '三十八年 春二月 遣瓠公聘於馬韓 馬韓王讓瓠公曰 辰・卞二韓 爲我屬國 比年不輸職貢 事大之禮 其 若是乎 對曰 我國自二聖肇興 人事修 天時和 倉庚充實 人民敬讓 自辰韓遺民 以至卞韓・樂浪・倭人 無不畏懷 而吾王謙虛 遣下臣修聘 可謂過於禮矣 而大王赫怒 劫之以兵 是何意耶'(『삼국사기』 혁거세 38년). 마한왕은 사로국이 '職貢'을 보내지 않은 것을 질책하고 있으며, 호공은 사로국의 국력이 이전 과 달라졌음을 강조하며 그 요청을 거부하였다. 이후 마한왕은 사로국에 물리적 재제를 가하거나 군 사적 대응을 하는 정황은 확인되지 않는다. 이처럼 진헌 행위는 진헌 주체의 거부에 대해 재제를 가 할 수 없는 수준의 차등적 위계 수준에서도 이루어졌음을 짐작할 수 있다. 그리고 차등적 위계질서 를 확인하는 과정에서 진헌 행위는 우위의 유력국 입장이나 그 우위를 인정하는 약소국의 입장에서 도 중요한 문제였던 것이다.

치체의 수장층으로 해석할 수 있을 것이다. 진헌 주체들은 사로국에 靑牛·嘉禾 등을 진헌하였는데, 이들도 상서물의 특별한 의미를 인지하고 있었다. 그러나 현지에서 자신의 권위를 드러내기 위해 서상물을 활용하기보다 사로국에 진상하였다.

진귀한 물품이 생겼을 때 사로국에 진헌한다는 인식 혹은 실제 진헌하는 행위는, 주변 소국의 수장층이 사로국을 상위의 존재로 인식하였던 것을 보여준다.[76] 이처럼 주변 소국들이 사로국에 서상물을 헌상하는 행위는 진헌 주체들이 사로국의 우위를 따르고 있음을 구현하는 행위로 볼 수 있다.[77] 차등적 위계에서 상위의 존재에게 진헌하는 행위는 의례적으로 이루어졌을 것이라고 생각한다.

'진한'에 하나의 구심으로 사로국이 등장한 상황은, 진한 諸國들이 사로국을 우위의 존재이자 진헌의 대상으로서 인지하고 있었던 상황을 전제하는 것이다. 따라서 변·진한 24국 중 진한 12국은 하나의 구심이 있는 '진한'으로,[78] 변한과 구분되었다고 할 수 있다. 그러나 『삼국지』 한전에서 변한은 '또한 왕이 있다'고 하여 중심적 존재를 설명하면서도 변한 소국들은 '변한'을 더하는 방식으로 소속을 정리하였다. 이는 '진한'과 달리 변한 소국들이 하나의 구심으로 설명하기 어려운 상태였음을 보여주는 것이 아닐까 한다.[79]

구체적 기록은 남아 있지 않지만, 변한 역시 안야국을 중심으로 한 차등적 위계질서가 있었을 것이다. 안야국의 신지가 優號를 내세우고, 이를 주변 약소국들이 인정하는

---

75) 하일식, 앞의 책, 2006, 194~195쪽.

76) 신재호, 「사로국 수취체계의 성립과 전개」, 『學林』 25·26合, 2005, 36~37쪽. 다만 진헌 주체를 '복속' 세력으로 표현하고 있지만, 사로국이 무력으로 정복한 소국들과는 그 강제성은 달랐을 것이다. 통제력 수준을 엄밀하게 구분하면, 상대적 우위에 있는 사로국의 중심적 역할을 따르는 소국 정도로 설명할 수 있을 것이다. 이에 '맹주국'에 대한 주변 소국들의 '貢'의 헌상을 현지 세력을 통해 간접적으로 지배하던 마립간시기 공납적 복속의례와 구분하여 '職貢的 服屬儀禮關係'라고 하기도 한다(노중국, 앞의 논문, 2002, 236~238쪽).

77) 李賢惠, 앞의 책, 1984, 180쪽.

78) 金泰植, 「가야사 연구의 시간적·공간적 범위」, 『韓國古代史論叢 2』, 駕洛國史蹟開發硏究院, 1991, 47쪽; 白承忠, 앞의 논문, 1995, 167쪽; 박대재, 앞의 논문, 2019, 91~96쪽. 위의 연구들은 진한과 마찬가지로 변한 내부에도 하나의 구심 세력이 있었을 것으로 본다.

79) 변한은 일정한 구심체가 존재하지 않고 변한 소국들이 분산된 상태였음을 강조하기도 하였다(李賢惠, 앞의 책, 1984, 183쪽). 그러나 구야국·안야국과 같은 大國이 존재하면서 '왕'을 칭하였던 존재가 있는 상황에서 변한 소국들 가운데 구심이 될 존재가 없었다고 보기 어렵다. 중심국으로서 구야국이 존재하였으나 변한 諸國들에 대한 '원심력'이 약했을 것으로 보기도 하였는데(박대재, 앞의 책, 2006, 233~237쪽) 안야국의 존재도 고려할 필요가 있다.

상황에서 안야국의 우위를 인정하는 구체적 행위가 있었을 가능성이 충분하기 때문이다. 앞서 살펴보았던 것처럼, 상위의 존재인 안야국과의 차등적 우열을 인정했던 변한 소국들은 안야국에게 결정을 요청하거나 진헌을 하기도 하였을 것이다. 다만 사로국이 진한 소국들을 대표하는 구심으로 등장한 '진한'과 달리 변한은 안야국과 더불어 구야국이 大國으로 있었다. 정리하면, 구야국·안야국의 상호 우열을 파악하기 어렵지만 안야국 우위 차등적 질서와 구야국 상위의 차등적 위계가 공존하였다는 점을 고려할 필요가 있겠다.

2. '포상팔국' 전쟁과 안야국의 통제력

4세기에 접어들면서, 진한 소국들 대부분은 중심 大國이었던 사로국(신라)의 영역으로 편입된 것으로 파악된다. 이는 사로국이 주변 진한 소국들에 대한 정치적 통제력을 강화하는 과정을 거쳤음을 반영한 것이다.

상대적으로 4세기 이후 안야국(안라국)의 공간적 규모는 이전의 권역과 크게 달라지지 않았던 것으로 파악된다. 4세기경 안야국(안라국)의 권역은 함안산 토기의 분포 양상으로 설명되었는데,[80] 그 분포는 함안 분지 일대에 집중되고 있기 때문이었다.[81] 이처럼 4세기에 이르러 소국들이 특정 大國의 영역으로 편입되는 수준은 이전 소국 네트워크상 중심국의 구심력 수준과 밀접한 관련이 있을 것이다.

변한 소국들에 대한 안야국의 통제력을 설명할 수 있는 기록은 '포상팔국' 전쟁일 것이다. 잘 알려진 것처럼 '포상팔국' 전쟁은 변한 諸國들이 주축이 되어 특정 유력국을 공격하였고, 진한의 사로국까지 참전한 정치적 사건이었다.[82] 기존 연구들도 '포상팔국' 전쟁을 변한 사회의 변동을 보여주는 유일한 기록으로 주목하였고 전쟁 발발 시기부터 공격 대상국, 공격 목적에 대한 다양한 해석을 제시하였다.[83] 또한 '포상팔국' 전쟁에서

---

80) 4세기를 중심으로 토기 양식은 부산·김해지역, 마산 이서 서부경남지역, 경주지역으로 구분된다(安在晧·宋桂鉉, 「古式陶質土器에 관한 약간의 考察－義昌 大坪里出土品을 通하여」, 『嶺南考古學』 1, 1986).

81) 李盛周, 앞의 논문, 1995, 34쪽.

82) 白承忠, 「1~3세기 가야세력의 성격과 그 추이; 수로집단의 등장과 浦上八國의 亂을 중심으로」, 『부대사학』 13, 1989, 30쪽.

83) 전쟁 시기는 3세기 초부터 6세기의 사건으로까지 파악되었는데 3세기 전반, 3세기 후반~4세기 전반

안야국의 존재를 확인한 연구는, 전쟁에서 안야국의 역할 혹은 전쟁이 안야국에 미친 영향을 설명하기도 하였다.[84]

먼저 '포상팔국' 전쟁에 대한 기록부터 살펴보자. '포상팔국' 전쟁에 대한 기록은 史書의 서술 목적에 따라 차이가 있었지만,[85] 전개 과정은 대략적으로 일치한다. 포구에 있는 8국이 특정국을 침입하였고, 그 공격받은 대상이 신라(사로국)에 구원을 요청하면서 사로국이 출병하였다. 『삼국사기』 신라본기와 『삼국사기』 물계자 열전, 『삼국유사』 물계자 열전의 내용을 정리하면, 아래의 표와 같다.

<표 3> 전거에 따른 '포상팔국' 전쟁의 경과

전거	전쟁 시기	공격 주체	공격 대상	전쟁 과정	전쟁 결과
『삼국사기』 신라본기[86]	내해이사금14 (209)	浦上八國	가라	가라 구원 요청 →于老·利音 참전	8국 장군 격살, 포로 6,000명 귀환
『삼국사기』 물계자열전[87]	내해이사금 (196~230)	八浦上國	아라국	아라국 구원 요청 → 㮈音 참전	8국병 패
	3년 후	骨浦·柒浦· 古史浦 3국	갈화성	왕의 참전	3국 대패
『삼국유사』 물계자열전[88]	내해왕 17 (212)	保羅國·古自國· 史勿國 등 8국	변경	㮈音·一伐 참전	8국 항복
	내해왕10 [20년?]	骨浦國 등 3국	갈화	왕의 참전	3국 패

으로 보는 견해가 다수이다. 이 글은 포상팔국 전쟁이 3세기 전반~4세기 사이에 일어난 사건으로 파악한 연구를 중심으로 <표 4>를 정리하였다.

[84] 포상팔국의 배후였다고 추정하였으며(權珠賢, 앞의 논문, 1993; 앞의 논문, 1995; 金泰植, 앞의 논문, 1994; 연민수, 「변진시대 가락국의 성장과 외교-포상팔국의 침공과 관련하여-」, 『韓日關係史研究』 51, 2015) 전쟁의 패배 이후 포상팔국 일부를 흡수하여 유력국으로 성장하였다고 파악하였다(李炯基, 「小伽耶聯盟體의 成立과 推移」, 『民族文化論叢』 17, 1997; 앞의 논문, 1999; 金泰植, 앞의 논문, 1994). 그 외에도 포상팔국의 공격을 받았지만, 그 공격을 막아내면서 도리어 쇠락해진 소국 일부를 흡수하였을 것으로 이해한다(남재우, 앞의 책, 2003, 111쪽). 구체적 내용은 <표 4>를 참고.

[85] 내용의 차이는 단순히 오기·착오 때문이 아니라 각 사료의 서술 배경·목적에 따라 주목하는 부분이 달랐을 것으로 파악한다(金泰植, 앞의 논문, 1994, 45~46쪽).

[86] '十四年 秋七月 浦上八國謀侵加羅 加羅王子来請救 王命大子于老與伊伐湌利音 將六部兵往救之 擊殺八國將軍 奪所虜六千人還之'(『삼국사기』 내해이사금 14년).

[87] '勿稽子 奈解尼師今時人也…時八浦上國同謀伐阿羅國 阿羅使來請救 尼師今使王孫㮈音 率近郡及六部軍往救 遂敗八國兵…後三年 骨浦·柒浦·古史浦三國人 來攻竭火城 王率兵出救 大敗三國之師'(『삼국사기』 권48, 열전8 물계자).

[88] '第十奈解王即位十七年壬辰 保羅國·古自國<今固城>·史勿國<今泗州>等八國併力來侵邊境 王命太子㮈音·將軍一伐等率兵拒之 八國皆降…十年乙未骨浦國<今合浦也>等三國王各率兵來攻竭火<疑屈弗也

여러 사람들에 의해 기억되거나 다양한 목적으로 기록이 남았던 만큼 '포상팔국' 전쟁은 당시 중요한 사건이었음이 틀림없다. 『삼국사기』·『삼국유사』 열전은 論功에 비해 부당한 포상을 받은 물계자의 행적과 관련하여[89] 전개 과정을 구체적으로 정리하였다. 여기서 사로국왕이 직접 참전하였던 것도 확인할 수 있는데, 戰功이 과장되었을 수도 있지만 전쟁 자체가 허구였다고 보기는 어렵다.

다만 '포상팔국' 전쟁은 사로국의 입장에서 기록되었기 때문에 사로국이 출병한 이유나 참전 결과를 위주로 정리되었다. 정작 여러 소국들과 특정 대상이 대립하게 된 원인, '포상팔국'의 향방이나 패전의 여파를 설명하기 쉽지 않다. 사로국의 입장에서 '포상팔국'이 군사 활동을 전개한 이유나 패배 이후의 행방 등은 고려할 내용이 아니었던 것이다.

물론 사로국의 입장에서 공식적으로 누구의 요청을 받아 전쟁에 개입했는지는 중요한 문제였을 것이다. 그러나 사료에 따라 사로국에 구원을 요청한 나라는 가라(금관국·구야국)과 아라(안야국)으로 나온다. '포상팔국'의 공격을 받는 대상은 사로국과의

今蔚州〉 王親率禦之 三國皆敗'(『삼국유사』 권5, 피은8 물계자).

[89] '是役也 勿稽子有大功 以見憎於王孫 故不記其功 謂勿稽子曰 子之功莫大 而不見錄 怨乎 曰何怨之 有 或曰 盍聞之於王 勿稽子曰 矜功求名 志士所不爲也 但當勵志 以待後時而已…後三年…勿稽子斬獲數 十餘級 及其論功 又無所得(『삼국사기』 권48, 열전8 물계자). 이 내용은 『삼국유사』 권5, 피은8 물계 자전에도 있다.

[90] ⓐ 千寬宇, 「復元加耶史 (上)」, 『文學과 知性』 1977-여름, 1977. ⓑ 李鐘旭, 「駕洛國의 소국형성과 가야연맹의 전개」, 『西江人文論叢』 7, 1997. ⓒ 李賢惠, 『韓國 古代의 생산과 교역』, 一潮閣, 1998, 300~301쪽(원재 「4세기 加耶社會의 交易體系의 變遷」, 『韓國古代史研究』 1, 1988). ⓓ 白承忠, 「1~3세기 가야세력의 성격과 그 추이; 수로집단의 등장과 浦上八國의 亂을 중심으로」, 『부대사학』 13, 1989; 「加耶의 地域聯盟史 研究」, 부산대 박사학위논문, 1995, 92쪽. ⓔ 박대재, 『고대한국 초기국가의 왕과 전쟁』, 景仁文化社, 2006, 226~227쪽. ⓕ 이영식, 「김해 대성동고분군 출토 외래계 유물의 역사적 배경」, 『금관가야의 국제교류와 외래계 유물』, 주류성, 2014, 32쪽. ⓖ 權珠賢, 「阿羅加耶의 成立과 發展」, 『啓明史學』 4, 1993; 「安邪國에 대하여; 3세기를 중심으로」, 『大丘史學』 50, 1995. ⓗ 李炯基, 「小伽耶聯盟體의 成立과 推移」, 『民族文化論叢』 17, 1997; 「阿羅伽耶聯盟體의 成立과 그 推移」, 『史學研究』 57, 1999. ⓘ 백진재, 「加耶諸國의 對倭交涉과 浦上八國戰爭」, 『지역과 역사』 37, 2015. ⓙ 연민수, 「변진시대 가락국의 성장과 외교-포상팔국의 침공과 관련하여-」, 『韓日關係史研究』 51, 2015. ⓚ 김양훈, 「삼한시대 변한권역 철기생산의 추이」, 『역사와 세계』 44, 2013; 「3세기 포상팔국전쟁 이후 남부가야제국 동향」, 『지역과 역사』 46, 2020. ⓛ 정상희, 「포상팔국 전쟁의 개전(開戰)시기와 전쟁양상에 대한 재검토」, 『역사와 현실』 110, 2018. ⓜ 南在祐, 「문헌으로 본 안라국사」, 부산대학교 한국민족문화연구소편, 『가야 각국사의 재구성』, 혜안, 2000; 『安羅國史』, 혜안, 2003, 89~126쪽. ⓝ 강봉룡, 「고대 동아시아 연안항로와 영산강·낙동강유역의 동향」, 『도서문화』 36, 2010. ⓞ 白承玉, 『加耶 各國史 研究』, 혜안, 2003, 115~119쪽. ⓟ 金泰植, 「咸安 安羅國의 成長과 變遷」, 『한국사연구』 86, 1994.

〈표 4〉 포상팔국 전쟁에 관한 견해 (3세기 전반~4세기까지 대상)

전쟁 시기	공격국 (주도국)	공격 대상	전쟁 배경·목적	안야국과 관계	출처[90]
3c전반	포상팔국	가락국	가락국 쇠퇴, 주도권 다툼	-	ⓐ
	포상팔국	가락국	원거리 교역, 소국들의 전쟁 + 사로국의 낙동강 유역 진출	-	ⓑ
	포상팔국	가락국	(구야국이 변한 대외교역 장악×) 구야국에 대한 도전.	-	ⓒ
			구야국의 맹주 수행 한계, 연맹체 소속국의 맹주 공격.	포상팔국 통할	ⓓ
			구야국 중심 해상교역체계 균열, 포상팔국의 교역권 도전.	-	ⓔ
	포상팔국	가락국	'능도교역'의 쇠퇴, 가락국의 교역 독점 ⇒ 해상교역권 쟁탈	전쟁 참여 ('保羅國')	ⓕ
	포상팔국 [+안야국]	가락국	구야국의 독점교역권에 대항.	지원 / 패배로 타격	ⓖ
	포상팔국 (고자국)	가락국	소가야연맹체의 세력 확장. 금관가야와의 교역권 다툼.	배후 / 소국들 흡수	ⓗ
	포상팔국 (①아라국 ②고자국?)	가락국	대왜 교역 주도권 싸움.	1차 전쟁 주도국	ⓘ
	포상팔국	가락국	가락국의 세력 확대 시도에 대한 선제공격, 신라-가락국 세력 약화 시도	지원 가능성	ⓙ
	포상팔국	가락국	가락국 중심 대외교섭·철(철기) 생산 독점에 대한 불만.	-	ⓚ
3c 전·중반	포상팔국	안야국	구야국과 친연관계인 포상팔국이 위협이 되는 안야국 공격.	공격 대상	ⓛ
3c후반	포상팔국	안라국	함안 지역 철·농경지 확보 시도.	공격 대상	ⓜ
4c전반	포상팔국	구야국	해상교역의 위축⇒구야국의 신라 의존적 태도·새로운 문물유통로에서의 소외에 대한 불만.	-	ⓝ
3c후반 ~4c전반	포상팔국 동맹	①가락국 ②안라국 ③갈화성	교역권 쟁탈, 농경지의 확보·내륙 지방으로의 진출 시도	2차 전쟁 공격 대상 / 안야국 성장	ⓞ
4c~ 5c전반	포상팔국 [+안야국]	가락국	해상교역권, 가야세력권내 내분	배후 / 안야국 성장	ⓟ

관계에서도 고려할 필요가 있는데, 일단 공격 대상국과 사로국은 적대적 관계가 아니었음을 짐작할 수 있다.

구야국과 안야국 중에서 구야국은 '포상팔국' 전쟁이 일어나기 이전부터 사로국과 화친을 맺은 상태였다.[91] 그보다 음즙벌국과 실직곡국의 쟁강 사건이 사로국의 기록에 남아 있는 것을 주목하면, 사로국과 구야국의 비적대적 관계는 그 연원이 오래되었던 것을 알 수 있다.[92] 이처럼 사로국의 입장에서 안야국보다 구야국의 요청에 응하였다고 보는 것이 자연스럽다.[93] 이와 더불어 사로국이 구원병을 보낼 수 있는 거리를 고려하면, 정황상 사로국 가까이 있던 구야국일 가능성이 높아 보인다.

구야국을 공격했던 '포상팔국'의 대부분은 국명을 확인할 수 있다. 나주에 있었다는 보라국을 제외하고[94] 골포국-창원, 칠포국-칠원, 고자국-고성, 사물국-사천으로 파악한다.[95] 여기서 '포상팔국'은 진한·변한과 같이 소속을 뜻하는 것이 아니라 포구 상에 있는 8개의 소국을 통칭하는 것이다. 그러나 여러 소국들이 특정 대상을 공격하는 군사 활동에서 이들을 지휘하는 주도국이 없었다고 보기는 어렵다. 골포국·칠포국·고자국을 유력한 소국으로 상정하는데[96] 그중 고자국이 주도적 위치에 있었을 것으로 본다.[97] 다만 이들은 '보라국·고자국·사물국 등 8국'이나 '골포·칠포·고사포 등 세 국'

---

91) '六年 春二月 加耶國請和'(『삼국사기』 나해이사금 6년)

92) 신가영, 「4~6세기 加耶 諸國의 동향과 국제관계」, 연세대 박사학위논문, 2020, 34~35쪽. 여기서 사로국과 구야국의 역학 관계를 파악하기도 한다. 구야국과 사로국의 관계를 구야국의 영향력이 사로국까지 미쳤다고 보거나(白承忠, 앞의 논문, 1989, 13쪽; 앞의 논문, 1995, 164쪽) 반대로 사로국이 구야국보다 우위에 있었던 것이라고 이해하기도 하였다(강종훈, 앞의 책, 2000, 123쪽).

93) 이후 가야는 신라에 질자로 보내기도 하였다'十七年 春三月 加耶送王子爲質'(『삼국사기』 나해이사금 17년)]. 구야국에 대한 사로국의 영향력이 커졌다고 보기도 하며(李鐘旭, 「駕洛國의 소국형성과 가야연맹의 전개」, 『西江人文論叢』 7, 1997, 111쪽; 白承忠, 앞의 논문, 1989, 28~33쪽; 權珠賢, 앞의 논문, 1993, 24~25쪽) 여전히 구야국과 사로국은 비등하였다고 보기도 한다(金泰植, 앞의 논문, 1994, 59쪽). 전쟁 이후, 중국 군현과의 교섭에서 사로국은 우호적 관계에 있던 구야국을 통했을 것이다(김양훈, 「3세기 포상팔국전쟁 이후 남부가야제국 동향」, 『지역과 역사』 46, 2020, 19쪽).

94) '夫保羅〈疑發羅 今羅州〉·竭火之役誠是國之難君之危…'(『삼국유사』 권5, 피은8 물계자). 보라국이 나주에 있다고 본다면 상당히 먼 거리에 있으면서 마한에 속했을 가능성이 높은 소국이 전쟁에 참여한 셈이다. 한전에서 보았듯이 진한 소국과 변한 소국들은 교류하기도 하였기 때문에 부자연스러운 것은 아니다. 보라국이 참여한 이유는 서부경남지역을 도와 교역권을 획득하고자 했던 것으로 이해하기도 한다(權珠賢, 앞의 논문, 2000, 305쪽).

95) '포구의 소국'이라는 통칭에서 짐작할 수 있듯이 나머지 소국들은 낙동강 수계나 남해안 연안에 있을 것으로 추정한다. 위치 비정에 대한 연구사는 이형우, 「진·변한 諸國의 位置와 存在樣態」, 『진·변한사연구』, 경상북도·계명대학교 한국학연구원, 2002, 115~117쪽; 남재우, 앞의 책, 2003, 113쪽 참고.

96) 白承忠, 앞의 논문, 1989, 29쪽; 白承玉, 「固城 古自國의 형성과 변천」, 『韓國古代史研究』 11, 1997, 175쪽.

97) 白承玉, 앞의 논문, 1997, 175~176쪽; 李炯基, 앞의 논문, 1997, 14~17쪽. 고자국은 『삼국지』 한전 변진한조에서 '변진고자미동국'으로 나와 있다. 고자국의 지정학적 위치는 여러 소국들을 연결하여 주도적 역할을 하기에 유리했을 것으로 생각된다.

으로 설명되고 있기 때문에 주도국의 구심력은 강하지 않았거나 전쟁 전후로 지속되지는 않았던 것으로 생각된다.[98]

여러 소국들이 특정 大國을 공격했을 경우는 동일한 목표가 있거나 이들이 공유했던 공동의 사안을 해결하기 위함이었을 것이다.[99] 주로 전쟁의 배경·목적은 교역 환경의 변화에 따른 불만이나 구야국의 교역 주도권에 대한 도전으로 해석해왔다.[100] 물론 여러 가능성을 상정할 수 있는데, 당시 '포상팔국' 대부분이 구야국과 안야국 사이에 있었던 상황도 무시할 수 없다. 변한 내부의 역학 관계에서 차등적 위계를 인정하는 가운데 주변 약소국들이 상위의 大國을 공격할 경우는 부당한 상황을 타개하고자 했을 가능성이 높지 않을까 한다.

2~3세기 동안 진한 내부에서도 사로국이 주변 소국들에 대한 구심력을 강화해가는 과정이 있었으며,[101] 진한 소국들이 사로국 중심 질서에 반발하는 사례도 있었다.[102] 마찬가지로 구야국과 안야국은 大國으로 성장하면서 상대적 열세한 소국들에 대한 통제·간섭을 유지·강화하고자 하였을 것이다. 주변 약소국들에 대한 통제·간섭은 여러 정치적·경제적 제재가 있었다. 다만 두 大國이 공존하는 상황이라면, 각 大國의 입장에서 주변 소국들로부터 차등적 위계질서를 확인하는 것이 무엇보다 중요한 문제였다.

앞서 살펴보았듯이 大國의 입장에서 주변 약소국으로부터 우위를 확인받는 방식에는 진헌을 요구하는 것도 포함되어 있었다. 특히 大國의 진헌 요구는 재정적 부담과 맞닿아 있었으며, 특히 두 大國이 존재하는 상황에서는 그 부담이 가중되었을 것이다. 소국들의 입장에서 大國에 대한 과중한 진헌은 어떠한 간섭보다 실질적 부담을 느꼈을 것이며, 무조건 순응할 수 있는 문제가 아니었다.[103] 이처럼 변한 소국들은 가중되는 진헌의

---

98) 白承玉, 『加耶 各國史 硏究』, 혜안, 2003, 118쪽.

99) 포상팔국이 동일한 목표를 추구하여 하나로 움직였음에 주목하여 '포상팔국 동맹'으로 정의하기도 하였다(白承玉, 앞의 논문, 1997, 176쪽).

100) '포상팔국' 전쟁의 원인은 주로 대외 교역 문제를 둘러싼 갈등으로 귀결되었다. 그러나 여러 소국들이 대외 교역권을 장악하였을 때의 변화나 그것으로 인한 발전이 어떠한지에 대해서는 설명이 불충분하다. 물론 소국의 자체적 성장, 즉 '포상팔국'이 지속적 성장을 위해 특정국을 공격하였다고 보는 연구도 있다(南在祐, 앞의 책, 2003, 101·123~126쪽; 白承玉, 앞의 책, 2003, 116~119쪽).

101) 李賢惠, 앞의 책, 1984, 187~188쪽.

102) 파사왕 23년에 복속된 압독국은 일성왕 13년(『삼국사기』 일성이사금 13년), 압독국과 함께 항복했던 실직국은 파사왕 15년 반란을 일으켰다가 평정되었다(『삼국사기』 파사이사금 25년). 언제부터인지 알 수 없지만, 사로국에 속해 있었던 사벌국이 이탈을 시도하기도 하였다(『삼국사기』 권45, 열전5 석우로).

부담 혹은 심화되는 간섭·통제를 타개하고자 하였고, 또다른 유력국을 중심으로 단체 활동을 전개하였을 정황도 충분히 상정할 수 있다.

결과적으로 '포상팔국'의 반발은 실패로 끝나고 구야국을 우위로 하는 차등적 위계질 서는 유지되었다.[104] 구야국은 여러 소국들이 힘을 합하여 공격해야 할 정도로 大國으로서 영향력을 가지고 있었다. 그러나 주변 소국들이 불만을 표출하여 공격하였다는 것은 구야국이 주변 소국들의 무력적 반발을 통제할 수 없었던 것을 반증한다.

여기서 소국들의 공격이 구야국으로 향했다는 것을 보면, 안야국은 전쟁과 무관한 듯 보인다. 그러나 고자국·칠포국·골포국 등은 안야국이라는 大國의 인근에 있으면서도 독자적으로 군사 활동을 전개하였다. '포상팔국' 전쟁 과정에서 인근 변한 소국들에 대한 안야국의 통제력이 안정적이지 않았던 정황을 확인할 수 있다. 이처럼 변한 소국들은 大國의 권위에 반발하기도 하였으며, 大國을 배제하고 단체 행동에 나서기도 하였다. 또한 안야국·구야국은 변한 소국들로부터 상대적 우위를 인정받고 있었지만, 이들은 독자적 행동을 저지할 수 있을 만큼 통제력이 안정적이지 않았다.

물론 '포상팔국' 전쟁의 결과, 패전한 소국의 일부는 쇠퇴·멸망하기도 하였을 것이며, 그 결과 안야국의 영향력하에 들어갔을 것으로 보인다.[105] 다만 진한의 사로국, 즉 신라와 비교하면 안야국(안라국)의 공간적 팽창은 두드러지지 않는다. 무엇보다 4세기에 접

---

103) 비교적 사료가 많이 남아 있는 중국의 사례를 보면, 춘추 전국시대 여러 大國들은 주변 諸國들과의 우위를 확인하기 위해 貢을 요구하였다. 대표적으로 楚와 晉, 양 大國 사이에 있던 鄭國은 朝聘之禮와 함께 무리하게 貢을 요구받았다. 이에 鄭國은 지나친 공납 부담을 경감하고자 하였는데, 晉이 개최한 대규모 회맹에서 공납의 불합리함을 주장하기도 하였다(이춘식, 앞의 책, 1997, 140~141쪽).

104) '포상팔국' 전쟁은 246년 기리영 전투의 전재 양상·결과[部從事吳林以樂浪本統韓國 分割辰韓八國以與樂浪 吏譯轉有異同 臣智激韓忿 攻帶方郡崎離營 時太守弓遵·樂浪太守劉茂興兵伐之 遵戰死 二郡遂滅韓(『삼국지』 한전)]와 유사한 양상이다. 기리영 전투는 진한 8국의 관할을 이동하는 문제에 대해 불만을 표출한 사건이었다. 여기서 전쟁의 결과, '韓滅'은 실제 '韓'이나 소국의 멸망이 의미하는 것이 아니며, 중국 중국과 韓의 관계나 韓 내부 위계질서가 바뀌었던 것을 이해한다(尹善泰, 앞의 논문, 2001, 14쪽). 이처럼 기리영 전투나 '포상팔국' 전쟁은, 공격의 목적·패전의 결과가 國의 존망이 아니었으며 특정 조치에 대한 반발·갈등으로 이해할 수 있다.

105) 칠포국이 안야국의 영역으로 편입되었다고 보기도 하며(남재우, 앞의 책, 2003, 125쪽; 「漆浦國의 성립과 변천」, 『韓國上古史學報』 61, 2008, 81쪽) 정치적 동맹관계 혹은 간접지배 형태로 안야국의 영향권하에 들어간다고 보기도 한다(이동희, 「고고학을 통해 본 안라국의 형성과정과 영역 변화」, 『지역과 역사』 42, 2018, 64~66쪽). 반면, 고자국이 있었던 고성 지역은 고분군이 축조되거나 지역색이 강한 토기 양식을 향유하고 있어 전쟁 이후에도 독자적 정치제가 존재하였던 것으로 파악된다. 소가야의 고고자료에 대한 개설적 내용은 김규운, 「고고자료로 본 소가야의 권역과 변천」, 『韓國古代史研究』 92, 2018을 참고하였다.

어들면서 안라국 가까이에 있었던 탁순국[106]이 대외적으로 주목되기 시작하였다.

46년 봄 3월 斯摩宿禰를 卓淳國에 보냈다. 〈사마숙녜가 어떤 姓의 사람인지 알 수 없다.〉이 때 탁순왕 末錦旱岐가 사마숙녜에게 고하여 말하였다. 갑자년 7월 중 백제인 久氏·彌州流·莫古 세 사람이 우리나라에 와서 말하길, '백제왕이 동방에 일본이라는 貴國이 있다는 말을 듣고 신들을 보내 그 貴國에 조공하도록 하였습니다. 그래서 道路를 구하려고 여기에 이르렀습니다. 만약 신들에게 능히 가르쳐 道路를 통하게 해준다면, 우리 왕은 반드시 君王의 덕이 깊다 할 것입니다.'라고 하였습니다. …사마숙녜는 즉시 傔人 爾波移과 함께 탁순인 過古 2인을 백제국에 보내 그 왕을 위로하게 하였다. (『일본서기』 권9, 신공 46년 3월)

49년 봄 3월 荒田別과 鹿我別을 장군으로 삼아 久氏 등과 함께 군대를 정돈하여 건너가 탁순에 이르러 장차 신라를 습격하고자 하였다. …함께 탁순에 모여 신라를 공격하여 파하였다. 이로 인해 比自㷀·南加羅·㖨國·安羅·多羅·卓淳·加羅 7국을 평정하였다.… (『일본서기』 권9, 신공 49년)

『일본서기』의 신공 46년·49년 기록은 4세기 중후반[107] 백제의 활동으로 해석되었다.[108] 특히 49년 기사, 신라의 '격파'·7국의 '평정'은 백제와 신라, 백제와 한반도 남부의 여러 세력들의 관계를 보여 주는 기록이었다.

그러나 백제가 신라를 '격파'하고 比自㷀·南加羅·㖨國·安羅·多羅·卓淳·加羅를 '평정'하였다는 기록은 실상과 맞지 않는다. 여러 연구들에서 지적하였듯이, 백제가 신라를 격파하였다는 서술은 당시 백제와 신라의 우호적 분위기와 맞지 않기 때문에[109] '신라의 공격'과 이어지는 7국을 '평정'하였다는 내용도 그대로 받아들일 수 없다. 49년

---

106) 탁순국의 위치에 대해 칠원설, 대구설, 창원설, 의령설 등이 제기되었다. 탁순국의 위치 비정과 관련된 연구사는 김현미, 「卓淳國의 성립과 대외관계의 추이」, 『역사와 경계』 57, 2005, 3~10쪽에 구체적으로 정리되어 있다. 사료상 백제가 왜와 교섭하는 과정에서 탁순국이 등장하였으며 백제와 왜, 백제와 한반도 남부지역을 이어줄 수 있는 거점일 필요가 있다. 정황상 탁순국의 위치는 내륙보다 해안 가까이, 창원 지역일 가능성이 높다고 생각한다.

107) 신공기 기사는 3주갑(180년) 인하설도 있지만, 일반적으로 2주갑(120년)을 내려 본다.

108) 千寬宇, 「復元加耶史 (中)」, 『文學과 知性』 1977-가을, 1977.

109) 근초고왕 21년과 23년 백제가 신라에 사신을 파견하거나 良馬를 보내는 등 백제가 신라에 대해 적대적이지 않았음을 알 수 있다. 『삼국사기』 근초고왕 21년 3월; 내물이사금 11년 3월 기사와 『삼국사기』 근초고왕 23년 3월; 내물이사금 13년 기사 참고.

기사에 대해 다양한 해석이 제시되었고[110] 주로 백제와 신라, 가야 諸國 등 7국이 교섭하는 상황으로 해석되었다.

나열된 국명 중에서 안라국(안야국 · 아라가야)을 비롯하여 남가라(구야국 · 금관가야), 가라(대가야)도 확인할 수 있지만, 이들이 백제와의 교섭에서 주도적 역할을 하였는지는 불분명하다. 도리어 49년 기사와 46년 기사를 이어보면, 백제는 탁순국을 주목하고 있었던 것을 알 수 있다. 46년 기사에서 백제는 왜로 가는 길을 알기 위해서 탁순국에 이르렀다고 하였다. 탁순의 왕은 爾波移과 탁순인 過古 2인을 보내어 백제왕을 위로하였는데, 백제왕에게 왜로 향하는 길을 가르쳐줬다는 언급은 없다. 그러나 이후 백제가 일본에 사신을 파견하고 있기 때문에[111] 탁순이 백제와 왜의 통교를 연결해주었던 것으로 볼 수 있다.[112]

여기서 탁순국이 '안라지역연맹'의 일부이었을 가능성도 제기되었지만,[113] 백제는 탁순을 안라와는 별개의 존재로 인식하였다.

> 성명왕이 말하기를, "옛날 우리 선조 速古王 · 貴首王의 치세에 安羅 · 加羅 · 卓淳旱岐 등이 처음으로 사신을 보내어 서로 통하여 두텁게 친교를 맺었다. 자제로 삼아 항상 융성하기를 바랐다."(『일본서기』 권19, 흠명 2년 4월)

위의 기사는 541년 백제 성왕이 신라에 멸망된 3국을 복건하기 위해 안라 · 가라 · 졸마 등 가야 諸國의 지배층을 소집하면서 회고한 내용이다. 여기서 성왕은 근초고왕 · 근구수왕 시기 백제와 가야의 관계를 설명하면서 안라 · 가라 · 탁순의 이름을 언급하였다. 이를 4세기경 백제와 가야 관계, 당시 가야 諸國에 대한 백제의 인식을 반영한 것이라

---

110) 백제가 실제 가야를 평정하였다는 해석부터 백제의 교역권 장악, 백제의 명분 정도라는 해석 등 다양하다. 관련 연구에 대한 정리는 김현미, 앞의 논문, 2005, 32~33쪽; 백승옥, 「고대 창녕지역사 연구의 제문제」, 『고대 창녕지역사의 재조명』, 경상남도 창녕군 · 부산대학교 한국민족문화연구소, 2011, 197~203쪽 등이 있다.

111) '卌七年 夏四月 百濟王使久 · 彌州流 · 莫古 令朝貢 時新羅國調使 與久氏共詣'(『일본서기』 권9, 신공 47년).

112) 백제가 탁순을 방문한 이유는, 왜보다 신라와 한반도 남부 지역과의 통교가 주목적이었을 것으로 보기도 한다(백승옥, 앞의 논문, 2011, 203쪽).

113) 白承忠, 「《일본서기》 神功紀 소재 한일관계 기사의 성격」, 『광개토대왕비와 한일관계』, 景仁文化社, 2005, 146쪽.

고 이해한다면, 백제는 탁순을 중요하게 인식하였음을 알 수 있다. 여기서 탁순국이 안라·가라의 이름과 함께 나열되었다는 점은 대외적으로 안라·가라와는 별개의 존재로 탁순이 인식되었던 것을 보여준다.

그리고 49년 기사에서 백제는 탁순을 통해 신라, 나아가 比自烋·南加羅·喙國·安羅·多羅·卓淳·加羅과 접촉하였다. 이처럼 백제의 입장에서 탁순국은 신라, 한반도 남부 지역의 통교에서 중요한 위치에 있었던 것으로 보인다.

4세기경 안라국의 대외 활동은, 고고 자료를 통해 어느 정도 가늠할 수 있다. 앞서 보았듯이 4세기경 한반도 남부에서 함안 양식 토기의 분포를 살펴보면, 일정한 유통망을 형성하였다. 4세기경 안라국의 토기 유통망이 3세기 중엽 이후에 형성된 유통망을 기반으로 하였다고 한다면,[114] 안라국의 대외 교류망이 지속된 것이다.[115] 그럼에도 백제는 새로운 중계 거점으로 탁순국을 주목하였으며,[116] 탁순국 역시 안라국의 교역 활동과 별개로 독자적으로 활동하였던 것이었다.[117]

4세기 이후 안라국(안야국)의 권역이나 주변 가야 세력들의 독자적 활동은, 안라국(안야국)의 세력 약화 같은 변화에 의한 것이 아니었던 것으로 보인다. 여기서 3세기 중후반 안야국과 주변 소국들의 결집력도 설명할 여지가 있다. 변한 내부에서 안야국을 중심으로 한 결집력은 한정적이었고, 변한 諸國은 필요에 따라 독자적 활동을 전개하였다. '포상팔국' 전쟁이나 4세기 이후 가야 諸國들의 독자적 활동을 주목하면, 3세기 중후반 안야국은 주변 소국들에 대해 정치적 통제력을 강화했던 것은 아니었던 것으로 파악할 수 있다.

그리고 백제 성왕의 회고에서 안라는 가라와 줄곧 함께 행동한 것처럼 보이기도 하

---

[114] 낙동강을 따라 금호강 유역을 통해 경주로 향하는 유통망과 부산을 거쳐 동남해선을 따라 경주로 이어지는 유통망이 있었다고 파악된다. 함안식 토기의 분포 양상에 대한 설명은 정주희, 「咸安樣式 古式陶質土器의 分布定型과 意味」, 『韓國考古學報』 73, 2009, 40~42쪽을 참고.

[115] 4세기경에 이르면 진한 사회에서 사로국 중심의 소국 네트워크는 신라의 영역이 된다. 신라의 중앙, 즉 경주 지역에서 함안산 토기를 대구나 양산에 분배한 것일 수도 있다. 혹은 3세기 중후반 안야국과 일부 진한 소국들이 접촉하였는데 이들이 신라의 영역이 된 이후에도 교류가 지속되었을 수도 있다.

[116] 신가영, 앞의 논문, 2020, 38쪽.

[117] 마찬가지로 탁순국의 대외활동은 금관가야의 세력권에서 벗어난 것으로 보았다(이현혜, 「加耶의 交易과 경제－낙동강 하구지역을 중심으로－」, 부산대학교 한국민족문화연구소편, 『한국 고대사 속의 가야』, 혜안, 2001, 332~333쪽).

다. 그러나 신라와의 관계에서 보면 안라는 가라와 별개로, 독자적으로 신라와 교섭하고자 하였다.[118] 그리고 신라는 가라·안라의 방식에 일일이 대응하면서 가라·안라 각각 포섭하고자 하였다.[119] 가야 諸國에 진출하고자 했던 신라의 입장에서도 이들을 하나가 아닌, 일일이 포섭해야 하는 존재로 인식하고 있었던 것이다.

이처럼 안라국 스스로나 주변 가야 諸國들이 하나의 주도 세력을 중심으로 결집하기보다 개별적으로 움직이는 경향은 지속되었다. 이는 상황에 따른 '분산'·'해체'라기보다 이전 '변한'의 존재 양상·변한 諸國들의 역사적 경험과 이어지는 것으로 이해할 수 있겠다.

Ⅳ. 맺음말

『삼국지』 한전에서 안야국은 구야국과 함께 변한의 大國이었다는 것은 이견이 없다. 이 글은 안야국이 大國으로서의 위상을 가지고 있었다는 의미를, 주변 諸國들과의 관계에서 설명하고자 하였다. 먼저 『삼국지』 한전의 기록에서 확인할 수 있는 안야국의 위상과 안야국과 주변 진·변한 諸國의 관계를 분석하였다. 이러한 이해를 전제로, '변한' 내부에서 안야국 중심 차등적 위계질서와 변한 소국들에 대한 안야국의 통제력 수준을 설명해보고자 하였다.

진한·변한 소국들은 각각 분립되어 있었다기보다 특정 소국을 중심으로 밀접하게 접촉·교류하고 있었다. 그중 안야국은 남해안 연안과 내륙의 낙동강·남강을 연결하는 거점이라는 지리적 환경을 기반으로 주변 소국들 가운데 주도적 역할을 하였다. 또한 안야국은 優號를 내세울 만큼 구야국과 비견할 수 있는 大國이었으며, 주변 소국들은

---

118) 신가영, 앞의 논문, 2020, 137~149쪽.
119) 가라는 국혼을 통해 신라와 우호적 관계를 형성하고자 하였다(『삼국사기』 법흥왕 9년 3월; 『일본서기』 권17, 계체 23년 3월). 안라는 회의를 주재하면서 백제와 신라를 초청하였는데 신라를 우대하는 태도를 보인다('是月 遣近江毛野臣 使于安羅 勅勸新羅 更建南加羅喙己呑 百濟遣將軍君尹貴麻那甲背麻鹵等 往赴安羅 式聽詔勅 新羅 恐破蕃國官家 不遣大人 而遣夫智奈麻禮奚奈麻禮等 往赴安羅 式聽詔勅 於是 安羅新起高堂 引昇勅使 國主隨後昇階 國內大人 預昇堂者一二 百濟使將軍君等 在於堂下 凡數月再三 謨謀乎堂上 將軍君等 恨在庭焉'(『일본서기』 권17, 계체 23년 3월)). 이때 신라는 가라의 요청을 받아 가라와 국혼을 맺었으며, 안라의 초청에 응하여 회의에 참석한다.

안야국의 우월한 위상을 인정하고 있었음을 확인하였다.

　나아가 사로국과 진한 소국들의 관계를 통해 안야국과 변한 소국들 사이 차등적 위계질서를 확인하는 행위가 있을 가능성을 제기하였다. 大國의 중심적 역할을 따른다는 의미는 그 위상을 인정하는 형식적 차원에서 그치지 않기 때문이다. 그리고 안야국과 변한 소국들의 역학 관계를 설명하면서 구야국의 존재 역시 고려되어야 한다. 大國이 복수라는 사실은, 변한 내에서 大國을 우위로 하는 차등적 위계질서가 공존하고 있었다는 상황을 보여주는 것이다.

　두 大國이 성장하는 상황 그리고 이들이 변한 소국들로부터 차등적 위계를 확인, 혹은 강요하는 과정에서 '포상팔국' 전쟁을 재검토하였다. 여러 변한 소국들이 구야국·안야국 중심 위계 질서를 강요하는 것에 반발하였으며, 이들 大國이 아닌 다른 유력국을 중심으로 군사 활동을 전개하였다는 사실에 주목하였다. '포상팔국' 전쟁을 통해 구야국뿐만 아니라 안야국 역시 주변 소국들의 독자적 활동·반발을 통제하기에 한계가 있었던 것을 알 수 있다.

　그리고 4세기에 접어들면서 네트워크의 중심국으로부터 강한 통제력을 받은 소국일수록 중심국의 일부로 편입되는 경향을 보인다. 안야국(안라국)의 공간적 범위가 크게 확대되지 않았다는 것을 보면, 안야국의 통제력 범위는 한정적이었을 것으로 파악된다. 4세기 이후에도 안야국(안라국)은 가야의 주요 세력으로 있었지만, 동시에 대외적으로 탁순국이 새롭게 주목되기도 하였다. 또한 안라 역시 가라와 별개로 독자적 활동하기도 하였다. 유력한 세력이 존재하면서도 주변 諸國들이 그 주도적 역할을 따르기보다 개별적 움직임이 도드라지는 상황들은 3세기 중후반 변한 諸國들의 존재 양상에서 그 연원을 설명할 수 있는 것이다.

　변한과 안야국 자체에 대한 기록이 많지 않기 때문에 주로 진한과 사로국의 사례를 검토·대조하여 안야국과 변한 諸國의 역학 관계에 대한 가설을 제시하였다. 이러한 이유로 중심 大國의 구심력은 정치적 통제력에 주안점을 두었으나 변한 大國의 '구심력'은 다각도로 검토할 필요가 있다. 이는 안야국(안라국)이 '국'이라는 정치체를 유지하는 조건들, 가야의 유력한 세력으로 존속할 수 있었던 요건들과 함께 이해할 수 있을 것이다.

【참고문헌】

1. 사료

『삼국사기』·『삼국유사』·『삼국지』·『일본서기』

2. 단행본

남재우, 『안라국사』, 혜안, 2003.

노중국 외 6인, 『진·변한사연구』, 경상북도·계명대학교 한국학연구원, 2002.

박대재, 『고대한국 초기국가의 왕과 전쟁』, 景仁文化社, 2006.

白承玉, 『加耶 各國史 硏究』, 혜안, 2003.

부산대학교 한국민족문화연구소편, 『가야 각국사의 재구성』, 혜안. 2000.

이춘식, 『事大主義』, 고려대학교 출판부, 1997.

李賢惠, 『三韓社會形成過程硏究』, 一潮閣, 1984.

李賢惠, 『韓國 古代의 생산과 교역』, 一潮閣, 1998.

千寬宇, 『古朝鮮史·三韓史硏究』, 一潮閣, 1989.

千寬宇, 『加耶史硏究』, 一潮閣, 1991.

하일식, 『신라 집권 관료제 연구』, 혜안, 2006.

山田宗睦, 『魏志倭人伝の世界-邪馬壹国と卑弥呼』, 歷史新書, 1979.

佐伯有淸 編, 『邪馬台国基本論文集 Ⅰ』, 創元社, 1981.

佐伯有淸 編, 『邪馬台国基本論文集 Ⅱ』, 創元社, 1981.

3. 논문

권오영, 「三韓의 「國」에 대한 硏究」, 서울대 박사학위논문, 1996.

權珠賢, 「阿羅加耶의 成立과 發展」, 『啓明史學』 4, 1993.

權珠賢, 「安邪國에 대하여; 3세기를 중심으로」, 『大丘史學』 50, 1995.

김현미, 「卓淳國의 성립과 대외관계의 추이」, 『역사와 경계』 57, 2005.

金亨坤, 「阿羅伽耶의 形成過程硏究」, 『加羅文化』 12, 1995.

남혜민, 「三韓 소국 네트워크의 위계 구조와 斯盧國」, 『韓國古代史硏究』 92, 2018.

李炯基, 「小伽耶聯盟體의 成立과 推移」, 『民族文化論叢』 17, 1997.

白承玉, 「固城 古自國의 형성과 변천」, 『韓國古代史硏究』 11, 1997.

신가영, 「4~6세기 加耶 諸國의 동향과 국제관계」, 연세대 박사학위논문, 2020.

윤용구, 「『三國志』 韓傳 對外關係記事에 대한 一檢討」, 『馬韓史 研究』, 忠南大學校 出版部, 1998.

윤용구, 「『三國志』 韓傳에 보이는 馬韓國目」, 『漢城百濟 史料 研究』, 京畿文化財團 附設 畿甸文化財研究院, 2005.

윤용구, 「馬韓諸國의 位置再論−漢簡으로 본 朝貢使行과 관련하여−」, 『지역과 역사』 45, 2019a.

윤용구, 「『삼국지』와 『후한서』 韓傳의 '辰王' 이해−出土文獻와 傳存文獻의 字句변화를 중심으로−」, 『역사와 담론』 92, 2019b.

李炯基, 「阿羅伽耶聯盟體의 成立과 그 推移」, 『史學研究』 57, 1999.

정주희, 「咸安樣式 古式陶質土器의 分布定型과 意味」, 『韓國考古學報』 73, 2009.

朱甫暾, 「高句麗 南進의 性格과 그 影響−廣開土王 南征의 實相과 그 意義−」, 『대구사학』 82, 2006.

3세기 안야국 이해의 몇 가지 문제

윤용구 | 경북대학교 인문학술원

Ⅰ. 머리말

安邪國을 비롯한 '변진한'의 형성은 「魏略」에 전하는 廉斯鑡의 낙랑군과의 통교기사, 그리고 3세기대의 정치적 성장의 모습은 『삼국지』 韓傳에 「國出鐵」로 시작하는 '철'의 생산과 유통기록을 중심으로 설명해 왔다.[1] 염사치가 辰韓右渠帥로 나오고, 「國出鐵」 이하 기록이 『삼국지』 변진전에 있음에도 진한과 변진의 공통기사처럼 여겨져 온 것이다.[2]

두 기록 모두 변진을 주체로 이해한 경우도 있다. 곧 염사치의 경우 대규모 인원을 대동하고 수로교통을 이용한 것으로 나타나 낙동강 하구의 김해 지역 혹은 낙동강 수계의 결절점인 함안 인근 창원 다호리가 중심역할을 하였음을 강조한 것이다.[3] 다호리 유적은 함안 인근에서 뚜렷한 변한 정치체의 등장을 엿볼 수 있었다.[4] 하지만 2~3세기 유

---

[1] 李賢惠, 「三韓 小國의 成長」, 『三韓社會形成過程硏究』, 일조각, 1984, 142~145쪽; 백승충, 「1~3세기 가야세력의 성격과 추이」, 『釜大史學』 13, 부산대학교 사학회, 1989, 17~27쪽.

[2] 國史編纂委員會, 『中國正史 朝鮮傳 譯註』(一), 1987, 288쪽; 東北亞歷史財團, 『譯註 中國正史 東夷傳1－史記·漢書·後漢書·三國志』, 2020, 187쪽 주)261.

[3] 백승충, 앞의 논문, 1989, 23쪽; 金泰植, 『加耶聯盟史』, 일조각, 1993, 64쪽.

적이 연속되지 않는데다, 해당 시기 물질문화가 미미한 함안지역을 이해하는데 한계가 따른다.

때문에 『삼국지』 한전에 안야국 臣智가 관칭 했다는 '優號'의 존재를 통해 그 정치적 성장의 증거로 이해해 왔다. 삼한의 70여국 가운데 4개국 臣智만이 높혀 더한 칭호('加優號')였기 때문이다. 이 가운데 마한 2개국, 변진에 狗倻國과 더불어 安邪國이 들어있다. 3세기 변진의 大國으로서 안야국과 구야국의 존재가 드러나는 부분이다.

문제는 안야국 신지가 우호를 더했다는 기록 외에 그 정치적 위상과 국가의 구조, 주변 소국과의 대외 관계를 설명한 어떠한 기록도 없다는 점이다. 3세기의 안야국은 존재는 『삼국지』 한전의 관련 기록을 정밀하게 이해하는 한편, 중국 군현 그리고 주변 세력과의 대외관계 속에서 이해할 수밖에 없다. 본고에서 3세기 안야국의 정치적 성장을 『삼국지』 한전에 대한 검토와 公孫氏·曹魏대의 대방군의 존재를 통해 이해하려는 이유이다.

Ⅱ. '辰王'과 안야국

주지하는 바와 같이 3세기 안야국의 정치적 성장을 단적으로 표현하는 것이 사료 A에 보이는 『삼국지』 한전의 기록이다. 곧 사료 A에 삼한의 長帥[5] 가운데 大者는 스스로 臣智라 일컬었으며, 그 가운데 안야국을 비롯한 4개국의 臣智만이 優呼를 더하였다는 것이다.

【A】 (馬韓在西) …… 各有長帥, 大者自名爲臣智, 其次爲邑借 …… 凡五十餘國, 大國萬餘家, 小國數千家, 總十餘萬戶. ⓐ辰王治月支國, ⓑ臣智或加優呼臣雲遣支報·安邪踧支濆·臣離兒不例·拘邪秦支廉之號. ⓒ其官有魏率善邑君·歸義侯·中郎將·都尉·伯長.(『삼국지』 30, 한전)

---

4) 김양훈, 「변한 '國'의 형성과 발전－다호리유적을 중심으로」, 『역사와 경계』 100, 부산경남사학회, 2016; 안홍좌, 「弁辰走漕馬國의 형성과 변천」, 『지역과 역사』 38, 부경역사연구소, 2016; 이창희, 「弁韓社會의 中心地移動論－다호리집단의 이주와 김해지역의 성장」, 『영남고고학』 76, 영남고고학회, 2016.

5) 『삼국지』 한전에 諸韓國의 우두머리를 長帥·主帥·渠帥로 표기하고 있는데, 모두 동일한 의미이다.

【B】(三韓)各有長帥, 其置官, 大者名臣智, 次曰邑借. 凡有小國五十六, 總十餘萬戶. ⓐ辰王
治目支國, ⓑ(目)支國置官亦多, 曰臣智.(『한원』 삼한전 所引 「魏略」[6])

　　그런데 안야국의 우호 기사 앞에는 마한 辰王의 기록이 있으며, 이 때문에 진왕과 '加
優呼'한 臣智 및 魏率善邑君 이하 작호를 받은 존재와의 관계가 논란이 되어왔다. 곧 사
료 A-ⓐ 목지국을 다스리는 진왕이 ⓑ의 加優呼를 칭한 4國의 臣智와 ⓒ의 魏率善邑君
이하의 관직까지 거느렸다고 이해하는 방식이다.[7] 그리고 '加優呼'를 두고 진왕이 4국의
신지들에게 우호를 더해준 것이라 하는 견해,[8] 또 하나는 목지국 진왕이 목지국 신지에
게 4국의 臣智號를 더해 준 것이라고 보는 견해가 있다.[9] 이는 신지를 加號의 객체로
보는 것인데, 목지국에는 재지의 臣智와 대외적 성격을 갖는 辰王이라는 중층적 지배구
조를 상정하는 것이다. 다른 하나는 4국 신지의 칭호를 진왕에 더하여 진왕을 추대한
것으로 보는 견해로 나뉜다.[10] 이 경우 加號의 주체는 신지, 객체는 진왕이라는 것이다.
　　아무튼 안야국 신지의 加號와 관련한 연구의 논점은 辰王의 대외적 성격을 부각하는
방향에서 논의가 되어온 측면이 짙다. 그에 따르면 안야국 신지의 加號는 주체적인 것
이 아니라, 목지국 진왕이나 曹魏의 군현 당국이 下賜한 형태로[11] 이해하는 것이다. 특
히 목지국 진왕이 狗邪國과 安邪國 신지의 加號를 준 것이며, 이를 통해 변한지역까지
세력을 미친 것으로 보기도 하였다.[12] 안야국 신지는 변진한에서 두드러진 존재라는 점
과 마한의 진왕을 통한 대외교섭의 네트워크를 상정할 뿐이었다.

---

6) 『譯註 翰苑』, 동북아역사재단, 2018, 173쪽.

7) 成合信之, 「三韓雜考－'魏志'韓傳にみえる韓の帶方郡攻擊事件をめぐって」, 『學習院史學』 11, 學習院
大學史學會, 1974; 井上幹夫, 「魏志東夷傳にみえる辰王について」, 『竹內理三博士古稀記念 續律令國
家と貴族社會』, 吉川弘文館, 1978; 武田幸男, 「三韓社會における辰王と臣智(下)」, 『朝鮮文化研究』 4,
東京大東洋文化研究所, 1996.

8) 盧重國, 「目支國에 대한 一考察」, 『百濟論叢』 2, 百濟文化開發研究院, 1990, 81쪽.

9) 武田幸男, 앞의 논문, 1996, 6쪽.

10) 井上幹夫, 앞의 논문, 1978, 621쪽.

11) 三品彰英, 「史實と考證－魏志東夷傳の辰國と辰王」, 『史學雜誌』 55-1, 1944, 64쪽.

12) 盧重國, 「目支國에 대한 一考察」, 『百濟論叢』 2, 백제사적개발연구원, 1990, 81쪽; 尹善泰, 「馬韓의 辰
王과 臣濆沽國－嶺西濊 지역의 歷史的 推移와 관련하여」, 『百濟研究』 34, 충남대학교 백제연구소,
2001, 27~33쪽; 조영훈, 「三韓사회의 발전 과정 고찰－辰王의 위상변화와 삼한사회의 분립을 중심으
로－」, 『梨花史學研究』 30, 이화사학연구소, 2003, 23~24쪽 ; 김성한, 「진국(辰國)과 진왕(辰王)－'한
(韓)'의 성립과 관련하여－」, 『인문연구』 72, 영남대학교 인문과학연구소, 2014, 316~317쪽.

이러한 논의의 바탕은 앞의 사료 A-ⓑ·ⓒ를 모두 ⓐ의 辰王에 연결된 내용으로 이해하기 때문이다. 실제 사료 B의『위략』의 해당 장구가 마치 사료 A의 '辰王治月支國, 臣智或加優呼 …… 其官有 ……'의 3句를 연결된 것처럼 보이게 하는 것이다.『魏略』이『삼국지』한전의 대본이 되었다는 점에서 보면 타당한 듯 여겨지기도 한다.

그러나 사료 B의 인용문은『위략』의 원문을 충실하게 전하고 있지 못하다. B-ⓑ의 내용보다 A-ⓑ·ⓒ의 해당 장구가 훨씬 풍부하고 원자료에 가깝기 때문이다. 때문에 사료 B-ⓑ는 사료 A-ⓑ·ⓒ를 ⓐ의 목지국 辰王에 해당하는『위략』의 원문을 모두 연결된 내용으로 이해하고 새로 改文한 것으로 생각된다.

본래『翰苑』과 같은 類書의 편찬이란 이미 거듭 발췌되어 온 자료를 재편집하는 과정이라는 점에서 볼 때,[13] 사료 B는 원래의 문장이 節文과 改文을 거듭한 결과로 여겨진다. 이런 이유로 이미 지적된 바와 같이[14] 목지국 진왕과 안야국 신지와는 별개의 사실로 보는 것이 자연스럽다. 사료 A-ⓐ 진왕은 월지국을 다스렸다는 사실에 한정된다. 안야국 신지의 '加優呼'는 스스로의 칭호였다.

Ⅲ. '大國'과 안야국

3세기 안야국은 弁辰 12국 가운데 '大國'이었다. 사료 A를 통해 안야국 長帥(渠帥·主帥)는 장수 가운데서도 '大者'로 구분되는 칭호인 '신지'로 불렸음을 알 수 있다. 이는 사료 C의『삼국지』변·진한전에서도 확인된다.

【C】 (辰韓在馬韓之東) …… 始有六國, 稍分爲十二國, 弁辰亦十二國, 各有渠帥, 大者名臣

---

13)『한원』은 類書이면서 刊刻이 아닌 寫本으로 流傳된 까닭에 원문의 교란이 심하다. 유서의 편찬이란 이미 발췌된 기사를 다시 옮기는 작업이고, 사본의 거듭된 필사 또한 文章·語句를 줄이고 고치는 節略과 改文이 반복되었다. 더구나『한원』의 필사자는 잘못된 부분을 고치지 않고 이어서 새로 썼다 (윤용구, 「해제:《翰苑》의 편찬과 蕃夷部」, 『譯註 翰苑』, 동북아역사재단, 2018).

14) 權五榮, 「三韓의 國에 대한 硏究」, 서울대학교 박사학위논문, 1996, 219쪽; 尹龍九, 「《三國志》韓傳 對外關係記事에 대한 一檢討」, 『馬韓史硏究』, 충남대학교출판부, 1998, 102~107쪽; 「三韓의 對中交涉과 그 性格」, 『國史館論叢』 85, 국사편찬위원회, 1999, 105~106쪽; 박대재, 《三國志》韓傳의 辰王에 대한 재인식」, 『한국고대사연구』 26, 한국고대사학회, 2002, 47~52쪽; 전진국, 「辰國·辰王 기록과 '辰'의 명칭」, 『한국고대사탐구』 27, 한국고대사탐구학회, 2017, 158~159쪽.

智, 其次有險側, 次有樊濊, 次有邑借 …… 弁辰韓合二十四國, 大國四五千家, 小國六七百家, 總四五萬戶.(『삼국지』30, 한전)

사료 C는 사료 A 마한전의 도입부와 거의 같은 서술 구조를 보여주고 있다. 차이라면 대국과 소국의 戶數 규모가 현격한 차이가 있을 뿐이다. 얼핏 보면 각각의 지역에서 대소의 구별을 한 것으로 보인다. 그러나 마한의 大國 萬餘家는 변진한의 대국에 2배가 넘는 인구 규모였다. 진변한의 대·소국 구별은 부여 諸加가 거느리는 家戶의 규모에 따른 구별과 비슷하다.

【D】 (夫餘) …… 戶八萬. 國有君王, 皆以六畜名官, 有馬加牛加豬加狗加犬使大使者使者. 邑落有豪民, 名下戶皆為奴僕. 諸加別主四出道, 大者主數千家, 小者數百家.(『삼국』30, 한전)

이처럼 『삼국지』 한전이 보여주는 삼한의 정치체는 수백의 家戶에서 萬戶를 넘는 규모까지 다양하여도 모두가 '國'으로 묘사되었다. 변진한 大國의 家戶는 마한에서는 小國 규모이다. 차이를 좀 더 드러낸다면, 진변한의 小國은 馬韓 大國의 1/16에 불과하다. 뒤에서 보는 倭人傳에 수록된 大小 '國'의 家戶 편차는 무려 70배에 달한다.

이 같은 사실은 『삼국지』 동이전에 표기된 '國'이란 인구의 多寡나 내부구조에 따라 규정된 용어가 아님을 보여주는 것이다. 다양한 편차를 보여주는 정치체를 大小로만 구별한 이유, 그리고 마한과 변·진한의 대소 구별이 다른 것은 어떻게 이해해야 하는가? 하는 점이 설명되어야 할 것이다.

『삼국지』에 기재된 東夷諸國 곧 '國'의 표기 방법에 대하여 살펴볼 필요가 있을 것이다. 『삼국지』 한전은 마한의 50여 국, 변진한 24국의 국명을 어떠한 설명 없이 國名만을 나열하고 있다. 반면 왜인전은 사뭇 다른 모습이다.

【E】 -① 倭人在帶方東南大海之中, 依山島為國邑. 舊百餘國. 漢時有朝見者, 今使譯所通三十國. 從郡至倭循海岸水行, 歷韓國, 乍南乍東, 到其北岸狗邪韓國, 七千餘里. 始度一海, 千餘里至對馬國. 其大官曰卑狗, 副曰卑奴母離, 所居絕島, 方可四百餘里. 土地山險多深林, 道路如禽鹿徑. 有千餘戶, 無良田. 食海物自活, 乘船南北市糴(中略).

-② 至末盧國, 有四千餘戶. 濱山海居, 草木茂盛, 行不見前人, 好捕魚鰒, 水無深淺, 皆沈沒取之. 東南陸行五百里, 到伊都國. 官曰爾支, 副曰泄謨觚・柄渠觚, 有千餘戶, 世有王, 皆統屬女王國, 郡使徃来常所駐. 東南至奴國百里. 官曰兕馬觚, 副曰卑奴毋離 有二萬餘戶. 東行至不彌國百里, 官曰多模, 副曰卑奴毋離, 有千餘家. 南至投馬國水行二十日, 官曰彌彌, 副曰彌彌那利, 可五萬餘戶. 南至邪馬壹國. 女王之所都, 水行十日, 陸行一月. 官有伊支馬・次曰彌馬升・次曰彌馬獲支・次曰奴佳鞮, 可七萬餘戶.

-③ 自女王國以北, 其戶數道里 可畧載. 其餘旁國, 遠絕不可得詳, 次有斯馬國・次有已百支國・次有伊邪國・次有都支國・次有彌奴國・次有好古都國・次有不呼國・次有姐奴國・次有對蘇國・次有蘇奴國・次有呼邑國・次有華奴蘇奴國・次有鬼國・次有為吾國・次有鬼奴國・次有邪馬國・次有躬臣國・次有巴利國・次有支惟國・次有烏奴國・次有奴國, 此女王境界所盡. 其南有狗奴國, 男子為王, 其官有狗古智卑狗, 不屬女王, 自郡至女王國萬二千餘里.(『삼국지』 30, 왜인전)

왜인전의 국명 표기에서 보이는 특징은 우선 대방군으로부터 교통로를 따라 女王國에 이르고 다시 여왕국 주변의 국명을 나열하고 있다. 열거된 국명은 사료 E-①에 보이는 '今使譯所通三十國'에 한정되었다. 곧 帶方郡과 통교한 국명만을 열거한 것이다.

기재 방식에서 보는 또 다른 특징은 E-①과 ②에 열거된 8개국에 대해서는 지리와 호수 및 특산물 등 민족지 기사와 대외 관계를 서술한 반면 E-③의 22개국은 아무런 설명 없이 국명만을 列記하고 있다. 다만 왜인전 기재 방식으로 보아 국명만을 나열한 경우도 교통로에 따라 배열하였을 것으로 추정된다.

그러나 왜인전은 千餘家에서 7萬戶까지 國別 편차가 있음에도 불구하고 韓傳과 같은 大・小國 구별이 없다. 구별이라면 女王國에 歸屬 與否만이 표기되어 있다. 왜인전에 수록된 大小의 '國'은 70배에 달하는 인구 편차에도 불구하고, 모두 '國'으로 표기되었다. 30국에 달하는 이들 '國'은 狗奴國을 제외하고는 모두 女王國에 속하였다. 특이한 것은 여왕국의 통제를 받으면서도 모두 '今使譯所通國' 곧 대방군을 통해 중국과 통교한 정치체라는 점이다. 더구나 왜인전에 표기는 모두 교통로에 따라 배열되었다. 韓傳에 기재된 東夷韓國의 표기와 배열도 이와 다르지 않을 것이다.[15]

---

15) 尹龍九, 「馬韓諸國의 位置再論」, 『지역과 역사』 45, 부경역사연구소, 2019.

그럼에도 여전히 韓傳의 大·小國 구별은 또 다른 검토가 필요하다고 하겠다. 『삼국지』에서 이민족 정치체의 대·소국 구별은 韓傳 외에는 볼 수 없으나, 동이전 序文에 다음과 같은 구절이 눈에 띈다.

【F】 及漢氏遣張騫使西域 窮河源, 經歷諸國, 遂置都護以總領之, 然後西域之事具存, 故史官 得詳載焉. 魏興, 西域雖不能盡至, 其大國龜茲·于寘·康居·烏孫·疎勒·月氏·鄯善·車師之 屬, 無歲不奉朝貢, 略如漢氏故事.(『삼국지』 30, 동이전 序)

사료 F는 조위대 西域經營의 대강을 서술한 것이다. 전한 武帝代 이루어 놓은 것만은 못하지만, 서역의 龜茲·于寘·康居·烏孫·疎勒·月氏·鄯善·車師의 무리는 해마다 빠짐없이 朝貢을 왔다는 점을 내세우고 있다. 그런데 조위대 조공한 西域諸國을 모두 '大國'으로 표현하고 있음이 주목된다.

실제 『삼국지』 魏書 本紀에 이들의 조공 사실이 확인되고 있다.[16] 그리고 龜茲 등 西域大國의 존재 양태는 倭人傳 末尾에 裴松之가 인용한 『魏略』 西戎傳을 통해 짐작해 볼 수 있다.

【G】 -① 西域諸國, 漢初開其道 ⓐ時有三十六 後分為五十餘, 從建武以来, 更相吞滅, 於今 有二十. 道從燉煌玉門闕入西域, 前有二道, 今有三道. 從玉門闕西出, 經婼羌轉西, 越葱嶺, 經縣度, 入大月氏為南道. 從玉門闕西出, 發都護井, 回三隴沙北頭, 經居 盧倉, 從沙西井轉西北, 過龍堆, 到故樓蘭, 轉西詣龜茲, 至葱嶺, 為中道. 從玉門闕 西北出, 經橫坑, 辟三隴沙及龍堆, 出五船北, 到車師界戊巳校尉所治高昌, 轉西與 中道合龜茲, 為新道. 凡西域所出, 有前史已具詳, 今故畧説.

-② 南道西行且志國·小宛國·精絕國·樓蘭國, 皆并屬鄯善也, 戎盧國·扜彌國·渠勒 國·皮穴國, 皆并屬于寘, 罽賓國·大夏國·高附國·天竺國, 皆并屬大月氏 …… 中道西行尉棃國·危須國·山王國, 皆并屬焉耆, 姑墨國·溫宿國·尉頭國, 皆并屬 龜茲也. 楨中國·莎車國·竭石國·渠沙國·西夜國·依耐國·滿犁國·億若國·榆

---

16) 「三年 …… 二月鄯善龜茲于闐王各遣使奉獻. 詔曰, "西戎即敘氐羌, 來王詩書美之, 頃者, 西域外夷, 竝 款塞内附. 其遣使者, 撫勞之" 是後西域遂通, 置戊巳校尉」(『삼국지』 2, 文帝 黃初 3年 2月); 「遷大鴻臚, 龜茲王遣侍子來朝, 朝廷嘉其遠至, 襃賞其王甚厚. 餘國各遣子來朝, 閒使連屬. 林恐所遣或非真的, 權取 疏屬賈胡, 因通使命, 利得印綬, 而道路護送, 所損滋多. 勞所養之民, 資無益之事, 為夷狄所笑, 此曩時 之所患也. 乃移書煌喻指, 并錄前世待遇諸國豐約故事, 使有恒常」(『삼국지』 24, 崔林傳).

쉬國 · 捐毒國 · 休脩國 · 琴國, 皆并屬疏勒 …… 北新道西行東至且彌國 · 西且彌
國 · 單桓國 · 畢陸國 · 蒲陸國 · 烏貪國, 皆并屬車師後部王 …… 轉西北則烏孫 ·
康居, 本國無增損也. 北烏伊, 別國在康居北, 又有柳國, 又有巖國, 又有奄蔡國, 一
名阿蘭, 皆與康居同俗, 西與大秦東南與康居接, 其國多名貂, 畜牧逐水草, 臨大澤,
故時羈屬康居, 今不屬也.(『삼국지』 30, 오환선비동이전 所引 「魏略」 西戎傳)

사료 G-①은 조위대에 西域諸國으로 통하는 세 가지 길의 노정을 설명한 것이다. 곧
1) 돈황의 옥문관을 출발하여 蔥嶺(파미르)를 넘고 大月氏를 거쳐 인도로 들어가는 '南
道', 2) 옥문관에서 樓蘭을 지나 龜玆에 이른 뒤 蔥嶺을 넘는 '中道', 3) 옥문관에서 북으
로 투르판을 거쳐 쿠차에서 中道와 만나게 되는 '新道'가 그것이다. 이 중 '中道'는 漢代
에는 '北道'라 불렸다.

사료 G-②는 위의 3곳의 교통로를 따라 서역제국을 열거하였다. 곧 각국의 산물 등
민족지적 설명은 생략하였지만, 일정 수의 國이 鄯善 등 몇 개의 국가에 예속되어 있음
을 빠짐없이 기재하였다. 그런데 속국을 거느린 나라들은 모두 사료 F에서 본 西域大國
이었다. 이들 국가를 『魏略』 西戎傳에서는 大國으로 명시하지 않았지만, 작게는 3~4개
국, 많게는 12개국을 屬國으로 거느리고 있었다.

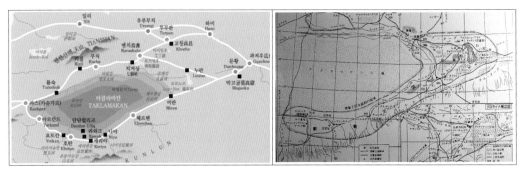

〈그림 1〉 西域南道와 中道(北道)의 결절점을 장악한 鄯善國과 그 屬國

사료 G-①의 밑줄 친 ⓐ에서 보듯이 조위대 서역제국의 수효를 20개국으로 명시하였
다. 대국에 딸린 속국의 수효는 제외된 것임을 알 수 있다. 屬國은 大國에 지불해야 할
貢納 만이 아니라, 조위와의 교섭권을 제한 받고 있었다는 것을 알 수 있다.

이렇게 볼 때, 『삼국지』 동이전에서 정치체를 구분한 대·소국의 존재양태는 『魏略』의 서역제국의 그것에서 이해할 수 있다고 생각된다. 왜인전에 기재된 30국을 포함하여 『삼국지』 한전의 馬韓과 弁辰韓 諸國은 3세기 중엽 낙랑·대방군과 통교한 정치체를 교통로에 따라 작성한 점을[17] 다시 강조하고자 한다.

다시 말해서 『삼국지』 동이전의 대·소국은 호구수의 多寡에 따라 구분한 듯하지만, 그 내용은 小國과 이를 屬國으로 거느린 大國이라는 존재로 추정해 본다. 살펴본 대로 안야국은 구야국과 더불어 弁辰을 대표하는 大國이면서 삼한 전체 가운데 加優號한 4개 국의 하나였다. 자연 대국인 안야국에도 그에 속하였을 소국(즉 속국)이 존재하였을 것이다.

안야국에 포함된 소국은 수로 등 교통로와 지형에 따라 형성되었을 교역권 내의 존재였을 것이다. 그러한 小國은 西域의 屬國과 달리 중국 군현과 통교하였다. 이런 점에서 女王國에 경계 안에 속하면서도 조위와 통교한 왜인전의 여러 나라와도 유사하다. 군현으로 통하는 여왕국 북쪽의 나라들은 여왕이 임명한 '一大率'에 의해 檢察을 받고 있었다. 後考를 요하는 문제겠지만, 변진한을 비롯한 韓諸國 네트워크 사이의 구조와 대외관계를 이해하는데 있어서 주목할 부분이라 하겠다.

Ⅳ. 帶方郡과 안야국

漢代 낙랑군과 三韓의 교섭은 羈縻論에 의하여 제약받고 있었으므로 朝貢을 원하는 토착세력이 군현에 나옴으로써 이루어졌다. 특기할 것은 군현 설치 전 衛滿朝鮮과 辰國 사이의 교섭이 樂浪郡과 辰韓에 의하여 재개된 점이다. 양자의 교섭은 辰韓右渠帥 廉斯鑡의 낙랑군 통교 기사로부터 본격화 되었고, 그 자손의 군현 내에서 復除의 혜택을 누리던 後漢 安帝代까지의 기간, 곧 전한 말부터 2세기 초까지 지속되었다.[18]

자연 서북지방과 辰韓 방면을 연결하는 내륙의 교통로를 중심으로 朝貢과 交易이 이루어졌지만, 교섭의 규모는 작고 빈도 또한 간헐적이었다. 삼한의 입장에서 본다면 진

17) 윤용구, 앞의 논문, 2019.
18) 윤용구, 앞의 논문(2019)의 所論을 요약·정리한 것이다.

한 廉斯鄏과 같은 몇몇 지역 외에는 낙랑과 교섭은 원활하지 않았다.

2세기 후반 지방군벌이 대두하여 後漢을 통제력 불능상태로 만들어 가더니, 뒤이어 魏·蜀·吳 三國의 정립과 항쟁은 東아시아의 국제질서를 바꾸어 놓았다. 조위를 비롯한 삼국은 모두 자국 내 개발과 변경 군현조직의 회복을 도모하는 한편 주변 이민족사회로도 적극 진출하고 있던 시기였다. 대체로 220년대 이후 두드러진 현상이다.

이것은 후방이 안정되어야 서로간의 항쟁에서 총력을 기울일 수 있기 때문이며, 아울러 장기간의 항쟁에서 소요되는 軍兵 및 財源 조달을 동시에 해결하려한 것이었다.[19] 삼국정립 이전 河北과 幽州 일원을 장악하던 袁氏와 公孫氏정권도 마찬가지였으며,[20] 이러한 시대 분위기가 280년대까지 지속된다.

이처럼 2세기 후반 이후의 시기는 낙랑을 지배한 중국 세력이 중국 본토에서의 쟁패에 필요한 背後基盤으로 여겨 적극적인 지배정책을 취하였다. 이에 대한 三韓의 대응과 公孫氏(189~238), 曹魏(220~265), 西晉(265~316)으로 구분해 볼 수 있다. 『삼국지』 한전에는 공손씨로부터 조위대까지 군현과 삼한의 교섭을 다음과 같이 간명하게 묘사하고 있다.

【H】 -① 桓靈之末, 韓濊彊盛, 郡縣不能制, 民多流入韓國. 建安中, 公孫康分屯有縣以南荒地爲帶方郡. 遣公孫模·張敞等收集遺民, 興兵伐韓濊, 舊民稍出. 是後倭韓遂屬帶方.

-② 景初中, 明帝密遣帶方太守劉昕·樂浪太守鮮于嗣, 越海定二郡. 諸韓國臣智, 加賜邑君印綬, 其次與邑長. 其俗好衣幘, 下戶詣郡朝謁, 皆假衣幘, 自服印綬衣幘千有餘人.

-③ 部從事吳林, 以樂浪本統韓國, 分割辰韓八國, 以與樂浪, 吏譯轉有異同, 臣濆沽韓忿. 攻帶方郡崎離營, 時太守弓遵·樂浪太守劉茂. 興兵伐之, 遵戰死. 二郡遂滅韓.(『삼국지』30, 한전)

-④ 景初二年六月, 倭女王遣大夫難升米等詣郡, 求詣天子朝獻, 太守劉夏遣吏將送詣京都 …… 正始元年, 太守弓遵遣建中校尉梯儁等奉詔書印綬詣倭國. 拜假倭王 …… 其四年, 倭王復遣使大夫伊聲耆·掖邪狗等八人…其六年, 詔賜倭難升米黃幢, 付郡

19) 張大可, 「三國形成時期的外交」, 『三國史研究』, 甘肅人民出版社, 1988, 105~125쪽; 馬植杰, 「三國分立局面的確立」, 『三國史』, 人民出版社, 1994, 77~93쪽; 窪添慶文, 「三國の政治」, 『世界歷史大系 ─ 中國史2 : 三國~唐』, 山川出版社, 1996, 3~28쪽.

20) 谷川道雄, 「後漢末·魏晉時代の遼西と遼東」, 『中國邊境社會の歷史的研究』, 昭和63年度科研費報告書, 1989.

假授. 其八年, 太守王頎到官. 倭女王卑彌呼與狗奴國男王卑彌弓呼素不和, 遣倭載
斬·烏越等詣郡, 説相攻擊狀. 遣塞曹掾史張政等因齎詔書·黃幢, 拜假難升米爲檄
告喩之.(『삼국지』 30, 왜인전)

사료 H-①은 2세기말 3세기 초 공손씨 정권시기의 韓의 북부라 할 임진강과 북한강
상류의 사정을 보여주는 것이다. 곧 낙랑군 남부의 荒地化가 급격히 진행되면서, 郡縣
故地까지 韓國의 범위가 확장되었음을 보여주고 있다. 이는 韓의 세력 확대라기보다는
군현 퇴축에 따라 韓의 거주공간처럼 인식되었던 것에 원인이 있을 것이다.[21] 이때 통
교의 주체는 종래의 낙랑군이 아닌 帶方郡이었다.

H-②는 공손씨 세력을 정벌한 조위가 삼한지역과 활발한 통교를 재개하는 모습이다.
조위는 가능한 韓의 세력과 개별 통교를 통하여 토착세력의 결집을 차단하고자 하였음
을 볼 수 있다. 군현과 통교한 韓의 下戶가 천여 인이 넘었다는 기록은 曹魏의 삼한사
회에 대한 조종과 견제가 일시적이나마 효과적으로 작동하였음을 보여준다. 특히 印綬
衣幘을 사여 받은 臣智 등 長帥(主帥, 渠帥)층이 아닌 下戶의 경우에는 "皆假衣幘, 自服
印綬衣幘", 곧 빌리거나 스스로 만들어 입고 갔을 정도로 성황을 이루었음을 보여준다.

H-③은 조위와의 교섭에 있어서 분수령을 이룬 臣濆沽國의 대방군 기리영 공격사건
을 전하고 있다. 240년대 들어 조위는 대방군 관할 아래 있던 진한의 8국을 낙랑군에 소
속시키려하자 이해관계가 다른 臣濆沽國에 의해 대방군의 전초기지인 기리영이 공격당
하고, 그 전투에서 대방태수가 전사하는 패배를 당했다. 기리영 전투는 군현이 삼한사
회를 대방군과 낙랑군으로 이원적 지배를 시도한 것으로서 海路 중심의 대방군과 달리
낙랑군으로 하여금 陸上交通路의 회복을 도모하는 과정에서 발생한 분쟁이었다.[22]

H-④는 조위대 倭와의 통교 기사를 나열한 것이다. 景初 2년(238) 公孫氏를 정벌하던
무렵부터 본격화한 조위와의 통교는 正始년간(240~248) 한해도 빠지지 않고 왜인의 조
공과 황제를 대리한 대방군 관리의 직접 사행과 常住하였다. 3세기 東夷諸國 가운데 왜
여왕은 유일하게 洛陽에 직접 나아가 황제를 알현하였고, 親魏倭王을 제수받는 등 다량
의 물품과 문화의 교류가 있었다.

21) 윤용구, 「韓穢之地'의 형성과 임진강유역」, 『임진강유역, 분단과 평화의 고고학』, 2018 경기문화재연
구원·중부고고학회 학술대회 자료집, 2018, 8~10쪽.
22) 윤용구, 「삼한의 대중교섭과 그 성격」, 『국사관논총』 85, 1999, 99~126쪽.

조위와 倭의 교섭은 황제의 덕화를 감읍하여 동쪽 끝 바다 건너 조공해 온 遠夷라는 점을 높이 평가한 점, 나아가 남쪽 孫吳를 견제할 필요에서 왜인을 중시한 것이라는 일본학계의 오랜 舊說이 아니더라도 이례적인 것이다.

왜의 통교기사에서 주목되는 것은 그러한 빈번한 통교가 전적으로 대방군을 통한 해로교통이었다는 점이다. 사료 E에서 살펴본 대로 왜와 대방군의 교통은 韓의 서해안과 남해안을 두루 거치고 狗邪國과 같은 중간 기착지를 경유해야만 가능한 여정이었다. 더구나 倭가 조위와 활발하게 통교하던 景初~正始年間인 236~248년은 倭人을 제외한 東夷諸國은 조위와 분쟁과 전쟁 중이었다. 대방군과 倭와의 交通路 상에 접하고 있던 한반도 중·남부 연안지역과 주요 기항지를 交易港으로 삼았던 교역집단의 정치·경제적 성장을 짐작해 볼 수 있는 대목이다.

이처럼 2세기 후반 후한이 붕괴기에 접어들면서 각지에서 할거하던 세력과 이를 통합한 三國, 西晉왕조는 공히 변경과 주변 토착사회에 대하여 적극적인 공세를 취하였다. 한대의 교섭을 통하여 취득한 鐵器 등으로 국가적 성장과정에 있던 삼한사회의 대응도 전과 달라, 교섭의 양상은 매우 활발하였다. 자연 교섭의 방식과 교역 물품, 교섭 범위 모두에서 漢代의 그것과는 차이가 많았다.

조위보다 공손씨 정권과의 교섭이 훨씬 길었던 시기 경기 북부의 近郡地域과 서해 및 남해안의 교역 거점에 자리한 諸韓國의 성장이 주목되는 시기였다. 그것은 육상교통을 통한 영남지역과의 전통적인 교역로가 쇠퇴하는 것과 표리를 이루었다. 인야국이 大國으로 성장하고 臣智의 加優號는 이 시기의 산물이었다.

V. 맺음말

3세기 변진 안야국의 정치적 성장이라는 관점에서 몇 가지 검토할 문제를 나열해 보았다. 간략히 요약하는 것으로서 맺음말에 갈음하고자 한다.

① 마한 목지국 진왕의 대외적 네트워크에 따라 안야국이 변진의 유력국으로 참여하였다거나, 진왕이 안야국 신지의 加優號를 하사하였다는 이해는 『삼국지』 한전의 辰王 관련 자구를 誤讀한 결과였다. 안야국 渠帥가 臣智를 自名한 것이고, 加優號의 주체였

다고 생각된다.

② 안야국은 변진의 4~5千家(戶)를 거느린 大國의 수장이었다.『삼국지』한전에 수록된 諸韓國의 대·소국 구분은 호구의 多寡를 넘어 일정 수의 小國을 屬國으로 거느린 존재였다. 속국인 소국은 貢納 등의 의무를 大國에 졌겠지만, 대외 교섭권을 제약 받지는 않은 존재였다. 안야국의 소국의 규모와 지역 범위는 水路交通과 지형에 의해 형성되었을 것이다.

③ 안야국이 3세기 속국을 거느린 大國으로 성장하고, 구야국과 더불어 변진의 양대 세력으로 등장한 배경에는 2세기 후반 낙랑군의 황폐화로 인해 육상교통 중심의 교역로가 쇠퇴하고, 신설된 대방군의 수로를 통한 대외교역망이 활성화된데 힘입은 것이었다.

【참고문헌】

權五榮, 「三韓의 國에 대한 研究」, 서울대학교 박사학위논문, 1996.

김성한, 「진국(辰國)과 진왕(辰王)-'한(韓)'의 성립과 관련하여-」, 『인문연구』 72, 영남대학교 인문과학연구소, 2014.

金泰植, 『加耶聯盟史』, 일조각, 1993.

盧重國, 「目支國에 대한 一考察」, 『百濟論叢』 2, 百濟文化開發研究院, 1990.

박대재, 「《三國志》 韓傳의 辰王에 대한 재인식」, 『한국고대사연구』 26, 한국고대사학회, 2002.

백승충, 「1~3세기 가야세력의 성격과 추이」, 『釜大史學』 13, 부산대학교 사학회, 1989.

尹善泰, 「馬韓의 辰王과 臣濆沽國-嶺西濊 지역의 歷史的 推移와 관련하여」, 『百濟研究』 34, 충남대학교 백제연구소, 2001.

尹龍九, 「《三國志》 韓傳 對外關係記事에 대한 一檢討」, 『馬韓史研究』, 충남대학교출판부, 1998.

尹龍九, 「三韓의 對中交涉과 그 性格」, 『國史館論叢』 85, 국사편찬위원회, 1999.

윤용구, 「한원의 편찬과 번이부」, 『譯註 翰苑』, 동북아역사재단, 2018.

윤용구, 「馬韓諸國의 位置再論」, 『지역과 역사』 81, 부경역사연구소, 2019.

李賢惠, 「三韓 小國의 成長」, 『三韓社會形成過程研究』, 일조각, 1984.

전진국, 「辰國·辰王 기록과 '辰'의 명칭」, 『한국고대사탐구』 27, 한국고대사탐구학회, 2017.

조영훈, 「三韓사회의 발전 과정 고찰-辰王의 위상변화와 삼한사회의 분립을 중심으로-」, 『梨花史學研究』 30, 이화사학연구소, 2003.

馬植杰, 「三國分立局面的確立」, 『三國史』, 人民出版社, 1994.

張大可, 「三國形成時期的外交」, 『三國史研究』, 甘肅人民出版社, 1988.

谷川道雄, 「後漢末·魏晉時代の遼西と遼東」, 『中國邊境社會の歷史的研究』, 昭和63年度科研費報告書, 1989.

武田幸男, 「三韓社會における辰王と臣智(下)」, 『朝鮮文化研究』 4, 東京大東洋文化研究所, 1996.

三品彰英, 「史實と考證-魏志東夷傳の辰國と辰王」, 『史學雜誌』 55-1, 1944.

成合信之, 「三韓雜考-'魏志'韓傳にみえる韓の帶方郡攻撃事件をめぐって」, 『學習院史學』 11, 學習院大學史學會, 1974.

窪添慶文, 「三國の政治」, 『世界歷史大系 中國史 2：三國~唐』, 山川出版社, 1996.

井上幹夫, 「魏志東夷傳にみえる辰王について」, 『竹內理三博士古稀記念 續律令國家と貴族社會』, 吉川弘文館, 1978.

고고자료로 본 안야국의 형성

이동관 | 국립경주박물관

Ⅰ. 머리말

본문에서는 안야국의 형성에 대한 고고학적 주요 자료로 함안 도항리목관묘를 활용하고 그 공간적 범위를 넓혀서 동일한 유물조합, 양식을 보이는 서부경남지역을 동일지역권으로 설정하였다. 이러한 작업은 도항리의 시간적, 공간적, 계층적 위치를 일률적으로 창원 다호리유적과의 비교를 통하여 도출하는 방식에서 탈피하고자 하는 의도이기도 하다. 변한 소국 중에서도 안야국과 가장 짙은 농도의 정체성을 공유하는 지역집단을 통하여 당시 사회의 부장문화, 실질적인 생활과 생업을 복원함으로써 함안지역의 고대 정치체에 대한 접근을 시도한다.

Ⅱ. 연구사 검토 및 연구의 방향

1. 연구사 검토

1917년 조선총독부 고적조사위원회에서 파견한 이마니시 류今西龍를 중심으로 이루어진 함안 전역에 대한 지표조사와 발굴조사가 이루어진 이래, 1980년대부터 고분 정화의 일환으로 도항리·말산리 일대의 발굴조사가 지속적으로 이루어짐에 따라 삼한시기부터 삼국시대에 이르는 고고학적 물질 자료가 축적되기 시작하였다. 삼한을 구성하는 다수의 소국 형성 과정에 대한 연구는 경주 조양동, 창원 다호리 고분군의 발굴 이래 활발하게 연구되어져 왔는데, 특히 영남지역 진·변한의 소국 형성은 대체로 낙랑군 설치 이후로 볼 수 있으며, 그 성장의 배경에는 한(漢)과의 불균등한 상호작용이 작용된 것으로 생각되고 있다.[1] 나아가 그 성장 배경에는 주변지역과의 관계 및 근·원거리교역이 있었던 것으로 추정하기도 한다.[2]

삼한, 특히 변·진한 소국 형성에 관한 고고학적 논의의 초점은 주로 단조철기 문화의 도입과 보편적 활용, 목관묘를 비롯한 분묘자료의 전개, 와질토기의 등장으로 압축하여 설명되어 왔으며, 이를 바탕으로 시간적 위치설정, 지역성, 지역 간 계층 관계 등에 다양한 해석도 이루어져 왔다.

본문의 주 논의의 대상이라고 할 수 있는 변한지역, 나아가 함안을 중심으로 하는 안야국에 대한 해석도 크게는 이러한 범주 내에서 다루어져 왔지만, 그 자료적 한계로 인하여 삼한 소국 형성 연구에 있어서 선도적 역할을 수행하지 못한 것이 사실이다.

자료에 한계는 있지만 함안지역을 중심으로 이루어진 지표조사를 비롯한 단편적 자료와 도항리고분군에서 확인된 목관묘의 발굴 성과를 바탕으로 몇몇의 연구 성과가 제시되었다.

본문에서는 기존의 축적된 연구 성과를 분석하여 향후 연구의 방향과 목적을 명확히 하고자 한다.

김형곤[3]은 1986년 창원대학 박물관의 함안지역 내 지표조사를 시작으로 국립창원문화재연구소(현, 국립가야문화재연구소)에 의해 본격적으로 이루어진 도항리 발굴조사의 성과를 바탕으로 아라가야의 형성과정에 대하여 정리하였다. 논문에서는 주로 함안지역의 자연지리적 환경과 대외교통로를 중심으로 논리를 전개하고 농업생산력과 해산자원에 대해서는 고고자료보다는 자연환경적 배경을 중심으로 그 성장과정을 추급하면서

---

1) 이성주, 『新羅·伽倻社會의 起源과 成長』, 학연문화사, 1998.
2) 이창희, 「변한사회의 중심지이동론–다호리집단의 이주와 김해지역의 성장」, 『영남고고학』 76, 2016.
3) 김형곤, 「아라가야의 형성과정 연구–고고학적 자료를 중심으로–」, 『가라문화』 12, 1995.

안야국 단계의 목관묘는 청동기시대 후기의 다양한 묘제인 토광형, 석곽형, 석관형의 유구에서 그 시원을 찾고 있다. 하지만 이주헌[4]도 이미 지적하고 있듯이 현재까지 함안 지역에서 적석목관묘가 발견된 적이 없으며, 오히려 이 지역의 청동기시대의 분묘유적인 신촌리, 도항리 선사유적, 오곡리 석관묘의 다양한 형태를 갖춘 지석묘의 하부구조와 유물의 매납 방식에서 삼한 사회의 목관묘와 구조적인 공통성을 찾을 수 있기 때문에 함안의 지역색으로 보기보다는 진·변한 사회를 구성하고 있는 소국들의 다양한 존재형태로 파악하는 것이 안정적인 해석일 것 같다.

한편, 김현[5]은 도항리 목관묘에서 출토된 각종 유물을 분석하여 함안지역 목관묘의 단계별 변화와 편년적 위치를 제시하였다. 토기류는 무문토기호와 발, 소형옹, 장경호, 단경호, 완, 양이부호 등으로 나누고 공반된 기종들의 평행관계를 정리하여 5단계로 구분하였다.

Ⅰ단계는 무문토기가 중점적으로 출토되는 시기로 전 단계의 흑색마연장경호와 점토대옹 등의 기형을 계승하면서 점차 전기 와질토기단계의 표식적인 기형으로 변해간다. 태토는 무문토기에 비해 정선된 점토를 사용하지만 아직은 무문토기와 같은 산화염 소성이다. Ⅱ단계는 정선된 점토의 태토를 사용한 환원염 소성의 와질토기가 등장하며, 전 단계의 평저소형옹이 말각평저화된 형태이다. 새로운 기종인 완이 등장하며 무문토기의 비율이 점차 낮아진다. Ⅲ단계에는 무문토기는 완전히 사라지고 본격적으로 태토가 정선된 환원염 소성의 와질토기만 출토된다. 장경호, 소형호, 완 외에도 단경호가 나타나며 기종의 구성이 더욱 다양해진다. 원저의 장경호는 구경이 벌어지며 구형 또는 양파모양의 동체부 형태를 띠고, 소형옹은 원저이며 동체부 상반부가 직선적으로 변화되고 있다. Ⅳ단계에 이르면 소형옹의 동체부 상반부는 약하게 만곡하고 장경호는 구경부가 점점 벌어져 외반되는 형태를 갖춘다. Ⅴ단계는 동중위에 각이지는 주판알 모양의 소형옹과 난형의 동체부에 나팔상으로 벌어지는 구경부 형태를 띠는 장경호 등 특징적인 형태의 와질토기들이 출토되며, 매납되고 있는 토기의 양도 앞 시기에 비해 많아진다고 하였다.

이상, Ⅰ~Ⅴ단계로 분류한 단계설정을 창원 다호리, 경주 조양동 고분군과 비교하여

---

4) 이주헌, 「도항리목관묘와 안야국」, 『문화재』 37, 2004.
5) 김현, 「함안 도항리목관묘출토 와질토기에 대하여」, 『도항리·말산리유적』, 경남고고학연구소, 2000.

도항리 Ⅱ단계를 각각 다호리 1호, 조양동 38호와 병행하는 시기로 설정하였다. 나아가 조양동, 다호리 등에 비하여 매납된 유물의 조합상이 단순하고 출토량이 적다는 점을 들어 다호리와 동일 문화권역 내 존재하지만 사회문화적인 발전 단계가 다소 늦은 주변 지역의 성격을 가진 것으로 설명하고 있다.

한편, 당시까지의 발굴자료와 연구 성과를 중심으로 안야국의 시공간적 특징과 전개 과정에 대한 본격적 분석은 이주헌[6]에 의하여 이루어지게 된다. 주로 함안도항리 목관 묘와 다호리의 비교를 통하여 논리를 전개하면서 도항리에서 확인된 목관묘 형태가 판 재조립식목관과 통나무 목관의 두 종류가 확인되며 판재식목관의 사용 비율이 3배 이 상 높은 편임을 지적하였다. 출토유물이 비교적 단순한 조합상이기 때문에 영남지역을 중심으로 한 목관묘 유적 특징의 범주에 합류시키고, 진·변한 매장문화와 동일한 흐름 으로 파악하였다. 그리고 그 시원은 한국식 동검문화와 함께 목관의 전통이 이어져 내 려온 것으로 보았다. 또 도항리 목관묘에서 출토되는 철기류도 거의 다호리와 유사한 경향을 보이면서 소형철부의 구성 비율이 높고 철제따비의 출토가 없는 것으로 보아 목 제농기구의 제작과 사용이 활발하였을 것으로 추정하였다. 다호리 유적과의 계층적 상 관관계에 대해서는 다호리에 비하여 절대적으로 빈약한 철기유물과 소국 수장의 신분 적 상징으로 사용하던 동경과 의기류가 전혀 출토되지 않기 때문에 중심지에 비하여 사 회문화적인 변동이 덜한 주변 지역적 성향의 집단으로 해석하였다. 2세기대를 종점으로 도항리와 다호리에서 더 이상 적극적인 유구가 확인되지 않는 현상에 대해서는 3세기 전반 한반도 남부지역에서 일어났던 포상팔국의 전쟁과 관련지어 추론하였다.

이상 도항리 목관묘군을 중심으로 함안지역과 안야국을 주 분석대상으로 한 연구에 서 공통적으로 지적되고 있는 내용을 정리하면 다음과 같다.

첫째, 절대연대의 비정에는 연구자별로 차이가 있겠지만 무문토기계통의 퇴화된 점 토대토기옹, 두형토기 등이 출토되는 도항리 73호, 48호 등 도항리 Ⅰ단계의 연대가 대 략적으로 조양동 5호 단계와, 도항리 Ⅱ단계는 대체적으로 다호리 1호, 조양동 38호와 각각 병행하는 것으로 본다는 점이다.[7] 그렇게 본다면 대략적으로 도항리의 조영연대

---

[6] 이주헌, 앞의 논문, 2004.

[7] 필자는 다호리 1호와 조양동 38호는 시간적 선후관계가 있다고 보지만 본문의 논지 전개와는 무관하 기 때문에 별도로 언급하지 않는다.

는 기원전 1세기~기원후 2세기 정도로 정리할 수 있을 것 같다.

둘째, 안야국의 실체를 파악하기 위한 고고자료가 절대적으로 부족한 것에 기인한 바 크겠지만, 도항리와 다호리를 비교함으로써 안야국의 위치를 설정하고 있다는 점이다. 그리고 다호리에서 보이는 동경 등 위세품의 매납되지 않으며, 철기의 부장량과 조합상 이 빈약하다는 점에서 세력이 미약하여 사회문화적 발전단계가 다소 늦은 주변지역, 즉 다호리의 하위집단으로 그 계층적 위치를 설정하고 있다는 점이다.

2. 연구의 방향과 목적

도항리 목관묘군과 안야국를 주 분석 대상으로 한 연구 성과에 비하여 삼한 소국 형 성 전반에 대한 설명에서 함안지역을 언급한 연구[8]는 상대적으로 다수가 있다. 그중에 서도 변한사회의 형성과 전개과정을 중심지 이동으로 설명한 연구가 있어 주목된다.[9] 논고에서는 변한지역의 분묘자료를 통해 유구와 유물의 시·공간적 특질을 검토한 후 지역성을 도출하고 분포론적 해석을 가미하여 중심지가 이동함으로써 변한사회가 성장 해가는 과정을 밝히고 있다. 자세히 살펴보면 목관묘 시기 변한 지역의 최고 위계인 다 호리 집단을 중심으로 북·서쪽으로는 밀양의 제 유적과 함안의 도항리, 서쪽으로는 진 주 창촌리, 사천 늑도까지 콘트롤하는 다호리 네트워크가 형성되고 이러한 상황이 1세 기대까지 지속된다고 하였다. 이후 다호리 집단의 김해 이주로 인하여 다호리 네트워크 가 붕괴, 늑도 교역 기능의 상실, 서부경남지역의 문화지체 현상 등이 연쇄적으로 발생 하는 것으로 설명하였다.

기원전 2세기를 전후한 시점(야요이시대 중기 초; 城ノ越式 단계)부터 회현리, 구산동 등 이미 왜와의 지속적인 교류가 이어지고 있던 김해지역의 대두가 과연 다호리 집단의 이주와 연동된 것인가 하는 문제는 의문이 남지만, 본문에서 주목하고 싶은 것은 2세기 이후 서부경남일대의 공백지를 동일 문화권으로 설정하여 함안－진주－사천 등을 하나 의 네트워크로 인식하였다는 점이다.

---

8) 권오영, 「三韓의 '國'에 대한 硏究」, 서울대학교대학원 박사학위논문, 1996; 이성주, 앞의 논문, 1998; 이희준, 「삼한 소국 형성 과정에 대한 고고학적 접근의 틀」, 『韓國考古學報』 43, 한국고고학회, 2000; 이재현, 「弁·辰韓社會의 考古學的 硏究」, 부산대학교대학원 박사학위논문, 2003.
9) 이창희, 앞의 논문, 2016.

본문의 연구 방향은 이러한 관점에서 시작한다.

다시 말해 기존의 함안 도항리 목관묘군의 유구와 유물 형식과 상황을 그 계층적 위계에 차이가 있는 창원 다호리 고분군과의 비교·대입하여 분석하고 이를 통하여 안야국의 시·공간, 계층성의 일단을 복원하는 일원적 연구에서 탈피하고자 하는 것이다. 이를 위해서는 먼저 기원 후 2세기대 이후 문화공백이 발생하는 함안지역의 시대적 상황, 토기와 철기 등 유사한 유물의 조합, 생활영역인 취락이 비교에 이르기까지 종합적인 문화(樣式) 양상이 함안지역과 유사 또는 동일한 문화권을 도출하는 작업이 필요하다.

조금 더 구체적으로 살펴보면 당시 최고 위계의 선진지로 볼 수 있는 다호리와 비교를 통하여 안야국의 성격을 추급하는 기존 대부분의 연구와는 반대로 소위 "주변지역" 또는 "문화지체", 나아가서는 고고학적 관점에서 본다면 어떤 정치체도 존재했을 가능성이 없다고 인식[10]되던 서부경남지역(도항리 이서지역)과 함안지역의 관계를 명백히 함으로써 보다 내재적 관점에서 바라 본 안야국과 이와 유사한 정체성을 공유하는 일종의 지역권을 추출하는 작업을 선행하고자 하는 것이다. 이러한 역 작업은 다호리의 하위집단 또는 주변집단으로 귀결되는 안야국이 아니라 안야국의 형성과 전개에 대한 보다 실체적인 특질의 복원을 가능하게 할 수 있을 것이라 기대한다.

이러한 연구의 방향은 출토된 다량의 유물이나 각종 자료에 기인하는 것이 아니라 공백에 대한 재인식이 필요하다. 다시 말해 도항리 목관묘 단계 이후 문화적 단절에 의한 "시간적 공백", 동경 등 위세품의 부재, 적은 유물의 부장량, 빈약한 조합상 등을 단순히 계층적 위계차로 인식하는 것이 아니라 박장이라는 매장 문화를 공유하는 유사 문화권으로 보는 인식의 전환이 본문에서 진행하고자 하는 방향이다.

Ⅲ. 지역성의 추출과 특징

1. 지역권의 설정

함안 도항리를 중심으로 이서지역인 서부경남지역에서 고식와질토기를 동반하는 목

관묘 유적은 극히 드물다. 이러한 현상은 도항리 목관묘 단계 이후의 목곽묘까지 그 범위를 넓혀보아도 크게 다르지 않다

현재까지 알려진 전형적인 목관묘 유적은 진주 창촌리, 거창 정장리, 합천 저포리, 합천 삼가에 불과하다. 이 중에서도 경남 북부의 황강 유역 일대의 거창 정장리와 합천 저포리는 도항리의 존속기간과 병행하지 않으며 시간적으로 후행하는 목곽묘의 신식와질토기 단계이기 때문에 도항리와 비교하기에 적합하지 않다. 결국 현재 알려진 자료 중 직접 비교가 가능한 것은 진주 창촌리와 합천 삼가 정도이다.

진주 창촌리 목관의 경우 보강토의 토층 양상으로 미루어 볼 때 판재식으로 추정되며 조합우각형파수부호, 파수부배, 주머니호, 대부옹 등이 출토되었다. 특히 조합우각형파수부호와 파수부배, 주머니호는 모두 정선된 고운 점토로 흑색마연하여 정성스럽게 제작된 것들이다. 토기의 형식으로 볼 때 조양동 5호와 38호 사이로 위치 설정(도항리 II단계)할 수 있으며 삼각형점토대토기가 함께 공반되고 있다. 이 단계에 이미 무문토기에서 와질토기로의 전환이 완료되는 다호리를 비롯한 영남의 타 지역과는 그 양상에서 차이를 보인다. 오히려 전체적으로 정연하게 흑색마연되는 와질토기들로 미루어 볼 때 타 지역에서 반입되어 매납되었을 가능성도 배제할 수 없다.

합천 삼가 목관묘에서는 타원형의 동체부를 가진 조합형우각형파수부호와 구연에서 동최대경이 위치하는 곳까지 크게 내만하여 이어지는 형식의 주머니호 등이 출토되었다. 대략적으로 도항리 IV~V단계 정도로 볼 수 있다.

〈표 1〉 서부경남지역 분묘 유적의 존속기간

연대	100	0	100	200
창촌리				
삼가				
도항리				

양 유적 모두 상대적으로 소형에 해당하는 철촉, 철부, 철도자, 철겸 등의 철기로 구성되며 그 출토량도 1~2점으로 많지 않다. 또 고식와질토기의 조합도 도항리와 아주 유

사한 양상이다.

결국 토기와 철기의 조합상이나 출토량, 위세품의 부재 등 그 양상으로 보자면 도항리와 서부경남지역은 하나의 양식 범위, 즉 동일문화권으로 설정하는데 무리가 없다. 그리고 이러한 지역권의 범위는 단순히 유적이 위치하는 합천, 진주에 그치지 않는 것으로 본다. 현재까지 목관묘 단계의 문화양상이 확인되지 않는 고성지역과 국제무역항으로서 대중국, 대일본교역의 중추적 역할을 담당하던 사천 늑도까지도 본 지역권의 범주에서 다루고자 한다.

주지하듯 서부경남지역권은 도항리를 제외하면 비교적 넓은 범위에서 시간적으로나 공간적으로 점상 분포하고 있기 때문에 다소 무리한 지역권의 설정일 수 있음을 자인하지 않을 수 없다. 다만, 강조하고 싶은 것은 단순히 유물의 조합상이나 양식의 유사성만이 아니라 서부경남지역은 도항리가 쇠퇴하기 시작하는 기원후 2세기대부터 고식도질토기가 등장과 함께 새로운 정치체가 부각되기 시작하는 4세기대까지의 시간적 공백을 공유하는 지역이라는 점이다.

하지만 이마저도 〈표 1〉에서 보는 바와 같이 적은 수의 유적 자료가 점상으로 존재하기 때문에 서부경남지역에서 3세기대 유적이 발견되지 않는다는 공통점만 공유할 뿐이 지역권의 물질문화가 동일한 정체성을 가지고 전개된 집단인지에 대한 직접적인 증거가 되지는 못한다.

이러한 시간적 불일치에 대한 연결고리를 사천 늑도 유적에서 찾고자 한다. 남해안에 위치하는 국제무역항인 늑도는 삼각형점토대토기를 표지로 하며, 현재까지 한반도에서 가장 많은 수의 일본 야요이계 토기가 집중 출토되고, 동경 등 위세품을 비롯한 각종 중국계 유물이 다량으로 검출된 것으로 잘 알려져 있다. 서부경남지역에서는 늑도식 토기가 기원후 2세기까지 잔존하기 때문에 함께 출토되는 야요이계 토기를 통하여 편년적 위치를 살펴보자. 늑도의 야요이토기는 대체적으로 야요이시대 중기초에 해당하는 죠노코시[城ノ越]식 단계(극소수)부터 야요이시대 후기 전반에 해당하는 타카미즈마[高三瀦]식 단계에 해당하는 것들이며 가장 다수는 점하는 것은 역시 스구[須玖] I ~ II 식 단계이다. 그리고 기원후 2세기 이후 왕성한 상업활동을 영위하던 늑도는 급격히 쇠퇴한다. 이러한 양상은 결국 도항리 목관묘의 존속기간과도 일맥상통하는 바가 있다.

〈표 2〉 서부경남지역 목관묘 출토 유물일람[11]

		서부경남지역			다호리
		삼가	창촌리	도항리	
유구	판재식목관	●	●	●	
	통나무목관				●
토기	요갱				●
	조합우각형파수부호	●	●	●	●
	주머니호	●	●	●	●
	단경호	●		●	●
	완	●	●	●	●
	원저옹				●
	점토대토기		●		
	두형토기				●
동경(한경)					●
철기	표비				●
	닻형철기				●
	철모			●	●
	철검			●	●
	철촉	●		●	●
	철부	●		●	●
	철도자		●	●	●
	철서				●
	따비				●
	철겸	●		●	●
칠기					●
옥		●		●	●
방추차				●	●
겸식일체					●

2. 서부경남지역권의 성격과 특징

결국 필자는 함안-진주-합천-사천-고성의 서부경남지역권을 유물의 조합상, 4세기대 고식도질토기 등장까지의 시간적 공백이라는 속성을 바탕으로 큰 틀에서 문화적 동질성을 공유하는 집단으로 설정하였다. 그리고 도항리 목관묘와 병행하는 시기의 늑

11) 이창희, 앞의 논문, 2016, 43쪽 〈표 1〉 참조.

도 유적을 근거로 그 존속기간 또한 유사한 것으로 보고 있다. 하지만 늑도에서 보이는 위세품의 부장이나 외래계 유물의 다량 출토 양상은 여타 서부경남의 목관묘 유적에서는 보이지 않는 특징이다. 하지만 필자는 이러한 양상이야말로 서부경남지역의 부장 풍습을 추정할 수 있는 속성으로 파악하고 있다.

다시 말해 도항리를 중심으로 하는 서부경남의 빈약한 유물조합과 위세품 부재의 배경에는 단순히 사회문화적 변동이 덜한 주변 지역적인 성향의 강한 집단이기 때문이 아니라 "박장"이라는 부장 풍습이 일정부분 영향을 끼쳤을 것이라는 인식이다.

한편, 아직 정식보고는 이루어지지 않았지만 안야국 단계에 해당하는 함안 신음리 유적[12]의 양상이 알려졌다. 실견하지 못하였고 약식보고서만을 참고하였기에 명확하게 단정하기는 어렵지만, 삼각형점토대토기와 와질토기 등이 출토되고 일부 부뚜막을 갖춘 온돌시설도 검출된 듯하다. 그리고 이에 더하여 송풍관편과 슬래그 등 정련, 단야의 흔적도 있는 것 같다. 물론 절대적 자료의 수가 너무나도 부족하기 때문에 단언하기 어렵지만 일견 생업과 주거가 함께 이루어지는 늑도 유적의 취락 형태와 매우 유사해 보인다. 만약 이러한 비교자료를 적극 평가할 수 있다고 한다면, 본문에서 설정한 서부경남지역권의 특징을 교역과 생산 등 상공업에 특화된 생업활동과 사회적 계층이 부장 공간에서 적극적으로 표현되지 않는 부장 풍습에서 찾아볼 수 있지 않을까?

이상에서 살펴보았듯 서부경남지역은 묘제와 부장품, 도항리 목관묘의 단절과 연동되듯 이어지는 시간적 공백을 공유하고 있다. 지금끼지는 대체적으로 이리한 지역적 상황을 영남의 와질토기문화권적 시각에서 문화지체 현상으로 해석하여 왔다.[13]

하지만 서부경남지역의 경우 목관묘에서 소수의 와질토기만이 일부 부장될 뿐 와질토기가 자체 생산되었는지에도 의구심이 들 정도이다. 늑도의 수 만점에 이르는 토기 중에서도 전형적인 와질토기는 거의 보이지 않으며, 소위 늑도식 토기로 불리는 삼각형점토대토기는 2세기 대까지도 잔존한다. 그리고 고식도질토기 단계에 이르기까지도 와질토기에 대한 수요가 전혀 간취되지 않는 느낌이다.

결국 큰 틀에서 변한 소국의 동질성은 가지고 있다할지라도 영남지역 내에서 여타 와

---

12) 경남연구원 역사문화센터, 「함안 남문외고분군 산4번지 일원 발굴조사 약식보고서」, 2020.
13) 이창희, 「삼한시대 남해안의 일상토기 연구」, 부산대학교대학원 석사학위논문, 2005; 조영제, 앞의 논문, 2006.

질토기문화권과는 사뭇 다른 공간적 특징을 강하게 유지하고 있는 지역으로 볼 수 있을 것 같다.

그렇다고 할지라도 목관묘 단계 변한 전 지역에서 다호리만큼 성층화를 이루고 있는 집단은 없다. 그 계층적 위계 또한 독보적이라 할 수 있다. 따라서 도항리를 비롯한 서부경남지역권이 다호리의 네트워크 속에 편입되어 강한 통제 아래 그 하위에 위치하였는지 독자권을 가지고 전개된 것인지에 대해서는 현재의 상황에서 판단하기 어려울 것 같다. 다만, 어느 쪽이라 할지라도 다호리고분군의 단절 시점이 서부경남지역권 공백기의 시작과 일치한다는 점은 간과하기 힘든 문제이다.

이에 대하여 다호리 수장층이 일본과의 교류 확장을 위하여 김해지역으로 이동하였다는 의견[14]과 포상팔국 전쟁의 대규모 전쟁 피해로 야기된 상황이라는 의견[15]이 제시된 바 있다.

고대에 이루어지는 대부분의 대규모 이주가 정치·경제·교류 등 내재적 관점에 의한 경우보다는 강제적 외부 동인에 의하여 이루어지는 경우가 많은 것이 사실이지만 자료의 한계로 인하여 이를 명백히 하기는 쉽지 않다. 향후 자료의 증가를 기대한다.

Ⅳ. 맺음말

본문에서는 함안 도항리목관묘와 진주, 사천, 고성 등지를 하나의 지역권으로 설정하여 안야국 형성과정을 보다 구체화하고, 이를 바탕으로 그 특징을 도출해내고자 하였다. 하지만 부족한 고고자료의 한계로 인하여 논리상의 비약이 심한 것을 자인하지 않을 수 없다. 기존 다호리와의 관계망에 서부경남지역의 양상까지 더하여 구체화해 보려한 의도마저도 희석시킨 느낌이다. 다만, 현재의 자료로 본다면 함안을 비롯한 서부경남지역에 대한 귀납법적 접근은 창원 다호리를 중심으로 일원화될 수밖에 없는 구조적 한계를 지니고 있다. 본문에서는 이러한 경향에서 탈피하여 연역법적으로 본 지역의 양상을 접근하고자 하였던 것이다. 하지만 본 작업은 3세기 이후의 공백에 대한 검증적인

---

14) 이창희, 앞의 논문, 2016.
15) 이주헌, 앞의 논문, 2004.

자료와 의견도 제시하지 못한 실정이어서 좀 더 분석적인 작업이 필요할 것으로 생각된다. 서부경남지역과 도항리유적의 동질성을 토대로 실마리를 풀고자 했다는 시도에 의미를 두고자 한다. 자료의 증가를 기다리면서 안야국과 서부경남지역의 소국의 관계, 안야국에서 아라가야로의 변화에 대한 분석도 향후의 과제로 남긴다.

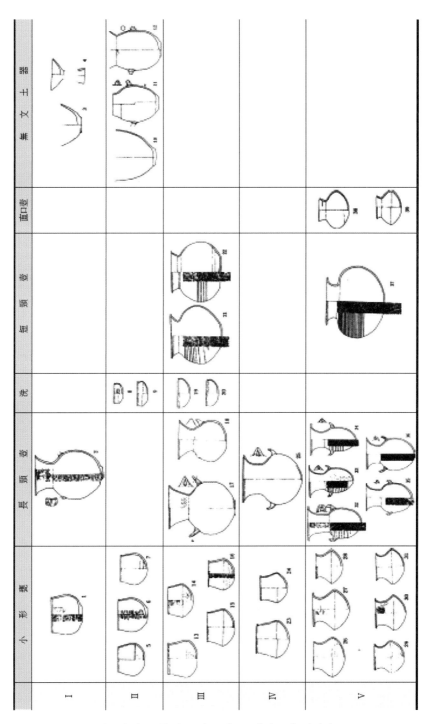

〈도면 1〉 도항리 목관묘 출토 와질토기 편년안
(이주헌, 앞의 논문, 2004)

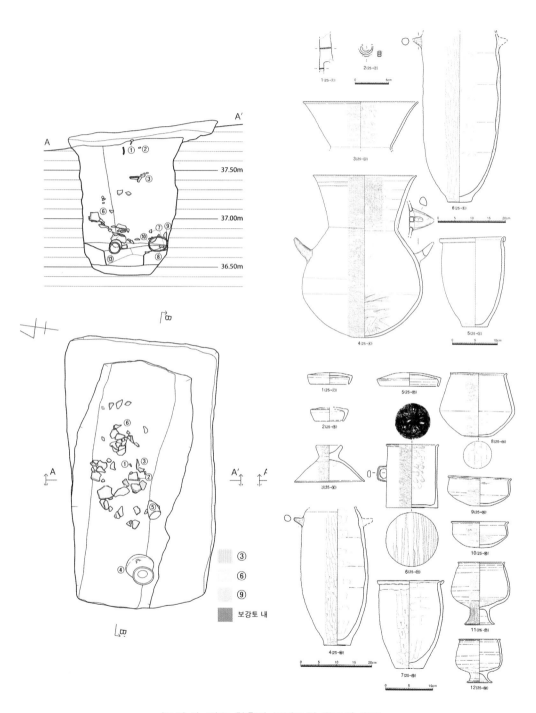

〈도면 2〉 진주 창촌리 목관묘의 유구와 유물

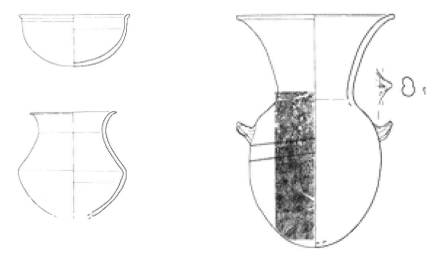

〈도면 3〉 합천 삼가 출토품

【참고문헌】

경남연구원 역사문화센터, 「함안 남문외고분군 산4번지 일원 발굴조사 약식보고서」, 2020.

권오영, 「三韓의 '國'에 대한 研究」, 서울대학교대학원 박사학위논문, 1996.

김　현, 「함안 도항리목관묘출토 와질토기에 대하여」, 『도항리 · 말산리유적』, 경남고고학연구소, 2000.

김형곤, 「아라가야의 형성과정 연구—고고학적 자료를 중심으로—」, 『가라문화』 12, 1995.

이성주, 『新羅 · 伽倻社會의 起源과 成長』, 학연문화사, 1998.

이재현, 「弁 · 辰韓社會의 考古學的 研究」, 부산대학교대학원 박사학위논문, 2003.

이주헌, 「도항리목관묘와 안야국」, 『문화재』 37, 2004.

이창희, 「삼한시대 남해안의 일상토기 연구」, 부산대학교대학원 석사학위논문, 2005.

이창희, 「변한사회의 중심지이동론—다호리집단의 이주와 김해지역의 성장」, 『영남고고학』 76, 2016.

이희준, 「삼한 소국 형성 과정에 대한 고고학적 접근의 틀」, 『韓國考古學報』 43, 한국고고학회, 2000.

조영제, 「서부경남 가야제국의 성립에 대한 고고학적 연구」, 부산대학교대학원 박사학위논문, 2006.

묘제로 본 安邪國과 辰·弁韓에서의 위치

채상훈 | 금강문화유산연구원

I. 머리말

낙동강의 지류 중 하나인 남강 하류에 위치한 함안지역은 진·변한 소국 중 하나인 안야국이 위치하던 곳이다. 당대의 기록인 『삼국지·위지·동이전』에 의하면 안야국은 변한 소국 중에서도 신지가 '안야척지(安耶踧支)'라는 우호를 칭할 정도로 유력한 정치체였던 것으로 보이나 기록에 비해 안야국과 관련된 유적은 한정적이다. 특히 묘제와 관련된 유적은 가야읍에 위치한 도항리유적과 군북면에 위치한 소포리유적이 전부이다. 반면에 4세기 이후의 '안라국'과 관련된 고고자료는 함안과 그 주변 지역에서 다수 확인되고 있어, 이를 중심으로 활발히 연구가 진행되어왔다. 그럼에도 불구하고 부족한 자료이기는 하나 일부 연구자들에 의하여 안야국의 실체를 밝히려는 시도가 이루어져 왔으며 현재까지 나름의 성과를 이끌어 내었다.

초기에는 안야국의 후신인 안라국에 대한 부가연구로 역사기록과 인문지리적인 자료를 바탕으로 한정된 연구가 진행되었다. 그러나 수차례에 걸친 도항리 고분군에 대한 조사로 삼한시대의 묘제의 실체가 확인됨에 따라 기존의 사료에 고고자료를 대입하여 안야국의 성장과 발전양상을 밝히고자 하는 시도[1]가 이루어졌다. 이후 김해지역 목관묘와 다호리유적 목관묘군의 비교를 통하여 도항리 목관묘의 특징을 파악하고 3세기대의 공백에 대한 고고학 접근을 한 연구[2)가 있었고, 근래에 와서는 청동기시대 유적을 통해 안야국의 형성과정을 파악하고 추가로 확보된 고고자료를 활용하여 안야국에서 안라국으로 발전하는 과정을 해석[3)하였다. 다만 현재까지도 이와 관련된 고고자료는 부족한 양상이라 묘제에 대한 분석이 면밀하게 이루어지지 않은 상황으로 본 발표에서는 현재까지 조사된 자료를 보다 세밀하게 분석한 후, 함안지역 묘제의 특징을 밝히고 집적된 연구자료를 참고하여 진·변한에서 안야국의 위치를 살피고자 한다.

Ⅱ. 묘제의 분포와 편년

1. 묘제의 분포

안야국은 변한의 소국 중 하나로 함안지역을 중심으로 존재했던 것으로 보고 있다. 그러나 현재까지 함안지역[4)에서 이와 관련된 유적은 극히 일부만이 확인되었다. 특히 묘제가 확인된 유적은 도항리유적과 소포리유적이 유일하고, 2~3세기에 조성된 목곽묘는 극히 소량에 불과하다.

가야읍에 위치한 도항리유적에 대한 조사는 수차례에 걸쳐 이루어졌다. 그 과정에서 확인된 목관묘의 수는 모두 49기로 국립가야문화재연구소에서 12기, 경남고고학연구소에서 35기, 동아세아문화재연구원에서 2기가 확인되었다.[5) 군북면에 위치한 소포리유적에서는 도항리유적에 비해 소량의 목관묘만이 확인되었는데, 모두 12기로 두 유적 합

---

1) 남재우, 「安邪國의 성장조건과 발전」, 『지역과 역사』 제5호, 1999.

2) 이주헌, 「도항리목관묘와 안야국」, 『문화재』 제37호, 2004.

3) 이동희, 「고고학을 통해 본 안라국의 형성과정과 영역 변화」, 『지역과 역사』 42, 2018.

4) 안야국의 개국시기가 불분명하기에 본문에서는 되도록 정치체가 존재했을 것으로 추정되는 지역명을 사용하고자 하며, 도항리·말산리유적은 편의상 도항리유적으로 통합하여 보고자 한다.

5) 도항리유적의 경우 여러 연구기관에서 조사되어 경남고고학연구소(現 삼강문화재연구원)는 (경), 국립창원문화재연구소(現 국립가야문화재연구소)는 (문), 동아세아문화재연구원은 (동)으로 표기하였다. 그리고 국립창원문화재연구소에서 2002년에 발간한 『咸安 馬甲塚』에 수록된 목관묘의 경우 번호가 따로 없어 이를 구분하고자 (마)로 표시하였다.

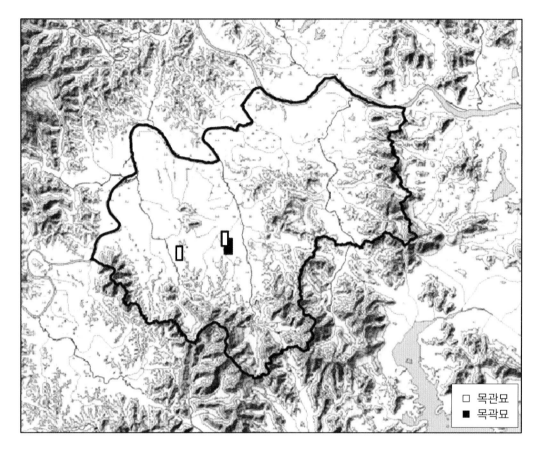

〈삽도 1〉 함안지역 삼한시대 목관묘, 목곽묘 분포도

처 총 61기이다. 반면에 목곽묘의 경우 4세기 이후에 조성된 것이 대부분이며, 그 이전에 조성된 것은 소수에 불과하다. 2~3세기의 것으로 볼 수 있는 목곽묘는 도항리유적에서 일부 확인되고 있으며, 이 중 말산리 2호, 15호가 여기에 해당한다.[6]

---

6) 정주희, 「咸安樣式 古式陶質土器의 分布定型에 관한 研究」, 경북대학교 문학석사학위논문, 2008, 45~48쪽; 여희진, 「3~4세기 영남지방 노형기대의 전개－조기 신라・가야토기의 지역성과 그 의미－」, 『숭실사학』 42, 2019, 61쪽.
   연구자(정주희, 여희진)에 따라서 도항리 33호(문), 35호(문), 말산리 8호, 의령 예둔리 12, 26호를 3세기 3/4, 4/4분기의 것으로 구분하기도 하나 문화적으로 4세기 이후 안라국과 관련성 깊어 보인다. 또한 도항리 49호, 51호, 말산리 14호, 20호의 경우 삼한시대의 것으로 볼 수도 있으나 출토된 유물인 양이부호, 단경호, 만입형철촉의 경우 한 시기 폭이 넓어 동일한 기형이 4세기 이후로도 확인된다. 이에 따라 상기한 유구들은 논지를 진행함에 있어서도 큰 문제가 없는 것으로 판단되어 대상에서 제외하였다.

2. 묘제의 편년

도항리유적은 삼한시대의 목관묘와 목곽묘가 공존하고 있어 비교적 넓은 시간폭을 가지고 있지만 소포리 유적은 목관묘만 확인되고 있어 일정 시기에 한정된 특징을 보인다. 또한 두 유적에서는 세부적인 시기를 구분하고 절대연대를 추정할 수 있는 동경 및 화폐와 같은 유물이 출토되지 않아 명확한 시기 구분에는 어려움이 있다. 그러한 이유로 본 문에서는 다른 유적의 편년을 참고하여 함안지역의 묘제에 대입하여 대략적인 연대를 추정하고자 한다.

먼저, 목관묘의 경우 절대연대의 표지가 되는 묘제로 다호리 1호, 조양동 5호와 38호, 사라리 130호가 대표적이다. 조양동 5호 목관묘의 경우 상한을 서기전 2세기 후반까지 소급해 보기도 하나, 부장된 주머니호의 형태로 보아 와질토기 발생 시기를 고려하여 대체로 서기전 1세기 전반으로 편년하고 있다. 함안지역 출토품의 경우 이와 유사한 형태의 굽이 조형된 주머니호가 도항리 63호(경), 73호(경) 목관묘에서 확인된다. 보고자에 의하면 모두 와질제[7]이며 와질제의 원저 주머니호, 공부가 장신화된 철모 등과 공반하고 있어 시기적으로 조양동 5호보다 늦은 서기전 1세기 2/4분기에 제작되어 부장된 것으로 생각된다.

조양동 5호에 비해 늦은 시기에 조성된 것으로 보는 다호리 1호의 경우 출토품인 오수전의 하한을 서기전 60년경으로 편년[8]하여 묘제의 조성시기를 2/4분기까지 상회하여 보기도 한다. 다호리 1호보다 후속하는 것으로 보는 조양동 38호의 경우 와질토기의 제작 시기를 고려하여 대체로 서기전 1세기 2/4분기~3/4분기의 어느 한 시점으로 편년하고 있다. 하지만 출토유물 중 하나인 가상귀부경의 형식과 제작연대를 고려하여 서기전 1세기 전년까지 연대가 상회하지 않는다는 견해[9]도 있다. 조양동 38호의 경우 다호리 1호와는 큰 시기 차를 보이지 않으며, 세부적인 연대를 명확히 파악하기 힘들어 동일

---

[7] 도항리 48호(경) 출토품인 조합식우각형파수부호의 기형은 나팔상으로 벌어진 구연, 동상위에 파수부가 부착된 속성을 가지고 있으나 저부는 굽의 형태로 63호(경), 73호(경) 목관묘 출토 주머니호와 마찬가지로 이전시기의 제작기법이 혼재된 특징을 보인다.

[8] 이영훈·이양수, 「한반도 남부 출토 오수전에 대하여」, 『永川 龍田里遺蹟』, 國立慶州博物館, 2007, 147쪽.

[9] 朴知英, 「한반도 남부 출토 前漢式鏡의 유통체계」, 경북대학교 문학석사학위논문, 2014, 85쪽.

단계로 구분하기도 하기에 본문에서는 이를 세분하지 않고 크게 서기전 1세기 중반으로 통합하여 보고자 한다. 이 시기에 조성된 것으로 판단되는 함안지역 목관묘는 도항리 48호(경), 59호(경), 63호(경) 등이 있으며, 소포리 유적의 목관묘 대부분이 이 시기에 해당된다.

사라리 130호의 경우 보고자는 서기 2세기 전반으로 추정하였으나 근래의 연구 성과를 보면 부장된 전한경의 제작 연대와 탑동 1호, 신대리 75호 목관묘의 편년적 위치를 고려하여 서기 1세기 중반[10]으로 편년하는 견해도 있다. 다만 사라리 130호의 묘제 형식이 2세기 중반에 등장하는 목곽묘의 과도기적인 형식이라는 점에서 1세기 후반으로 편년하는 것이 묘제의 계통상 흐름, 토기의 후속 형식과의 연결 관계를 고려했을 때 자연스러워 보인다. 함안지역의 목관묘 중, 사라리 130호와 동일한 시기에 조성된 묘제로는 도항리 60호(경), 65호(경)가 대표적이다.

함안지역의 목관묘 중, 서기전 1세기 전반으로 볼 수 있는 조양동 5호와 동일시기에 조성된 유구는 불분명하기에 상한은 서기전 1세기 중반으로 볼 수 있으며, 하한은 곡옥이 부장된 말산리 11호와 신부가 장대화된 철검이 확인되는 말산리 13호를 고려하면 2세기 중반[11]으로 볼 수 있다. 이상에서 정리한 연대를 기준으로 기존에 목관묘를 분류하는 기준이 되는 편년안[12]을 참조하여 단계를 구분하면, 함안지역 목관묘 편년은 크게 두 단계로 구분할 수 있다.[13] Ⅰ단계는 서기전 1세기 중반부터 서기 1세기 중반까지로 와질토기가 제작되면서 이와 함께 기존의 무문토기 계통의 토기가 함께 부장되는 단계, Ⅱ단계는 서기 1세기 후반 이후부터 2세기 중반까지로 와질토기만 부장되는 단계로 구분할 수 있다.[14] 이상의 편년을 정리하면 〈표 1, 삽도 2〉와 같다.

---

10) 이양수, 「한반도 삼한·삼국시대 동경의 고고학적 연구」, 부산대학교 대학원 문학박사학위논문, 2010; 朴知英, 위의 논문, 85쪽.

11) 영남지역에서 장검과 곡옥은 목관묘에서 목곽묘로 전환되는 시기에 부장되는 것이 확인된다. 말산리 11호에서 확인된 장검은 목관묘에서는 울산 대안리 2호, 말산리 2호에서 확인된 곡옥은 김해 구지로 10호분에서 2점이 출토된 것이 확인된다. 이를 기준으로 말산리 11호와 13호는 목곽묘가 등장하는 2세기 중반으로 편년하고자 한다.

12) 목관묘의 상대편년의 경우, 주머니호 및 조합식우각형파수부호가 편년의 기준이 되어 공반유물과 비교하는 방식으로 이루어졌다. 연구자 간의 상대편년은 큰 차이를 보이지 않으며 토기의 변화양상에 따라서 많게는 7단계까지 세분하여 구분하기도 한다. 이러한 편년은 토기의 세부적인 변화를 살피는 것에 유용하나 전체적인 문화양상의 변화를 짐작하기는 어려워 많은 연구자가 3단계로 구분하고 있는데, 본 연구에서 이를 반영하여 진행하고자 한다.

13) 이재현, 「弁·辰韓社會의 考古學的 硏究」, 부산대학교 대학원 문학박사학위논문, 2003, 78쪽.

   함안지역 목곽묘 중, 4세기 이전인 삼한시대에 조성된 것으로 편년되는 말산리 2호와
말산리 15호는 전형적인 단곽식의 평면 장방형의 목곽묘이다. 말산리 15호에서 출토된
이단관식 철모를 통해 보았을 때 2세기 중·후반[15])이 목곽묘의 상한으로 추정된다. 말
산리 2호에서 출토된 기대화되기 이전의 삼각집선문이 시문된 노형토기의 경우 옥성리
56, 135호 출토품과 유사한 기형이다. 기존의 연구[16])를 참고하면 3세기 초반 늦어도 3세
기 중반에 조성된 것으로 볼 수 있으며, 목곽묘는 이후 단절되지 않고 도항리(문) 33호,
35호, 말산리 8호로 자연스럽게 삼국시대의 목곽묘로 이어진다.

〈표 1〉 함안지역 목관묘 단계별 구분표

단계	절대연대	함안지역	대표유구
I	B.C. 1 중 ~ B.C. 1 초	소포리 : 2,3,4,5,6,7,8,10,11,12호 도항리 : 23호(문), 30,39,48,58,59,63,73,75호(경)	다호리 1호, 조양동 38호
	A.D. 1 초 ~ A.D. 1 중	도항리 : 1호(동), 22,47,70,72,74(경)	탑동 2호
II	A.D. 1 후 ~ A.D. 2 초	도항리 : 목관묘(마),18,24,26(문), 21,24,25,53,60,65,66호(경) 말산리 : 3호	사라리 130호, 탑동 1호
	A.D 2 중	말산리 : 11호, 13호	신대리 38호

목관묘 단계설정 구분비교표(인용 후 수정)

연구자	편년 설정						
이성주(1999)	I-1단계	I-2단계	I-3단계	I-4단계	I-5단계	I-6단계	I-7단계
안재호(2000)	다호리 I기		다호리 II~VI기		다호리 VII~IX기		
이재현(2003)	I단계		II단계		III단계		
함안지역(본고)			함안 I단계		함안 II단계		
절대연대	B.C. 2C. 中葉 ~ 1C. 前葉		B.C. 1C. 中葉 ~ A.D. 1. 中葉		A.D. 1C. 後葉 ~ 2C. 中葉		

14) 유물이 확인되지 않거나 시기구분이 어려운 묘제는 분석대상에서 제외하였다.
15) 신동조, 「嶺南地方 原三國時代 鐵斧와 鐵矛의 分布定型 硏究」, 경북대학교 문학석사학위논문, 2007, 47쪽.
16) 윤온식, 「영남지방 원삼국시대 土器'樣式'論의 제기」, 『영남고고학보』 31號, 2002.

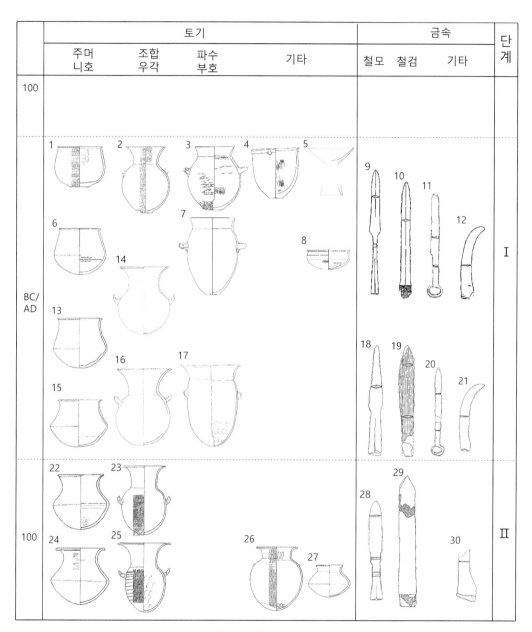

토기				금속			단계
주머니호	조합우각	파수부호	기타	철모	철검	기타	

〈삽도 2〉 함안지역 목관묘 출토 유물 편년표

〈도항리(경) 73호(1,5), 도항리(경) 48호(2), 소포리 3호(3,9~11), 소포리 7호(4), 소포리 6호(6,8,12), 소포리 4호(7), 도항리(문) 22호(13,14), 도항리(동) 1호(15,17), 도항리(문) 26호(16,18~19,21), 도항리(경) 70호(20), 도항리(경) 65호(22,23), 도항리(경) 24호(24~26,28), 도항리(경) 60호(27), 도항리(경) 53호(29,30)〉

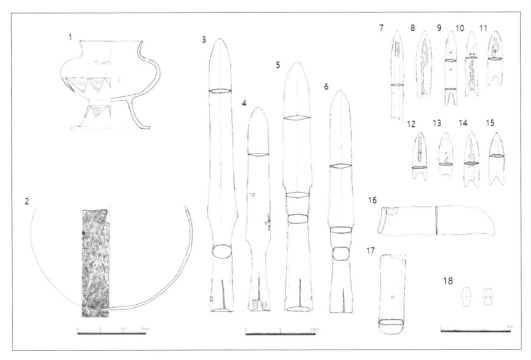

〈삽도 3〉 함안지역 목곽묘 출토유물
〈말산리 2호(1,2), 말산리 15호(3~18)〉

Ⅲ. 함안지역 묘제의 특징

함안지역 목곽묘와 목관묘의 편년을 검토한 결과, 소포리유적은 서기전 1세기 중반부터 후반까지 한정된 시간에 걸쳐 조성된 반면, 도항리유적의 경우 서기전 1세기 중반부터 서기 3세기까지 지속적으로 유구가 조성된 것을 확인하였다. 대부분의 유구는 목관묘이고 목곽묘는 극소수이기에 이를 분석하여 그 특징을 파악하기에 무리가 있어 목관묘를 중심으로 분석하여 그 특징을 밝히고자 한다. 목곽묘의 경우 연구범위에 포함되는 대상이 소량에 그치고 있어 별도의 분석을 하기에는 무리가 있기에 이를 통해 함안지역 목곽묘에 관해 정의하기에는 어려움이 있다. 그러한 이유로 본문에서는 별도의 분석보다는 주변지역의 목곽묘와 비교하기 위해, 함안지역 목곽묘의 성격을 일부나마 밝히는 것에 중점을 두고자 한다.

1. 목관묘

목관묘가 확인된 소포리유적과 도항리유적은 존속연대에 차이를 보이나 서로 인접한 지역에 위치하고 있어 공통된 문화상을 가졌을 것으로 추정된다. 이를 명확히 파악하고자 우선 묘제의 형태 및 내부에 부장된 유물 등을 면밀히 검토하고자 한다.[17]

1) 유구의 특징

목관의 종류는 크게 두 종류로 통나무식과 판재식으로 구분된다. 통나무식 목관의 경우 적석목관묘를 사용하던 시기부터 등장하여 판재식 목관보다 이른 시기에 사용한 것으로 보고 있다. 함안지역의 경우 Ⅰ단계에 5기, Ⅱ단계 1기로 그 비중이 크고 이후 단계를 거듭할수록 그 사용 빈도가 감소한다. 규모에서도 통나무식 관재를 사용하는 목관묘의 경우, 면적 2.50㎡를 상회하는 것이 없으며, 가장 큰 것이 도항리 74호(경)로 2.44㎠이다. 관재의 종류에 따른 유물 기종과 수량은 큰 차이를 보이지 않는다.

〈표 2〉 함안지역 목관묘의 관재에 따른 수량 비교표

통나무식 목관의 비율이 줄고 판재식 목관의 비율이 증가하면서 묘광의 규모도 자연스럽게 증대하는 경향을 보인다. 진·변한지역인 영남지역의 목관묘 묘광 규모는 피장자의 신장, 목관의 크기 및 부장유물의 수량과 부장위치에 의해 결정되는 것으로 보이며, 후대의 것일수록 비교적 규모가 큰 경향성을 가진다.[18] 함안지역 목관묘도 유사한

---

[17] 목관묘는 2개소 유적에서 확인되었으며 도항리 유적에서 49기, 소포리 유적에서 12기가 확인되어 모두 61기이다. 이 중 시기가 명확히 구분 가능한 목관묘는 35기로 이를 중심으로 분석하였다.

양상이나 규모 변화의 경우, 후술하겠지만 목관 및 부장유물의 수량보다는 부장유물의 위치변화와 밀접한 관련이 있는 것으로 보인다. 말산리 3호묘(경)와 같은 상부면적이 5.08㎡인 대형의 것도 존재하나 대부분은 면적 1.2~4.0㎡ 이하의 중·소형 규모의 묘제가 주류를 이루며, 요갱이 설치된 목관묘는 확인되지 않는다.

〈표 3〉 함안지역 목관묘의 단계별 상부면적 비교표(上),
서기전 1세기 중반~서기 2세기 중반의 영남지역 및 함안지역 목관묘 상부면적 비교표(下)

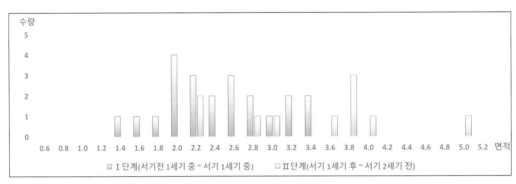

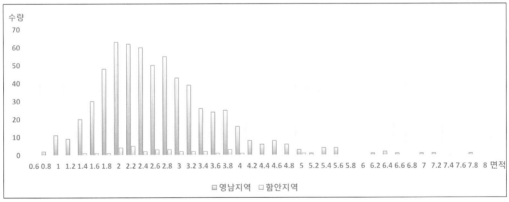

2) 부장유물의 특징

영남지역에서 목관묘의 주요 부장유물은 토기류 중에서는 주머니호와 조합식우각형파수부호, 단경호 등이 중심이 되고, 철기류 중에서는 철검, 철모와 같은 무기류 및 철부, 철사, 철겸과 같은 도구류 등이 주를 이룬다. 지역 간에 기종 유무는 큰 차이를 보

---

18) 영남지역 목관묘는 70여 개소 유적의 약 1,100기가량을 대상으로 분석하여 참고하였다.

이지 않으나 부장유물의 선호도에 있어서 시간과 지역에 따라 차이를 보인다.[19] 함안지역에서 확인되는 부장유물의 기종구성도 영남지역 목관묘의 부장양상과 크게 다르지 않지만, 부장 선호도에 따라서 유물의 기종에 따른 부장 빈도는 차이를 보인다.[20] 함안지역 목관묘에 부장되는 대표적인 유물로는 토기류에서는 주머니호, 조합식우각형파수부호, 단경호, 완 등이 있으며, 철기류 중에서는 단조철부, 철겸, 철검, 철모 등이 주를 이룬다. 이 외에 청동제 유물은 도항리 22호(문)에서 검촉, 26호(문)에서 검초장신구 1점이 확인되었고, 신체 장신구로는 소포리 1호에서 수정제 환옥 6점, 도항리 24호(경)에서 유리제 환옥 72점, 수정제 다면옥 3점, 58호(경)에서 유리제 환옥 1점, 66호(경)에서 수정제 다면옥 1점이 확인되었다. 위신제로 볼 수 있는 청동제 유물과 구슬 장신구류는 그 출토량이 다른 영남지역의 목곽묘와 비교했을 때 매우 빈약한 양상이다.

지표에서 수습된 소형방제경[21]이 있으나 출토지가 불분명하여 논외로 하고자 한다.

토기의 경우 많으면 도항리 24호(경)와 같이 6점이 부장되기도 하나 평균 2점 내외이다. 주요 기종을 살펴보면 I단계인 서기 1세기 중반까지는 주머니호(76%)가 높은 부장 빈도를 보이며, 이와 함께 파수부호(36%)가 부장 빈도가 높은 편이다.[22] 반면에 이 시기의 주요 부장 유물 중 하나인 조합식우각형파수부호(16%)의 경우 부장되는 빈도가 낮은 편이다. 그 외 단경호, 완이 약 20% 내외의 부장 빈도를 보이며, 소옹, 장경호, 옹형토기 등은 부장 빈도가 매우 낮다. II단계인 1세기 후반부터는 주머니호(43%)의 부장 빈도가 크게 줄어들고, 조합식우각형파수부호(57%)가 높은 빈도로 부장된다. 단경호(36%)의 부장 빈도가 증가하고 파수부호가 거의 부장되지 않으면서 이를 대신하여 양뉴부호가 부장되는 것으로 보인다. 전 단계와 비교하면 무문토기 계통의 토기인 두형토기, 소호, 장

---

[19] 채상훈, 「삼한시대 목관묘사회의 중심지 이동에 관한 연구-낙동강하류·태화강지역을 중심으로」, 『문물』 제7호, 2017, 15~20쪽.

[20] 유물부장 빈도는 목관묘에 해당 유물의 수량이 아닌 부장 여부와 관계되며 전체 유적 내에서 확인된 목관묘 수량을 나눈 값에 해당한다[ex: 19기(주머니호가 부장된 목관묘 수) ÷ 25기(전체 목관묘)].

[21] 井上主税, 「嶺南地方 출토 倭系遺物로 본 한일교섭」, 경북대학교 문학석사학위논문, 2006, 67쪽.
井上主税는 함안 사내리 출토품으로 전하는 소형방제경의 경우, 문양과 형태에 있어 목관묘인 김해 양동리 55호, 162호 출토된 방제경과 유사하여 동일한 형식으로 분류하고 있다. 55호는 2세기 전반의 목관묘이고, 162호는 2세기 후반의 목곽묘인 점을 감안한다면 사내리 출토품이 목관묘 출토품인지 목곽묘 출토품인지 불분명하다.

[22] 소포리 5호, 6호 및 도항리(경) 58호의 경우 무문토기 계통의 옹형토기로 표기하고 있으나 기형으로 보았을 때, 훼손된 파수부호의 저부 및 동체하단부의 형태에 가깝다.

〈표 4〉 함안지역 목관묘 주요 출토유물 일람표

시기	유적	유구	관종류	토기류											철기류											옥석류		
				주머니호	조합우각파수부호	파수부호	단경호	완	두형토기	소호	양뉴부호	소옹	장경호	옹형토기	철검	철모	철촉	철겸	단조철부	판상철부	철착	소환두도자	도자	철사	따비	환옥	다면옥	곡옥
Ⅰ단계	소포리	2호	판	●																								
		3호	판	●		●2			●						●	●	●4	●	●	●		●		●				
		4호	통			●																						
		5호	판	●		●													●									
		6호	통	●		●									●	●		●	●		●			●				
		7호	판	●																								
		8호	판	●2			●							●	●	●2		●	●2						●			
		10호	판	●		●						●							●		●							
		11호	판	●							●								●									
		12호	판	●																								
	도항리	22호(문)	판	●2	●										●	●8		●						●				
		23호(분)				●				●																		
		30호묘(경)	판	●	●		●	●2																				
		39호묘(경)	판						●			●																
		47호묘(경)	판				●												●3									
		48호묘(경)	통		●														●									
		58호묘(경)		●		●												●							1		
		59호묘(경)	판	●				●																				
		63호묘(경)	판	●2		●2									●	●2			●									
		70호묘(경)	판	●	●		●														●		●	●			
		72호묘(경)	통	●															●									
		73호묘(경)		●					●																			
		74호묘(경)	통	●				●											●									
		75호묘(징)								●																		
		1호(동)		●		●									●	●												
Ⅱ단계	도항리	목관묘(마)	판		●		●												●2								
		18호(문)			●																						
		24호(문)	판													●			●								
		26호(문)	판	●	●	●	●								●	●			●	●	●						
		21호묘(경)	판	●2	●2																						
		24호묘(경)	판	●	●4						●														72	3	
		25호묘(경)	통	●	●		●																				
		53호묘(경)	판								●				●	●			●	●							
		60호묘(경)	판	●	●		●												●	●							
		65호묘(경)	판	●2	●2														●								
		66호묘(경)															●							●		1	
	말산리	3호	판				●								●	●2	●12	●	●2				●			1	
		11호	판																							1	1
		13호	판								●				●	●2	●2	●	●							2	

경호와 같은 기종이 소멸하고, 완, 옹형토기 등이 부장되지 않으면서 기종이 한정되고 단조로워진 양상이다. 특히나 진·변한지역에서 드물지 않게 부장되는 와질제의 옹형토기의 경우 전혀 확인되지 않는다.

〈표 5〉 함안지역 단계별 주요토기 부장 수량(上) 및 빈도율(下) 비교표

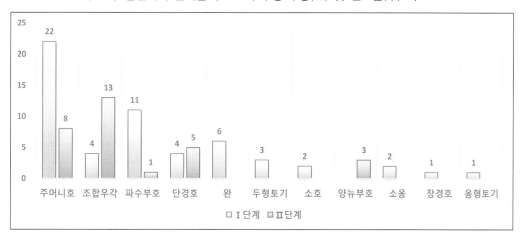

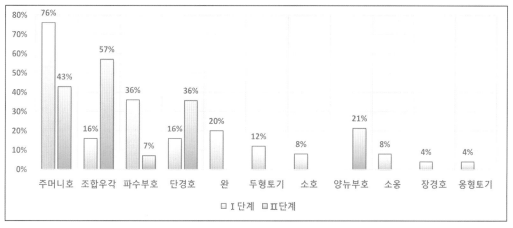

철기의 경우, 토기류와 마찬가지로 평균 2점 내외로 부장되며, 마구류와 닻형철기와 같은 위신재는 확인되지 않는다. 철촉의 부장량이 많아 보이나 22호에서 8점, 47호에서 3점이 몰려 있는 양상으로 부장 빈도는 높지 않은 편으로 주력으로 부장되는 유물은 아니다. 철기의 부장은 주로 농공구인 단조철부와 철겸을 중심으로 이루어지며, 무기류로

철검과 철모의 비중이 높은 편이다. 그 외 철착, 철사, 도자 등이 부장되며, 토기류와 마찬가지로 특수기종 없이 단조로운 양상이다.

〈표 6〉 함안지역 단계별 주요철기 부장 수량(上) 및 빈도율(下) 비교표

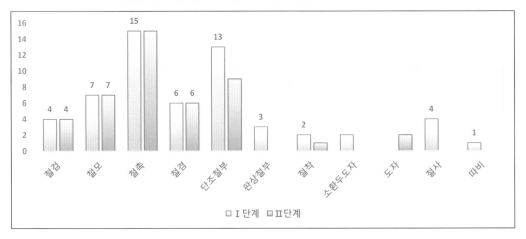

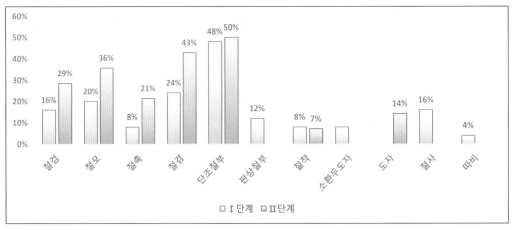

전반적인 조합상에 있어서는 영남지역 목관묘의 부장 양상과는 큰 차이를 보이지 않으나 수량에 있어 Ⅰ단계의 경우 영남지역 평균 부장 수량에 미치지 못하는 편이다. Ⅱ단계부터는 무기류의 비중이 점차 높아지면서 철검, 철모, 철촉 등의 부장 빈도가 증가하는 양상으로, 이로 인해 유물 부장 수량의 경우에 영남지역 평균 부장량과 비교했을 때 큰 차이는 보이지 않다.

〈표 7〉 단계별 함안, 영남지역 부장 유물 평균수량 비교표

지역	유물	B.C. 1세기 중~ A.D. 1세기 중	A.D. 1세기 중~ 2세기 중
함안	토기	2.44	2.21
	철기	2.21	3.21
영남	토기	3.08	2.23
	철기	4.71	3.47

3) 유물 부장 위치 따른 묘광 규모의 변화

대체로 영남지역에서 관의 크기가 커지면서 묘광의 규모도 함께 커지는 경향성이 확인되는데, 함안지역 목관묘의 경우 목관의 크기 변화[23)]와 큰 관련성 없이 유물 부장 위치의 변화와 관련성이 더 높아 보인다. 유물의 부장 위치는 Ⅰ단계인 서기 1세기 중반까지는 위치별로 40~50% 내외의 일정한 비율로 부장되는 양상을 보인다. 기종에 따라서 그 위치를 크게 벗어나지 않는 편으로 관 내부에는 주로 구슬 장신구 또는 철검, 소

---

23) 함안지역 목관 규모 단계별 비교표(上) 및 영남지역 목관 규모 단계별 비교표(下)

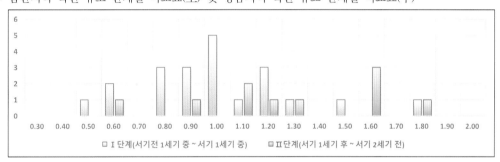

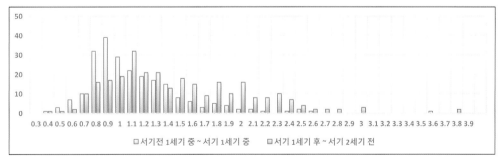

영남지역 전체로 보았을 때 단계를 거듭할수록 관의 크기가 큰 것을 선호하는 경향이 관찰된다. 하지만 함안지역의 경우 묘광의 규모도 작지만 관의 규모도 2.0㎡ 이상의 대형의 것은 확인되지 않으며, 시간의 변화에 따른 큰 상관관계는 보이지 않는다.

〈표 8〉 단계별 토기 부장양상 비교표

단계	유적	유구	관 내부	관 상부	충전토 내부	충전토 상부
I	소포리	2호 목관묘		●		
		3호 목관묘		●	●	●
		4호 목관묘				●
		5호 목관묘		●		●
		6호 목관묘	●	●	●	●
		7호 목관묘		●		
		8호 목관묘	●	●		●
		10호 목관묘			●	●
		11호 목관묘	●			●
		12호 목관묘			●	
	도항리	22호(문)	●		●	●
		23호(문)	●		●	
		30호묘(경)		●	●	
		39호묘(경)	●			
		47호묘(경)	●			●
		48호묘(경)	●	●		
		58호묘(경)		●	●	
		59호묘(경)		●	●	
		63호묘(경)		●	●	●
		70호묘(경)		●		●
		72호묘(경)			●	
		73호묘(경)	●			
		74호묘(경)				●
		75호묘(경)	●			
		1호(동)			●	
II	도항리	목관묘(마갑)			●	●
		18호(문)			●	
		24호(문)			●	
		26호(문)	●		●	●
		21호묘(경)			●	●
		24호묘(경)	●		●	●
		25호묘(경)			●	●
		53호묘(경)	●	●		
		60호묘(경)			●	●
		65호묘(경)	●		●	●
		66호묘(경)	●		●	
	말산리	3호	●	●		
		11호	●			
		13호	●		●	

관 내부: 40.0%, 72.7%
관 상부: 44.0%, 9.1%
충전토 내부: 52.0%, 90.9%
충전토 상부: 48.0%, 63.6%

0.0%   50.0%   100.0%

□ I 단계 □ II단계

호 등이 부장되고, 관 상부에는 파수부호 및 단경호 등이 부장된다. 충전토에는 주로 주머니호, 조합식우각형파수부호와 철제 무기류와 농공구류가 부장되는데, 충전토 상부에는 주로 토기류가 부장되었다. Ⅱ단계인 서기 1세기 후반부터는 관 상부에 유물을 부장하는 비율이 줄어들고, 충전토 내부와 충전토 상부에 유물을 부장하는 비율이 크게 증가한다. 이는 단계를 거듭하면서 전 단계의 주 부장 유물인 파수부호의 부장 빈도가 줄어들면서 관 상부에 유물이 부장되는 비율이 줄어든 것으로 볼 수 있다. 반면에 기형이 큰 조합식우각형파수부호의 부장 빈도가 증가하고 관 주변에 부장되는 경우가 많아지면서 묘광의 하부면적이 넓어지게 되어 묘광의 규모가 자연스럽게 증대된 것으로 볼 수 있다.

이상에서 살펴본 함안지역의 목관묘 특징을 요약하면 다음과 같다.

ⅰ. 상부면적 5.0㎡ 이하의 중·소형 규모의 목관묘가 중심을 이루며 요갱이 설치된 묘제는 확인되지 않는다.
ⅱ. 토기유물의 경우 주머니호, 조합식우각형파수부호, 파수부호, 단경호, 완과 같은 기종이 중심이 되며, 옹형토기는 거의 부장되지 않는다. 철기유물은 일반적인 영남지역 목관묘의 조합상과 큰 차이를 보이지 않는다.
ⅲ. 위신재로 볼 수 있는 청동제 유물과 철제 유물은 거의 확인되지 않는다.
ⅳ. 서기 1세기 중반 이전(Ⅰ단계)까지 파수부호의 부장 빈도가 높아 관상부에 유물을 부장하는 비율이 높았으나, 주 부장 유물이 조합식우각형파수부호로 대체되면서 1세기 후반(Ⅱ단계)부터 충전토 내부에 유물이 부장되는 비율이 증가하면서 묘광의 면적이 넓어진다.

2. 목곽묘

함안지역의 목곽묘는 4세기 이후부터 본격적으로 조성되기에 명확하게 연구대상 범위에 포함할 수 있는 목곽묘는 말산리 2호, 15호 2기에 불과하여 이를 분석하여 그 특징을 파악하기에 무리가 있다. 본문에서는 차후 진·변한 내 다른 지역의 목곽묘와 비교 검토하기 위해 일부나마 그 특징을 살펴보고자 한다.

〈표 9〉 말산리 목곽묘 제원표

유구	규모							유물		
	묘광				목곽			토기	철기	옥석
	길이 (cm)	너비 (cm)	깊이 (cm)	면적 (㎡)	길이 (cm)	너비 (cm)	면적 (㎡)			
2호	315	150	30	4.72	·	·		노형토기, 단경호	·	·
15호	400	244	36	9.76	306	152	4.65	·	철모4, 철겸, 철부, 철촉9,	환옥138, 다면옥2

목곽묘는 말이산 북쪽 능선에 자리 잡고 있으며, 단곽식으로 곽을 설치할 때 나타나는 묘광 바닥의 주혈은 확인되지 않는다. 2호의 경우 잔존상태가 불량하여 목곽의 흔적이 명확히 확인되지 않아 곽의 규모는 알 수 없다. 15호의 경우 묘광의 규모는 9.76㎡으로 비교적 크나 목곽의 면적은 4.65㎡로 함안권역 내 목곽묘의 규모를 분석한 연구를 참고했을 때 중형으로 구분된다.[24] 유물 부장은 2호의 경우 피장자를 중심으로 양단부장하였고, 15호의 경우는 철모를 비롯한 철기 15점을 피장자의 머리 위인 동단벽 아래에 부장하였다. 경식 일부를 제외한 위신재로 볼 수 있는 유물은 확인되지 않으며, 공통적으로 내부에서 출토된 유물은 규모에 비해 빈약한 양상으로 함안 주변과 서부경남지역의 다른 목곽묘의 부장 양상과 크게 다르지 않다. 분석 대상 유구가 적어 그 특징을 밝히기에는 무리가 있으나 이상을 정리하면 다음과 같다.

ⅰ. 목곽은 단곽식의 목곽묘로 규모는 함안권역의 목관묘와 비교하면 중·소형으로 구분된다.

ⅱ. 부장 유물은 규모에 비해 소량으로 2~3세기 영남지역 내 중·소형 묘제의 매장 양상 유사하다.

ⅲ. 위신재로 볼 수 있는 유물은 확인되지 않는다.

---

[24] 김미정, 「함안지역 목곽묘의 유형과 변천－함안식 목곽묘의 설정－」, 계명대학교 대학원 역사·고고학과 석사학위논문, 2020.
　　김미정은 함안지역에서 확인된 목곽묘 전수를 곽 규모에 따라 분석한 결과 초대형(9㎡ 이상), 대형(7.5~9㎡ 미만), 중대형(5.5~7.5㎡ 미만), 중형(3.5~5.5㎡ 미만), 소형(3.5㎡ 미만)으로 구분하였다.

Ⅳ. 안야국의 중심과 진·변한에서의 위치

앞서 안야국의 영역인 함안지역의 목관묘 및 목곽묘의 편년과 그 특징을 정리하여 보았다. 이를 바탕으로 좁게는 함안지역 내 주요 유적인 소포리와 도항리유적을 조성한 두 정치체 간의 관계를 살피고, 넓게는 진·변한의 다른 유적과 비교하여 함안지역의 정치체인 '안야국'의 성격과 진·변한 내에서 그 위치[25]를 검토해 보고자 한다.

1. 안야국의 중심

함안지역 정치체인 '안야국'은 현재까지의 자료만을 놓고 보면 유구와 유물 간에 명확한 계층성이 확인되지 않고 인근의 창원을 비롯한 김해, 경주지역의 정치체와 달리 계층분화가 세분하게 일어나지 않았을 가능성이 높아 보인다. 이것은 여러 이유가 있겠지만 도항리 도동 지석묘군의 하한을 서기전 3~2세기까지 내려 볼 수 있다면 비교적 늦은 시기까지 청동기시대 문화가 잔존한 것[26]과 기존의 정치체는 존재했지만 영남의 다른 지역에 비해 비교적 늦은 시기에 목관묘와 관련된 문화가 수용되었기 때문으로 추정된다. 도항리와 소포리 유적의 상한이 거의 차이가 없는 점으로 보았을 때, 목관묘 문화는 서기전 1세기 전반을 전후하여 함안지역 내의 여러 집단에 차등 없이 파급되었을 것으로 생각된다.

『咸州誌』에 근거하면, 농업에 유리한 지역은 대체로 지금의 함안면에 해당하는 상리지역, 하리지역, 군북면의 대곡리, 안도리 지역 등이 언급되는데 이들 지역은 대부분 지석묘가 밀집되어 나타나고 있다.[27] 이러한 점에서 본다면 소포리와 도항리 집단을 비롯

---

[25] 여기서 말하는 위치는 지리적 위치가 아니라 진·변한에서 안야국의 사회적 지위나 위상을 의미한다.

[26] 이동희는 도항리 도동 지석묘군 출토 단도마연토기의 형식이 청동기시대 늦은 시기(최헌섭, 「함안 도항리 선사유적」, 『한국상고사학보』 10, 1992, 기원전 4-3세기)로 비정되고 있고, 도동 '바'호 지석묘가 앞 시기에 조성된 송국리형주거지를 파괴하고 축조되는 양상을 보았을 때, 비교적 늦은 시기인 서기전 3~2세기 대까지 내려다 볼 수 있을 것으로 보았다.(이동희, 앞의 논문, 2018, 44쪽) 늦은 시기까지 청동기문화가 잔존했다면 서기전 2세기 이전으로 소급되는 대구 월성동, 팔달동 시기의 목관묘 및 목관묘군(群)이 확인되지 않는 점 등이 이해될 수 있다. 서부경남지역에서 가장 이른 시기의 목관묘는 거창 정장리(Ⅱ지구 47호, Ⅲ지구 202호 목관묘)에서 확인되나 함안지역과는 거리가 있다.

[27] 남재우, 「安邪國의 成長과 對外關係 研究」, 성균관대학교 대학원 박사학위논문, 1998, 42쪽.

한 다수의 집단이 함안지역 내의 수계와 평야를 기반으로 존재했을 가능성이 높다고 생각된다. 현재까지 확인된 유적이 2개소로 한정되어 각 지역 집단 간의 명확한 관계는 알 수 없으나 고고자료를 토대로 본다면 가야읍 도항리 목관묘와 군북면 소포리 목관묘의 경우 우열관계를 논하기 힘들다. 두 유적을 조성한 집단은 부장 유물의 동질성과 지리적으로 인접한 남강 및 산지에 둘러싸인 동일한 권역에 위치한 점으로 보았을 때 동질의식을 가진 집단이었을 것으로 보이며, 유구 수량과 유물의 격차가 크지 않은 점 등으로 미루어 보아 1세기 이전까지는 상대적 격차는 존재하나 대등한 정치체로서 존재했을 가능성이 높아 보인다. 이런 점으로 보아 서기전 1세기 이전까지의 함안지역 목관묘 사회 구조는 이 시기까지는 읍락단계로 이행하지 못하였던 것으로 보이며, 취락단계에 머물러 있었던 것으로 생각된다.[28] 그러나 서기 1세기 이후로 가야읍 도항리지역은 지속해서 묘제가 조성된 반면에 소포리지역은 묘제의 조성이 단절되는데, 이러한 양상으로 보았을 때, 소포리 집단은 도항리 집단과 같이 지역중심지로서 성장하지 못하고 쇠퇴하였을 가능성이 높다. 그러한 이유에는 지정학적 문제가 배경이 된 것으로 보인다.

군북면을 중심으로 한 소포리집단의 경우 가야읍보다 비교적 좁은 석교천에 인접한 곡간평야에 기반하고 있다. 이 지역은 근래에 도로가 설치되어 현재는 남쪽의 진동만과 통교할 수 있으나 과거에는 산맥에 막혀 해안의 접근에 용이하지 않고 고립된 지역이었다. 또한 북동쪽의 남강을 이용한 교통로를 제외하고는 이렇다 할 교통로기 없고, 분포 범위가 좁아 하나의 읍락 단위에 불과하여 자체 성장에는 문제 없지만 주변 읍락을 아우르며 성장하기에는 지정학적으로 봉쇄된 지역에 가깝다.[29] 반면에 가야읍에 위치한

28) 이재현, 앞의 논문, 2003, 183쪽. 변·진한 정치체의 성장과정 모델

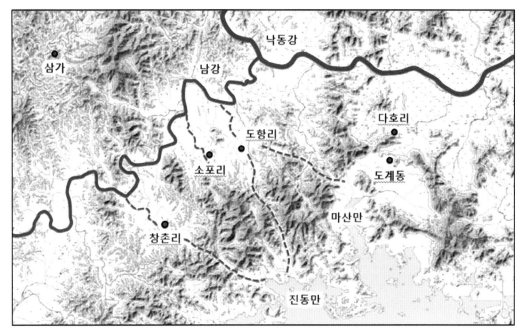

〈삽도 4〉 함안지역 주변 교통로와 목관묘유적(●)

도항리집단의 경우 함안천 주변으로 습지의 피해가 적은 넓은 가경지가 형성되어 있으며, 남강을 통한 대외교류로 성장하기 유리한 지정학적 중심지에 위치하고 있는 장점이 있다.[30] 그리고 남쪽으로 형성된 구조곡인 '한티재'를 통해 진동만에 접할 수 있으며, 동쪽으로는 '마잿고개'를 지나 마산만과 당시의 중심지인 창원지역으로 통교할 수 있는 이점이 있다. 이러한 지리적인 차이가 결정적으로 양 지역 간의 격차를 가지고 온 것으로 생각되며, 대등 정치체로서 연합체적 성격을 가지던 함안지역의 정치체가 서기 1세기 이후 도항리 집단을 중심으로 한 소국으로 발돋움할 수 있는 계기가 되었던 것으로 생각된다. 소포리 지역에서 서기 1세기 이후의 목관묘가 확인될 수도 있으나 현재까지의 조사결과 만을 놓고 보았을 때 가야읍지역이 안야국의 국읍에 해당하고, 인근으로 소포리와 같은 여러 읍락과 촌락이 분포한 것[31]으로 추정된다.

---

29) 이동희, 앞의 논문, 2018, 56쪽.

30) 남재우, 『安邪國史』, 혜안, 2003.

31) 남재우, 앞의 논문, 1999, 27쪽.

2. 진·변한에서의 안야국의 위치

　　기원전 1세기 전반 이전까지의 진·변한의 중심은 팔달동유적이 위치한 대구분지를 중심으로 한 금호강 하류지역이었다. 이 시기까지만 하더라도 묘제에 부장되는 유물의 편차가 그리 크지 않았고, 지역마다 인구밀도에 따른 규모의 차이를 보일지언정 유력자 간의 경제적 차이는 그리 크지 않았던 것으로 보인다.[32] 그러나 기원 전후한 시기부터 본격적인 철 생산과 이에 따른 교역이 활발히 이루어지면서 그 이전과 다른 큰 변화를 맞이하는 것으로 보인다. 그 결과, 각종 위세품의 질적 변화와 양적 부장량이 증가하는 패턴[33]을 보이는데, 이러한 양상이 지역별로 달라 지역 간의 격차가 벌어지고, 진·변한 내 유력한 중심지가 형성되는 계기가 되는 것으로 생각된다. 이러한 중심지는 변한의 경우 다호리유적을 중심으로 한 창원지역,[34] 진한의 중심지는 경산지역[35]이었던 것으로 보고 있다. 이 지역에서는 일정한 묘역 내에 다수의 묘제가 군집화된 양상을 보이며 다량의 위신재가 부장된 다호리 1호, 양지리 1호와 같은 유력 개인묘[36]가 확인되어 계층화가 더 세밀하게 이루어진 것으로 보인다. 이들 중심지와 인접한 지역이거나 중심지와 이어지는 길목에 위치한 정치체[37]는 반사이익으로 함께 성장하는 것으로 보이나, 중심지에서 벗어난 곳은 그렇지 못한 양상을 보인다. 서기 1세기 후반 이후로 경주 및 김해지역으로 중심지가 이동함에 따라 중심과 주변의 격차는 더욱 벌어지며, 그 격차는 중심지와 이격된 진·변한의 외곽지역에서 더 크게 나타난다.

　　안야국이 위치한 함안지역은 이 중 진·변한의 중심에서 벗어난 외곽에 해당하며, 위신재가 다량 부장된 개인 유력묘로 볼 수 있는 묘제가 현재까지 명확히 확인되지 않는 등 문화지체가 뚜렷이 나타나는 지역으로 볼 수 있다. 인근에 위치한 창원지역과 거리

---

32) 채상훈, 「辰韓지역 목관묘사회의 중심지 이동양상에 관한 연구」, 『문물』 제10호, 2020, 56쪽.

33) 김민철, 「對外交流와 威勢品으로 본 首長層의 出現」, 『영남지역 수장층의 출현과 전개』, 제28회 영남고고학회 정기학술발표회, 2019, 128쪽.

34) 이창희, 「변한사회의 중심지 이동론 - 다호리집단의 이주와 김해지역의 성장 -」, 『영남고고학』 76號, 2016, 46~47쪽.

35) 방선지, 「금호강 유역의 목관묘 연구」, 고려대학교 대학원 석사학위논문, 2015, 71쪽.

36) 일정 집단의 지도자에 해당하는 유력자의 묘제로 볼 수 있으며, 그 기준으로는 묘제의 입지와 규모, 유물의 후장, 위신재의 부장유무 등을 들고 있다.

37) 울산, 포항, 영천 등지에 위치한 정치체가 여기에 해당한다.

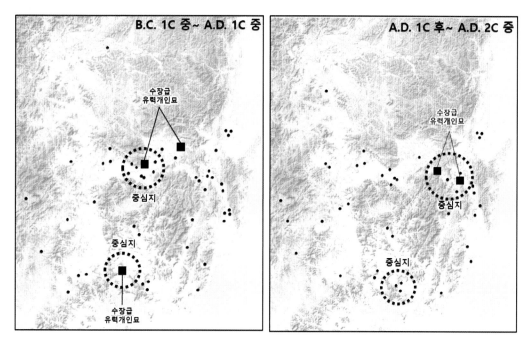

〈삽도 5〉 서기전 1세기 중반 ~ 서기 2세기 중반의 목관묘유적과 진·변한의 중심지

상으로 가까운 편이나, 소곡부와 남강을 통해 외부와 연결되고 있을 뿐 지형적으로 산지에 의해 둘러싸여 있어 개방된 지역이 아니다. 또한 칠서지역에 위치한 정치체[38]에 의해 차단되어 있고, 해안을 끼고 있지 않아 직접적인 문화수급에 용이한 지역도 아니었던 것으로 보인다. 이러한 문화지체는 인근에 위치한 국제교역항인 늑도의 쇠퇴와 더불어 가속화된 것으로 보이며, 2세기 이후로도 지속 심화된 것으로 보인다. 이는 함안지역 외에도 합천지역 및 서부경남지역 전체에 공통되어 나타나는 현상이다. 이 지역은 중심지와 그 주변에 해당하는 형산강 유역, 금호강 유역과 고김해만이 위치하던 곳과 달리 현재까지 목관묘 및 이와 관련된 유적이 확인된 사례는 극소수로 거창 정장리유적과 합천 삼가, 저포, 성산리유적, 진주 창촌리 유적 등 일부에 그친다. 유적의 수와 조사된 목관묘는 그리 많지 않으며, 대부분 함안과 합천지역의 소규모 분지와 곡간평야에 분산되어 위치하고 있다. 또한 위신재가 다량 부장된 개인 유력묘는 확인되지 않으며, 유물의 수량도 적다. 유구의 수량이 적어 명확하게 각 지역별 특색은 알 수 없으나, 그

[38) 대체로 '칠포국'으로 추정하고 있다.

중 조사가 어느 정도 진행된 합천지역의 경우에는 타 지역과 달리 함안지역과 매장문화
와 유사한 양상을 보인다.

〈표 10〉 합천지역 목관묘 단계별 주요 출토 유물 일람표

단계	유적	유구	토기류									철기류											기타
			주머니호	조합우각	파수부호	단경호	완	유개대부호	양뉴부호	고배	옹형토기	철검	철모	철촉	철겸	철도	단조철부	철착	소환두도자	도자	철사	따비	
I 단계	삼가(동)	5호					●																
	성산리	2호	●	●		●									●		●						
	성산리	6호	●			●2						●	●		●		●	●					
	성산리	10호	●									●	●	●		●	●	●			●		
	성산리	13호	●	●2	●												●						
	성산리	14호		●								●	●				●	●		●	●	●	
II 단계	삼가(경)	2호								●													환옥11
	삼가(경)	3호																					환옥440
	삼가(동)	1호				●									●		●						환옥6
	삼가(동)	6호	●	●										●2			●						
	삼가(동)	7호		●																			
	성산리	1호		●		●						●			●								환옥1326
	성산리	3호		●2	●							●	●					●					
	성산리	7호		●											●								
	성산리	8호		●		●						●	●	●	●								
	성산리	9호												●			●			●			다면옥1
	성산리	12호															●						환옥722
	성산리	13호																					산반옥1
	성산리	15호						●															환옥1891

　　합천지역과 함안지역의 목관묘를 비교했을 때 부장 유물의 기종 구성에 공통점이 확
인된다. 합천지역 목관묘의 전체 표본이 적어 유물 부장의 경향성을 파악하기에는 무리
가 있지만 대략 이를 단계별로 살펴보면 다음과 같다. 서기 1세기 중반(I단계)까지의
합천지역 기종의 구성은 비교적 단순한 편으로 주머니호, 조합식우각형파수부호, 단경
호를 중심으로 부장이 이루어지고 있다. 철기의 경우 단조철부를 중심으로 철검, 철모,
철촉, 철착 등이 주로 부장되는데, 토기와 마찬가지로 함안지역의 유물 부장 양상과 큰

차이를 보이지 않는다. 서기 1세기 후반(Ⅱ단계) 이후로는 토기의 경우 주머니호의 부장 비율이 줄고 조합식우각형파수부호, 단경호를 중심으로 부장되며, 2세기 중반 이후의 목관묘에서는 유개대부호와 고배가 확인된다. 철기유물의 부장 양상의 경우 부장되는 기종이 줄어들고, 비교적 구성이 단순한 양상을 보인다. 서기 2세기 중반 이후로 유개대부호와 고배의 부장이 확인되는데, 이를 제외한 2세기 전반까지의 함안지역 목관묘와 공통성을 살펴보면 다음과 같다.

ⅰ. 위신재로 분류되는 청동제유물 및 철기유물[39]의 부장이 거의 이루어지지 않는다.
ⅱ. 1세기 중반 이전까지 주머니호를 중심으로 부장이 이루어졌으나, 1세기 후반 이후로는 조합식우각형파수부호로 주기종이 전환된다.
ⅲ. 옹형토기 부장이 거의 이루어지지 않는다.
ⅳ. 묘광의 규모면에 있어서 대체로 3.6㎡ 이하의 중·소형 목관묘가 다수를 이루고 있으며, 5.0㎡ 이상의 대형의 목관묘[40] 및 요갱이 설치된 묘제가 확인되지 않는다.

반면에 함안 인근의 일반성면에 위치한 진주 창촌리유적의 목관묘의 부장 양상은 함안 및 합천지역과 달리하고 있다. 창촌리에서 확인된 목관묘인 B-25호는 2단 굴광으로 조성된 적석목관묘로 추정되며, 부장된 유물로 보았을 때 서기전 1세기 중반경에 조성된 것으로 보인다. 내부에서 확인된 유물은 주머니호, 대부주머니호, 조합식우각형파수부호, 파수부호, 옹형토기, 컵형토기, 개, 소환두도자로 추정되는 철기 등 비교적 다양하며, 모두 18점으로 위신재로 볼 수 있는 유물은 없으나 부장 유물 수량은 많은 편이다.

---

39) 마구류 및 철제 의기류인 닻형철기 등이 여기에 해당한다.
40) 합천지역 목관묘 상부면적 도수분포표

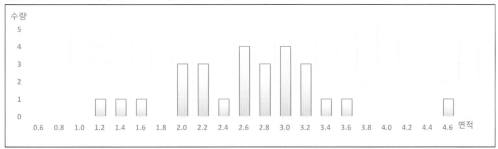

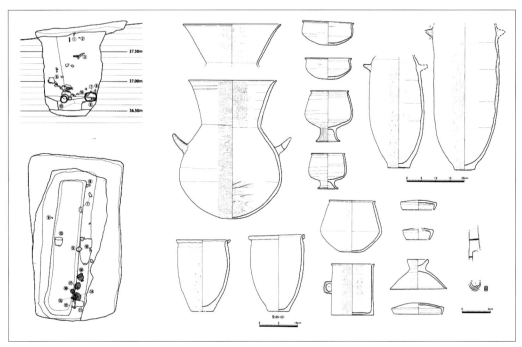

〈삽도 6〉 진주 창촌리 B-25호 및 출토 유물

기종 구성이 단순한 동일시기 함안지역 목관묘 구조와 부장 양상과는 차이를 보이며, 이러한 매장 습속으로 보았을 때 함안지역에 인접하여 있다고는 하나 문화적으로 구분되는 정치체가 일반성면을 포함한 남강 중상류지역인 진주지역을 중심으로 존재했을 가능성이 있어 보인다. 이 시기 진주지역의 정치체의 실체는 현재까지 확인된 바가 없어 명확하게 제시할 수 없으나 남강 주변으로 확인되는 청동기시대 취락의 규모와 진주 평거동유적에서 확인되는 3세기의 주거지 및 두형토기[41]의 존재와 주변에 위치한 사천 방지리유적, 늑도와 그리 멀지 않은 곳에 위치한 점 등으로 미루어 보았을 때, 함안지역의 정치체와는 구분되는 정치체가 존재했을 가능성이 높을 것으로 생각된다.

　이러한 정황으로 보았을 때, 목관묘가 성행하던 시기인 2세기 전반까지의 '안야국'은 함안분지권과 군북권을 합친 범위[42]로 그 영역이 한정되어 있었을 것이며, 진주 동쪽

---

41) 경남문화재연구원, 『진주 평거동유적Ⅲ －선사시대－』, 2012, 579쪽.
　진주 평거동유적에서 확인된 나-1호 매장유구의 훼묘갱에서 두형토기가 출토되었는데, 이는 청동기시대 매장유구의 훼묘시기와 관련된 것으로 보고 있다.
42) 이동희, 앞의 논문, 2018, 73쪽.

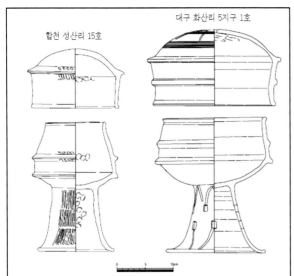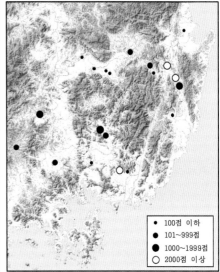

〈삽도 7〉 합천 성산리 및 대구 화산리 유개대부호(左)와
서기 1세기 후반~2세기 전반의 목관묘 출토 구슬 장신구류 수량에 따른 분포도(右)

지역인 일반성면[43]은 넘어서지 않았던 것으로 추정된다. 의령지역에서 목관묘와 이와
관련된 유적은 거의 확인되지 않아 명확하게 알 수 없지만, 의령지역을 포함한 합천지
역부터 함안지역까지는 어느 정도 문화적인 동질성을 가진 집단이었을 가능성이 높아
보인다. 다만 이러한 양상도 2세기 중반 이후로 지역에 따라 변화하기 시작하는 것으로
추정된다. 합천 성산리유적 15호 목관묘에 부장된 유개대부호의 경우, 대구 화산리유적
의 목관묘 부장품[44]과 유사하며 15호의 경식에 구성된 환옥 1,891점을 보았을 때, 당시의
중심지인 김해·경주지역 등 직간접적인 교류가 있었던 것으로 생각된다. 이를 통해 보
았을 때, 2세기 전반까지 합천지역과 함안지역이 진·변한의 변방에 속하여 유사한 매
장문화를 공유하고 있었지만, 그 이후부터 지역에 따라서 인접한 정치체 및 중심지와의
교역의 영향으로 각 정치체만의 고유 매장문화를 만들어간 것으로 이해된다.

---

[43] 이동희는 진주 사봉산업단지 내 목관묘에서 확인되는 4세기대의 아라가야 토기 및 5세기대의 화염문
투창고배를 보았을 때, 진주시 동부권 일대는 4세기 이후에서나 안야국의 후신인 '안라국'의 영향권
에 들어가는 것으로 보고 있다.
[44] 대구 화산리 2지구 4호 목관계목곽묘, 5지구 1호 목관계목곽묘 출토 유개대부호가 여기에 해당한다.

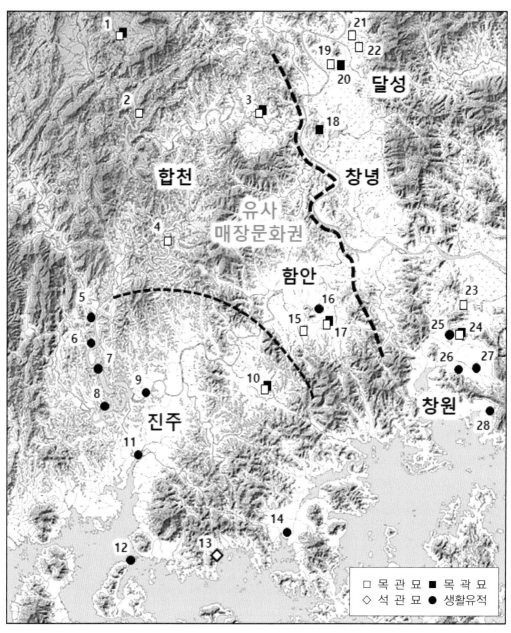

〈삽도 8〉 삼한시대 함안 및 주변지역의 유적 분포도

1. 정장리	2. 저포	3. 성산리	4. 삼가	5. 사월리	6. 소남리
6. 상촌리	8. 봉계리	9. 평거동	11. 방지리	10. 창촌리	12. 늑도
13. 솔섬	14. 동외동	15. 소포리	16. 신음리	17. 도항리	18. 초곡리
19. 화산리	20. 고봉리	21. 성하리	22. 봉리	23. 다호리	24. 도계동
25. 남산	26. 창곡동	27. 성산패총	28. 석동		

3. 목곽묘에서 나타나는 문화지체

서기 2세기 중반 이후부터 영남지역에서는 본격적으로 목관묘에서 목곽묘로 전환이 이루어지기 시작한다. 함안지역도 마찬가지로 이러한 전환이 확인되나 현재까지 확인된 2~3세기의 목곽묘는 말이산 북쪽 능선에서 확인된 일부를 제외하고는 그 실체가 모호하다. 말산리 15호의 경우 9.7㎡의 장방형의 목곽묘이지만 내부에서 확인되는 유물은 앞서 살펴보았듯이 규모에 비해 매우 빈약하며, 이는 말산리 2호 또한 마찬가지다. 3세기에 작성된 『삼국지·위지·동이전』의 기록[45]으로 미루어 보면 안야국은 삼한 소국 중 비중 있는 존재로 추정하기에 묘제의 조성이 단절되었다고 보기는 힘들며, 다만 그 이전부터 지속된 문화지체 현상이 지속되고 있었을 가능성은 높아 보인다.

서기 1세기 후반부터 변한의 대외교역 시스템이 김해 중심으로 재편되면서[46] 2세기 중·후반부터 김해지역을 중심으로 양동리 162호분, 구지로 38호분 등과 같은 유력자에 의해 조성된 대형목곽묘가 등장한다. 기존에 조성되던 목관묘와 달리 일반민의 무덤과 구별되는 묘역의 입지조건을 가졌으며, 매장주체부의 대형화, 부장 유물의 양적인 증가, 철제 무기류의 폭발적인 매납 등을 주요 특징[47]으로 하고 있다. 서기 2~3세기의 변한의 영역으로 추정되는 범위 내에서는 김해지역을 제외하면 이러한 목곽묘는 현재까지 확인되고 있지 않으며, 함안지역을 포함한 서부경남지역의 경우 그 차이가 더욱 극명하다. 이 시기의 함안지역 주변과 서부경남지역에서 목곽묘가 확인되는 곳은 말산리유적을 비롯한 거창 정장리유적, 합천 삼가유적, 성산리유적 진주 창촌리유적으로 한정된다.

서부경남지역에서 가장 많은 목곽묘가 확인된 거창 정장리 유적에는 Ⅲ-86호와 같이 2중의 내외곽식의 대형 목곽묘가 확인되고 있으나 내부에서 확인되는 유물은 규모에 비해 굉장히 소량이다. 위신재로 볼 수 있는 유물은 마구류인 표비 1쌍이 유일하다. 86호를 중심으로 열상으로 분포하고 있는 대형의 목곽묘인 65·74·81·163·258호의 경우도 규모에 비해 빈약한 부장 양상을 보인다. 목곽묘도 소형이 많고 이중곽의 존재나 목관묘인지 목곽묘인지 불분명한 것이 다수이며, 와질토기의 부장도 매우 빈약하고 조합

---

45) 『三國志』卷三十 魏書 東夷傳. "臣智 或 加優呼. 臣雲 遣支報, 安邪 踧支濆. 臣離兒 不例, 拘邪 秦支廉之號."

46) 이창희, 앞의 논문, 2016, 50~51쪽.

47) 이주헌, 앞의 논문, 2004, 27쪽.

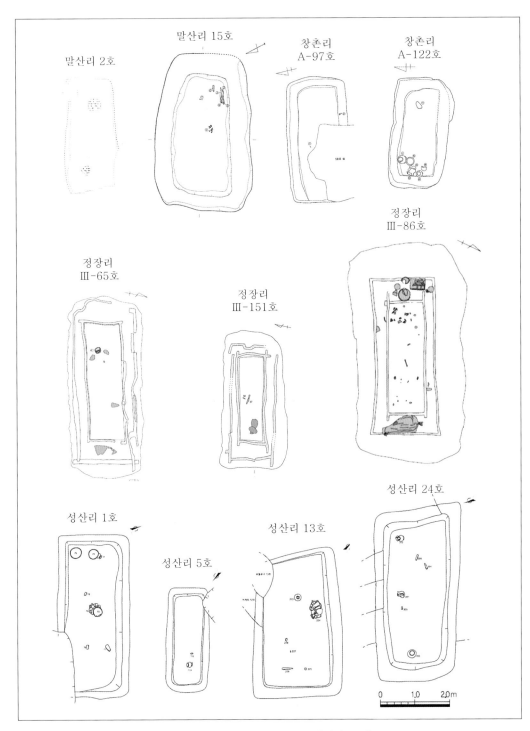

〈삽도 9〉 서부경남지역의 2~3세기대 목곽묘

식우각형파수가 궐수문표비와 공반되는 등 문화지체가 현저한 것으로 보고 있다.[48] 진주 창촌리유적에서도 2~3세기의 목관묘[49]가 일부 확인되고 있으나 말산리 2호, 15호 목곽묘의 양상과 크게 다르지 않다. 대형의 목곽묘 없이 중·소형 규모의 목곽묘만 확인되며, 내부에는 토기 2~3점 및 철촉이 일부 확인되는 등 부장 유물은 소량에 그친다. 당시 중심지로 추정되는 김해, 부산, 경주지역과는 비교할 수 없는 양상으로 지역 정치체 간의 상대적인 위계는 서기 4세기 이후로 본격적인 고총고분이 축조되기 전까지는 그 격차가 점점 더 벌어지고 있던 것으로 보인다. 이러한 문화지체 현상은 이 지역에서만 그치지 않고 인접한 창원지역, 창녕지역, 남해안지역에 위치한 대부분의 정치체에서 공통적으로 나타나는 현상으로 보이며, 이 상황이 지속되다 포상팔국의 난으로 이어진 것으로 추정된다.

　포상팔국의 난이 발생한 원인[50]으로 들고 있는 것 중 교역권의 쟁탈이 있다. 변한지역의 경우 앞서 설명하였듯이 서기 1세기 이후 교역의 흐름이 변화하여 국제교역항인 늑도가 쇠퇴하고 김해지역이 대두되는데, 그 결과로 대부분의 부가 김해지역 및 부산지역인 낙동강 하류지역에 위치한 정치체로 집적되는 것으로 보이며 그 과정에서 양동리 162호분과 같은 묘제가 나타난다. 여기서 교역권은 변한에서 철기 생산과 교역[51]이 가지는 비중을 생각해보면 의미 있는 해석으로 생각되며, 그러한 불균형한 상황을 잘 보여주는 것이 함안지역을 포함한 김해 서쪽에 위치한 정치체의 2~3세기 대 목곽묘라 볼 수 있다. 이들 정치체들도 모두 동일한 위계는 아니었던 것으로 보이며, 그들 간의 상대

---

48) 이창희, 앞의 논문, 2016, 52쪽.
49) 보고자에 의해 2~3세기의 분류되는 목곽묘는 A-97호, A-122호, A-124호, A-126호, A-130호가 해당한다.
50) 남재우, 「柒浦國의 성립과 변천」, 『한국상고사학보』 61권, 2008, 77쪽.
포상팔국 전쟁에 대한 연구자들의 견해

연구자	백승충	이현혜	권주현	김태식	백승옥	남재우
전쟁시기	3세기 초반	3세기 초반	3세기 초반	4세기 전반	3세기 후반	3세기 말
전쟁대상	김해	김해	김해	김해	김해와 함안	함안
전쟁목적	구야국의 쇠퇴로 인한 교역권을 둘러싼 대립	교역권을 둘러싼 대립	변한제소국의 주도권 쟁탈전(안야국 중심의 포상팔국지역 연맹체와 금관가야 중심의 지역 연맹체)	해상교역권을 둘러싼 가야세력권의 내분	교역권 쟁탈과 농경지 확보를 위한 내류지역 진출	농경지의 확보를 위한 내륙지역으로의 진출

51) 『三國志』 卷三十 魏書 東夷傳 韓傳. "國出鐵, 韓·濊·倭 皆從取之. 諸市買皆用鐵, 如中國用錢, 又以 供給二郡."

적인 격차도 존재했을 것이다.

　서기 2~3세기 진한지역의 경우 수계와 교통로가 되는 구조곡을 중심으로 다량의 묘제와 이와 관련된 유적이 확인되고 있어 소국의 대략적인 위치 지정할 수 있으며, 지역 정치체 간의 상대적인 위계 차이가 구분 가능하다. 그러나 변한의 경우 소곡부나 분지를 중심으로 점상으로 분포하고 있으며, 김해지역의 정치체인 구야국을 제외하고는 정치체 간의 위계의 차이가 불분명할 만큼 차이를 보이지 않는다. 다만 몇 가지 정황으로 보았을 때, 문화지체가 현저한 지역에 위치하고 있더라도 각 정치체간의 격차는 존재했던 것으로 보인다. 안야국의 경우『삼국사기』의 기록에 소국이 연합하여 공격한 정황[52]이 있으며,『삼국지·위지·동이전』의 기록[53]과 늦어도 2세기 후반대의 것으로 볼 수 있는 함안 사내리 소형방제경의 존재, 곡물 생산에 용이한 상대적으로 넓은 평야를 끼고 있는 점으로 보아 비교적 규모가 있던 국읍으로 추정된다. 다만 현재까지의 고고학적 정황으로 보았을 때, 진·변한의 정치체 중 손에 꼽을 수 있는 세력이라기보다 낙후된 지역의 변한의 소국 중에서 그나마 눈에 띌만한 국력을 가지고 있던 정치체였을 가능성이 높아 보인다. 그런 점으로 보아 3세기부터 독보적인 국력이 있어 영역을 확장해 나갔다기보다는 포상팔국의 난 이후로 더욱 더 쇠퇴한 주변지역의 영역을 4세기 이후로 점차 잠식해가면서 안라국으로 성장할 수 있었던 것으로 생각된다.

Ⅴ. 맺음말

　본문에서는 기존의 연구를 참고하여 함안지역의 고고자료를 중심으로 안야국 묘제의 특징을 살피는 한편, 함안지역 및 주변지역의 묘제 양상을 통하여 진·변한에서의 안야국의 위치를 해석해 보았다. 본문은 자료의 한계성으로 인해 기존의 자료와 연구를 정리하는 차원에서 이루어졌는데, 이상을 요약 정리하면 다음과 같다.

　남강 하류에 위치한 함안지역에서는 서기전 1세기경부터 목관묘와 이와 관련된 문화

[52)]『三國史記』卷第四十八 列傳 第八, 勿稽子. "時八浦上國同謀伐阿羅國, 阿羅使來請救. 尼師今使王孫㮈音, 率近郡及六部軍往救, 遂敗八國兵."

[53)] 각주 45)와 동일.

를 가진 대등 정치체들이 확인되며, 기원 전후한 시기에 이루어진 통합의 과정을 거쳐 '안야국'이 성립된 것으로 보인다. 또한 주요 묘제인 목관묘의 규모와 부장 유물의 양상으로 보았을 때, 합천지역과 유사한 양상으로 양 지역에 위치한 정치체들 간에는 친연성이 있었던 것으로 추정된다. 또한 공통적으로 함안지역의 안야국을 포함한 서부경남 지역에 위치한 정치체들은 진・변한의 중심지에서 벗어난 문화지체가 확연한 곳에 위치하고 있어 부장 유물이 빈약하고, 위세품이 거의 확인되지 않는 특징을 보인다. 이러한 중심지와의 격차는 늑도가 쇠퇴하고 변한의 중심이 창원지역에서 김해지역으로 옮겨간 뒤 더욱 심화한 것으로 보이며, 목곽묘가 성행하는 2세기 중반 이후로 상대적인 격차는 더 벌어진 것으로 추정된다. 이는 함안, 합천지역 및 서부경남지역뿐만 아니라 창녕, 창원지역에서도 확인되는 양상으로, 그 격차에 대한 반발로 인해 포상팔국의 난이 발생한 것으로 보인다. 주변의 정치체와 큰 차이를 보이지 않던 '안야국'은 난의 실패로 인해 더욱 쇠퇴한 주변지역을 4세기 이후로 잠식해가며 성장한 것으로 생각된다.

【참고문헌】

1. 보고서, 단행본

경남고고학연구소, 『道項里 末山里遺蹟』, 2000.

경남문화재연구원, 『진주 평거동유적Ⅲ-선사시대-』, 2012.

경남발전연구원 역사문화센터, 『합천 삼가고분군(Ⅱ지구)』, 2013.

경남발전연구원 역사문화센터, 『居昌 正莊里遺蹟』, 2014.

경상문화재연구원, 『대구 달성 대구국가화학산업단지 1단계 내 유적』, 2016.

국립창원문화재연구소, 『咸安道項里古墳群Ⅰ』, 1999.

국립창원문화재연구소, 『咸安 馬甲塚』, 2002.

남재우, 『安邪國史』, 혜안, 2003.

동서문물연구원, 『陜川 三嘉古墳群(Ⅱ지구)』, 2013.

동서문물연구원, 『함안 소포리유적Ⅱ』, 2015.

동아세아문화재연구원, 『咸安 道項里 古墳群-함안 도항리 6-1호분-』, 2008.

삼강문화재연구원, 『晉州 倉村里 遺蹟』, 2010.

한국문화재재단, 『2015년도 소규모 발굴조사 보고서Ⅻ-경남3-』, 2017.

2. 논문

김미정, 「함안지역 목곽묘의 유형과 변천-함안식 목곽묘의 설정-」, 계명대학교 대학원 역사·
        고고학과 석사학위논문, 2020.

김민철, 「對外交流와 威勢品으로 본 首長層의 出現」, 『영남지역 수장층의 출현과 전개』, 제28회
        영남고고학회 정기학술발표회, 2019.

남재우, 「安邪國의 成長과 對外關係 研究」, 성균관대학교 대학원 박사학위논문, 1998.

남재우, 「安邪國의 성장조건과 발전」, 『지역과 역사』 제5호, 1999.

남재우, 「柒浦國의 성립과 변천」, 『한국상고사학보』 61권, 2008.

朴知英, 「한반도 남부 출토 前漢式鏡의 유통체계」, 경북대학교 문학석사학위논문, 2014.

방선지, 「금호강 유역의 목관묘 연구」, 고려대학교 대학원 석사학위논문, 2015.

신동조, 「嶺南地方 原三國時代 鐵斧와 鐵矛의 分布定型 硏究」, 경북대학교 문학석사학위논문,
        2007.

여희진, 「3~4세기 영남지방 노형기대의 전개-조기 신라·가야토기의 지역성과 그 의미-」, 『숭
        실사학』 42, 2019.

윤온식, 「영남지방 원삼국시대 土器'樣式'論의 제기」, 『영남고고학보』 31號, 2002.

井上主稅, 「嶺南地方 출토 倭系遺物로 본 한일교섭」, 경북대학교 문학석사학위논문, 2006.

이동희, 「고고학을 통해 본 안라국의 형성과정과 영역 변화」, 『지역과 역사』 42, 2018

이양수, 「한반도 삼한・삼국시대 동경의 고고학적 연구」, 부산대학교 대학원 박사학위논문, 2010.

이영훈・이양수, 「한반도 남부 출토 오수전에 대하여」, 『永川 龍田里遺蹟』, 國立慶州博物館, 2007.

이재현, 「弁・辰韓社會의 考古學的 研究」, 부산대학교 대학원 박사학위논문, 2003.

이주헌, 「도항리목관묘와 안야국」, 『문화재』 제37호, 2004.

이창희, 「변한사회의 중심지 이동론−다호리집단의 이주와 김해지역의 성장−」, 『영남고고학』 76號, 2016.

정주희, 「咸安樣式 古式陶質土器의 分布定型에 관한 研究」, 경북대학교 문학석사학위논문, 2008.

채상훈, 「삼한시대 목관묘사회의 중심지 이동에 관한 연구−낙동강하류・태화강지역을 중심으로」, 『문물』 제7호, 2017.

채상훈, 「辰韓지역 목관묘사회의 중심지 이동양상에 관한 연구」, 『문물』 제10호, 2020.

최헌섭, 「함안 도항리 선사유적」, 『한국상고사학보』 10, 1992.

부 록

남문외고분군의 역사적 가치와 의미

기록으로 본 남문외고분군

남재우 | 창원대학교 사학과

Ⅰ. 머리말

함안지역에는 가야시기 고분군이 즐비해 있다. 특히 선왕고분군, 덕전고분군, 필동고분군, 신암고분군, 신기고분군, 남문외고분군, 말이산고분군 등은 함안의 중심지에 위치해 있다.

남문외고분군은 餘航山(해발 770m)에서 북서쪽으로 뻗어 내린 능선의 북쪽 끝부분에 위치한다. 고분은 구릉의 정상부에 줄을 지어 축조되어 있다. 동쪽으로는 가야읍이 보이고 북서쪽으로는 三峰山(해발 302m)이 위치한다. 남문외고분군 주변으로는 가야의 고분군이 다수 분포하는데, 서쪽으로는 선왕동 고분군, 필동고분군 등이 있으며, 남동쪽으로는 함안 말이산고분군(사적 제515호)이 위치하고 있다. 남문외고분군의 북서쪽으로는 가야의 王城으로 추정되는 가야리유적(사적 제554호)이 인접해 있다.

말이산고분군과 남문외고분군이 아라가야의 중심지에 위치해 있었으며, 그로 인해 예전부터 널리 알려져 있다. 1587년 편찬된 『함주지』에 그 존재가 기록으로 나타나고 있다. 고분이 위치한 곳은 동말이산, 서말이산이었다. 일제시기에도 일본인들이 가야유적을 조사했는데, 말이산고분군과 남문외고분군(가야리구군·신음리구군)을 하나의 고분군으로 인식하여 60기의 고분에 대해 일련번호를 부여하였다.

하지만 말이산고분군만 '조선보물고적명승천연기념물보존령'에 의해 1940년 7월 도항리고분군과 말산리고분군으로 분리되어 고적 제118호와 제119호로 지정되었다. 해방 이후인 1963년 1월 21일에는 함안 도항리 고분군과 함안 말산리 고분군이 각각 사적 제84호와 사적 제85호로 지정되었다. 1990년대 가야유적 정밀조사과정에서 두 고분군이 하나의 문화권에 속하는 것으로 인식되어 2011년 7월 28일 사적 제515호 함안 말이산고분군으로 재지정되었다.

남문외고분군은 말이산고분군과 함께 존재가치가 높았던 중심고분군이었지만 2000년 8월에서야 경상남도 기념물 226호 남문외고분군으로 지정되었다.

이후 고분군의 성격규명과 가치제고를 위하여 2013년 이후부터 정밀지표조사를 실시했고, 2015년에는 11호분에 대한 학술발굴조사가 이루어졌다. 최근에는 사적 지정을 위한 기초자료 확보를 위해 6·7·15호분에 대한 발굴조사를 시행하기도 했다.

조사결과 말이산고분군과 남문외고분군은 밀접한 관련을 지닌 유적임이 확인되고 있다. 따라서 남문외고분군을 사적으로 승격하고, 고분군 명칭도 말이산고분군으로 바꾸는 것이 바람직하다.

Ⅱ. 조선시대 기록 속의 남문외고분군

『함주지』(1587)에 말이산고분군과 남문외고분군은 동쪽과 서쪽으로 표현되고 있다. 고분이 위치한 지명도 동말이산, 서말이산이었다. 조선시대 후기 지리서에서도 『함주지』와 동일한 내용이 전하고 있다.

"옛 나라 터[古國遺墓] 〈백사리(白沙里) 부존정(扶尊亭)의 북쪽에 옛 나라[古國]의 흔적이 있다. 둘레가 1,606척으로 흙으로 쌓은 터인데, 지금까지도 완연하다. 세상에 전하기를 가야국의 옛 터라고 한다〉 옛 무덤[古塚]〈우곡(牛谷)의 동서쪽 언덕에 옛 무덤이 있다. 높이와 크기가 언덕만 한 것이 40여 기인데, 민간에 전하기를 옛 나라의 왕릉이라고 한다)(『咸州誌』(1587) 고적조)

하리(下里) : 군 관아의 북쪽인데 郡城의 동문안에 客숨 이북은 다 하리에 속한다. 동쪽은 山翼에 잇닿고 남쪽은 上里에 접하고 서쪽은 牛谷을 이웃하며 북쪽은 安仁마을에 다다른다. 남북이 一十리이고 동서가 七리인데 積山을 안과 밖으로 갈라 산 안과 산 밖이라 이른다. 하리에 속한 마을은 十三인데(북촌동, 청우리, 대사동, 동지산, 문라동, 가야동) 이상은 산 안에 속하고 (상검암, 하검암, 우암, 방목촌, 동말이산, 동도항촌, 광정) 이상은 산 밖에 속한다. 이 마을은 자연의 풍경이 좋고 땅은 비옥하며 한고을의 사대부가 많이 거주함이 으뜸이라 한다. 풍속은 소박하고 백성들은 근검하나 순박함과 좋지 못함이 잡다하게 서로 섞여 있다. ……

우곡리(牛谷里) : 군의 관아에서 북쪽 7리에 위치하는데 동쪽은 下里와 인접하고 남쪽은 上里에 다다랐으며 서쪽은 南山里에 잇닿고 북쪽은 白沙里를 접경하니 남북이 11리요, 동서가 8리인데 소속된 마을은 일곱 곳(설곡, 인곡, 신촌, 춘곡역, 도음곡, 서도항촌, 서말이산)이다. 이 마을은 세 부분이 수재를 입으니 살 곳은 한 곳인데 예로부터 사대부들은 道音谷에 살았다. 풍속은 생업에 근실하며 베푸는 데는 인색하였으며, 선비들도 학문을 알려고 아니했다.(『咸州誌』 各里條)

"[동국]여지지에는 다음과 같이 기록되어 있다. 함안군 북쪽의 백사리에 옛 나라 터가 있고, 우곡 동서의 언덕 위에는 옛무덤이 있다. 높이가 다섯 길이 되는 것들이 40여 기인데, 모두 그 나라 임금들의 무덤이라고 노인들이 서로 전한다."(『강계고』(1756) 아라가야국)

"지금[조선]의 함안군 북쪽 백사리에 고국(古國)이 있다. 우곡(雨谷)의 동쪽과 서쪽 경계 위에는 높이가 다섯 장인 옛 무덤 40여 기가 있는데 모두 그 나라 임금들의 무덤이라고 노인들 말로 전하여 온다."(『대동장고』(1818~1821), 제1책 역대고 신라소속제국)

"지금[조선]의 함안군 북쪽 백사리에 고국이 있다. 우곡의 동쪽과 서쪽 경계 위에는 높이가 다섯 장인 옛 무덤 40여 기가 있는데 모두 그 나라 임금들의 무덤이라고 노인들 말로 전하여 온다."(『증보문헌비고』권14 여지고2 역대국계2 아라가야국)

『함주지』를 비롯한 조선후기의 지리서의 내용으로 보아 아라가야의 중심지에 가야시기의 고분군이 존재했음을 알 수 있다. 그 고분군은 우곡을 중심으로 동·서 방향으로 위치해 있었고, 고분이 있었던 산을 동말이산, 서말이산이라 했다. 이로 볼 때 남문외고분군을 말이산고분군으로 통합하는 것이 옳을 것 같다.

Ⅲ. 일제강점기의 말이산고분군과 남문외고분군

1. 말이산고분군 조사

1) 1910년

함안지역 고분군 조사는 일제시기에 시작되었다. 말이산고분군에 대한 일제강점기 최초의 고적조사는 1910년 도쿄제국대학 교수였던 세키노 타다시[關野貞]에 의해서였다. 1910년 통감부의 의뢰를 받아 1914년까지 조선전역의 고건축물을 비롯한 주요 고적과 유물을 조사하였다. 1910년 10~12월에는 한반도 남부지역을 대상으로 조사하였다. 가야권역에 대한 최초의 조사였고, 말이산고분군 역시 조사대상에 포함되었다.

가야고분군에 대한 조사는 유적의 유무와 그 가치를 가늠하는 분포조사였다. 세키노는 조사결과를 실은 글에서 성산(전 가야왕궁지)과 가야동(전 고가야왕궁지), 국사당산성(봉황산성)이 있으나, 이들 중 안라일본부를 비정할 수 있는 증거를 얻지 못했다고 기술하였다. "함안에서는 일정상 발굴할 겨를이 없었다. 가야왕궁지라 칭하는 성산(조남산)의 서북쪽에 작은 구릉(말이산 32~37호분이 위치한 일대)이 있으며, 그 위에 2~3기의 고분이 있다. 그 구릉의 북서쪽에 큰 구릉이 있는데 그 위에는 30기 남짓의 고분이 현존한다"라고 하여 말이산의 조사상황과 현상을 기록하고 있다.

세키노는 이 조사에서 성산서북 가야시대 고분(말이산고분군)을 '을병' 등급으로 평가하였으며, 이는 조선총독부 고적조사 5개년(1916~1920) 계획의 기초가 되어 1917년과 1918년의 발굴로 이어졌다. 1940년의 고적지정에 큰 영향을 미쳤다.

2) 1914년 고적조사

1914년 말이산에 대한 일제의 고적조사는 조선총독부로부터 역사교과서 편찬을 위한 사료조사를 명받은 도쿄제국대학 인류학교실의 도리이 류조[鳥居龍藏]에 의해 실시되었다. 함안지역은 제3차 사료조사 시 진주를 거쳐 고성으로 가던 중 실시되었는데, 유리원판 메모를 참고하면 1914년 1월 말 무렵이다.

도리이는 말이산 북쪽부에 위치한 고분 1기를 발굴하였으나 발굴에 대한 기록은 남기지 않았다. 1915년 쿠로이타 카츠미[黑板勝美]가 말이산고분군을 스케치한 그림을 보면 '鳥居氏 發掘'이라는 메모가 있다. 또 국립중앙박물관 소장의 유리원판 사진에 제3차 사료조사 시 촬영한 고분의 봉토(m130084)와 내부(m130085)의 사진이 있는 것으로 보아 도리이가 직접 고분을 발굴하였음을 알 수 있다. 위치로 보아 현재의 말이산1호분으로 추정된다.

3) 1915년 고적조사

도쿄제국대학으로부터 고대 한일 교섭 관련의 자료수집을 명받은 쿠로이타가 1915년 6월 진주를 경유하여 마산으로 가면서 이틀에 걸쳐 함안지역을 조사하였다.

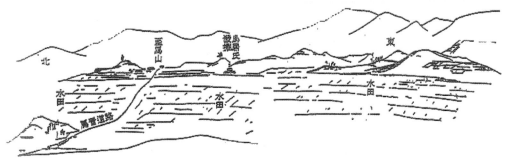

1914년 제3회 사료조사 가야리고분군 전경(국립중앙박물관 소장, 위 사진)
1915년 쿠로이타가 스케치한 말이산고분군(아래 그림)

가야고분과 산성의 관계에 주목하여, 이를 고대 한반도 남부지역(가야)의 특징으로 이해하였다. 국립중앙박물관 유리원판 사진 m150749~150751은 말이산고분군과 성산산성을 하나의 연결사진으로 담아내고 있다.

남문외고분군의 존재가 처음으로 확인된 고적조사였다. 여기에서 이미 파괴되어 있던 석곽묘를 발굴하였던 것으로 알려져 있지만, 조사의 내용이 출장복명서의 단 몇 줄로만 전해지고 있을 뿐이어서 상세한 내용은 알 수 없다. 복명서에는 쿠로이타가 직접 남문외고분군에서 말이산을 바라보고 스케치한 그림이 있는데, 여기에는 말이산의 능선과 고분, 마산－진주 간 도로, 가옥, 논[水田] 등이 그려져 있으며, 도리이가 1914년 발굴한 고분이 명기되어 있다.

4) 1917년 고적조사

일제는 1916년 조선총독부 산하 「고적조사위원회」의 설립과 「고적 및 유물보존규칙」의 제정을 통해 식민지 조선의 역사와 문화에 대한 조사를 착수하였다.

고적조사 5개년기(1916~1920)의 제2차년도인 1917년에는 가야고분에 대한 대규모 발굴계획이 수립되고 실시되었다. 말이산 4호분(당시 34호분)이 발굴되었다. 발굴을 주도한 사람은 훗날 경성제국대학 교수가 되는 이마니시 류[今西龍]였는데, 그는 조선고적조사 초기부터 이에 깊숙이 관여한 대표적인 일제 관학자다. 1916년부터는 고적조사위원에 임명되어 조선의 전국토를 헤집고 다녔다.

1917년 10월 초순에 함안에 도착하여 함안 전역의 고분군, 산성, 왕궁지, 불상, 석탑 등을 조사했다. 말이산에 대해서는 고분 분포와 규모, 현상 등에 대해 비교적 상세히 기록하였다.

특히 말이산고분군(도항리·말산리구군)과 남문외고분군(가야리·신음리구군)을 하나의 고분군으로 인식하여 여기에 분포하는 고분 60기에 대해 일련번호를 부여하였다.[1]

말산구군 1~39호, 도항구군 40~45호, 가야구군 46~49호, 신음구군 50~60호였다.

---

[1] 朝鮮總督府, 『大正六年度古蹟調査報告』, 1920.

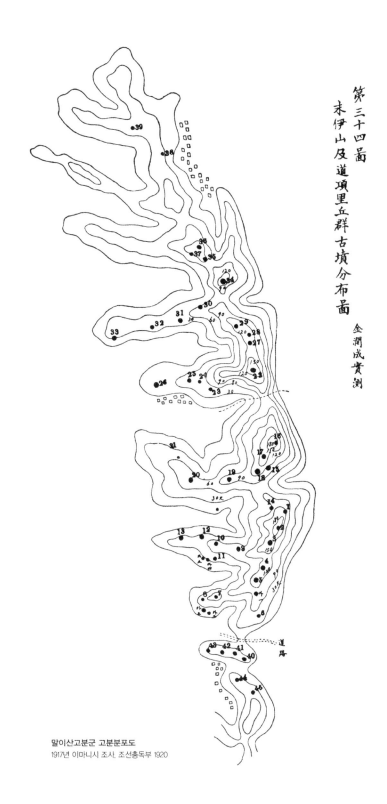

第三十四圖
末伊山及道項里丘群古墳分布圖 金澗成實測

말이산고분군 고분분포도
1917년 이마니시 조사, 조선총독부 1920

5) 1921년 이후

가야고분군은 고적조사 5개년기(1916~1920)에 집중 발굴되었지만, 이후 20여 년간은 거의 방치되다시피 하였다. 이로 인하여 유적에 대한 극심한 파괴와 훼손이 거듭되었고, 위기를 느낀 조선총독부는 1933년「조선보물고적명승천연기념물 보존령」을 제정하였다.

말이산고분군은 보존령 제정 7년 후인 1940년 7월 고적으로 지정되었다. 그러나 조선 총독부는 말이산고분군이 한 구릉에 조성된 가야시대의 고분이었음에도 불구하고 주소 지에 근거하여 두 유적으로 나누어 '도항리고분군'을 고적 제118호, '말산리고분군'을 고 적 제119호로 각각 지정했다. 또한 고적으로 지정한 범위는 외관상 드러나 있는 대형고 분의 지번만 한정한 것이었으며, 겨우 49필지 51,027㎡에 불과하였다. 당시 조사된 가야 리 · 신음리구군은 제외되었다.

<표 1> 일제시기 조사현황

조사 년도	조사기관	조사 방법	조사지역	참고자료
1910	도쿄제국대학 세키노 타다시 [關野貞]	지표	말이산고분군	말이산고분군에 대한 최초의 조사로 1916년에 간행된 조 선고적도보에 수록된 유리원판 사진 m877-04(백사리고분군)은 말이산고분군의 최초 사 진자료 朝鮮總督府,『朝鮮古蹟圖譜』三, 1916 함안박물관,『말이산』, 함안박물관 개관10주년 기념 특 별전, 2013
1914	도쿄제국대학 도리이 류조 [鳥居龍藏]	발굴	現1號墳	조선총독부의 역사교과서 편찬을 위한 제3자 사료조사 시 대형봉토분 1기를 발굴조사, 국립중앙박물관 소장 유리원판 사진으로 봉토((m130084) 와 내부(m130085)를 확인 함안박물관,『말이산』, 함안박물관 개관10주년 기념 특 별전, 2013
1915	도쿄제국대학 구로이타 카츠미 [黑板勝美]	지표	말이산고분군	도쿄제국대학의 고대 한일 교섭 관련 자료수집으로 조 사, 남문외고분군에서 파괴된 석곽 묘를 발굴, 말이산고분군과 성산산성을 하나의 연결사진 으로 촬영 함안박물관,『말이산』, 함안박물관 개관10주년 기념 특 별전, 2013
1917	조선총독부 이마니시 류 [今西龍]	지표	말이산고분군	남문외고분군과 함께 60기의 봉토분에 대해 일련번호를 부여 朝鮮總督府,『大正六年度 古蹟調査報告』, 1920

	발굴	現4號墳 (舊34號墳)		대형봉토분(수혈식석곽묘) 1기 발굴조사, 봉분 직경 39.4m, 높이 9.7m 朝鮮總督府,『大正六年度 古蹟調査報告』, 1920 국립김해박물관,『특별전–함안 말이산 34호분』, 2007
		現25號墳 (舊5號墳)		봉분 중앙의 4m 아래에서 개석 6매 확인. 5번째 개석에 인접하여 小壙(들보시설) 확인, 개석의 함몰로 더 이상의 내부조사는 하지 않음. 朝鮮總督府,『大正六年度古蹟調査報告』, 1920
1918	조선총독부 야츠이 세이이치 [谷井濟一]	발굴	現12號墳 現13號墳	대형봉토분인 13호분(야츠이 제1분)과 중형분인 12호분 (야츠이 제2분)을 발굴조사 하였으며, 고분분포도를 비롯 한 도면 3매와 유리원판 사진 14매 확인 주능선 상에 위치한 현13호분은 횡혈식석실묘로 추정 함안박물관,『말이산』, 함안박물관 개관10주년 기념 특 별전, 2013

2. 남문외고분군

남문외고분군에 대한 고고학적 조사는 일제강점기에 시작되었다. 기록에 남아 있는 가장 이른 자료는 1915년 도쿄제국대학의 명을 받은 쿠로이타 가츠미[黑板勝美]의 조사이다. 그는 이미 파괴되어 있는 적석총(석곽묘) 1기를 발굴하였으나 유물은 출토되지 않았다고 기록하였다.[2]

조선고적조사가 본격화되던 1917년 이마니시 류[今西龍]는 말이산고분군과 함께 가야리구군, 신음리구군 남문외고분군을 조사하여 15기의 봉토분을 확인하고 그 분포도와 현상을 기록하였다. 이마니시 류는 보고서에 '본인이 다녀가기 전 쿠로이타 가츠미가 1기를 조사하였다고 하며 51호로 추정되나 정확하지 않다'고 언급하였고 대부분의 고분이 도굴된 것으로 파악하였다.[3]

〈표 2〉 1917년 조사된 남문외고분군 현황

고분 호수	내용
46	제46호분은 북쪽 언덕의 북단에 위치해 있는데, 군집 중 가장 높은 곳에 조성되어 있다. 봉토의 높이는 1.2m(4尺), 지름은 13.3m(11步)이다. 봉토상에 중형의 돌이 3~4개 노출되어 있다. 근방에 민묘가 있다.

[2] 함안박물관,『말이산』, 함안박물관 개관10주년 기념 특별전, 2013.
[3] 朝鮮總督府,『大正六年度古蹟調査報告』, 1920.

47	제47호분은 북쪽 언덕의 남방에 있으며, 제46호로부터 약간 낮은 곳에 조성되어 있다. 제46호분과 약 240m(200步) 정도 떨어져 있다. 봉분은 북측이 일부 유실되어 있고, 정상부 또한 평평하여 원형을 다소 잃은 것 같다. 높이는 1.8m(6尺), 지름은 25.4m(21步), 북방에 도굴을 시도한 흔적이 있다.
48	남쪽 언덕의 남변 높은 곳에 있다. 정상부가 평이하며 개석 2개가 무너져 어질러진 채로 노출되어 있다. 높이는 2.1m(7尺), 지름은 32.6m(27步)이다.
49	제48호분에 연접한 작은 분묘로, 전반부가 파괴되어 묘광이 노출되었다. 개석 상면은 봉토의 정상부로부터 0.45m(1尺 5寸) 이하이다. 개석의 두께는 0.15m(5寸)이다. 측벽은 부근에서 채집한 암석을 사용하였으며, 파괴된 정도가 심하여 원형을 알 수 없지만 그 구조는 말이산 고분군과 크게 차이가 없을 것으로 보인다. 다만 측벽면의 경사로 추측했을 때 묘광의 하부는 상부보다 폭이 넓었을 것으로 판단한다. 봉토의 높이는 측방의 낮은 부분으로부터 측량했을 때 1.5m(5尺)이다.
50	언덕의 북쪽 끝에서 도로와 인접한 곳에 조성되어 있다. 1917년 조사 당시 유존 상태는 봉토가 약간 유실되어 남북이 약간 긴 형태였고, 도굴의 흔적이 확인되었다. 잔존 높이는 3m(10尺)이며 지름은 32.4m(27步)이다.
51	제50호분의 남쪽에 조성되어 있다. 1917년 조사 당시 잔존 높이는 1.2m(4尺), 지름은 20.5m(17步)이다. 봉토 위에서 발굴조사의 흔적이 확인되었기 때문에 이전에 구로이타 가쓰미가 조사한 분묘가 이 유구일 것으로 판단되지만, 명확한 설명은 없다. 이 유구의 동쪽으로 작은 봉분 형태의 흙더미가 있고, 발굴을 시도한 것 같은 흔적이 확인되지만 분묘인지는 판별하기 어려웠다고 한다.
52	제51호분의 남쪽에 위치해 있으며, 봉토의 정상부에 발굴의 흔적이 있다. 높이는 북쪽과 동쪽에서 측정했을 때 0.9m(3尺), 서쪽에서 측정했을 때 3.3m(11尺)이며 지름은 20.5m(17步)이다.
53	제52호분의 동남쪽으로 54m(30間) 이격되어 있는 언덕의 동단에 위치해 있다. 봉토의 높이는 동쪽에서 측정했을 때 3.9m(13尺), 서쪽에서 측정했을 때 0.6m(2尺)이었으므로 조사 당시 고분이 아닐 가능성도 제기된 바 있다.
54	제52호분으로부터 서남쪽으로 대략 45m(25間) 정도 떨어진 곳에, 제53호분으로부터는 남서쪽으로 81m(45間) 정도 떨어진 곳에 위치한다. 봉토의 정상부는 평평하며 높이는 0.9m(3尺), 지름은 14.5m(12步)이다. 이미 발굴된 흔적이 있다.
55	제54호분으로부터 서쪽으로 50.8m(42步) 정도 떨어진 곳에 위치하는데, 그 입지가 언덕 능선의 본맥에서 서쪽으로 돌출된 맥의 정상부에 있어 좋은 위치를 점하고 있다. 봉토의 동쪽에는 민묘가 축조되어 있었다. 정상부는 평평한데 높이는 4.5m(15尺)이며 지름은 약 54.4m(45步)로, 조사단은 군집 중 가장 으뜸의 위계를 차지하는 것 같다고 판단하였다.
56	제52호분의 남서쪽에 위치한다. 조사 당시 평평한 정상부에서 도굴 흔적이 발견되었다. 높이는 2.4m(8尺)이며 지름은 26.6m(22步)이다.
57	제56호분으로부터 남쪽으로 대략 108m(60間) 정도 떨어진 지점에 위치한다. 조사 당시 봉토 위에 작은 소나무가 자라고 있었으며, 도굴의 흔적이 발견되었다. 봉분의 크기는 서쪽에서 측정한 높이가 4.2m(14尺)이며, 지름은 33.8m(28步)이다.
58	제57호분으로부터 남쪽으로 27.8m(23步) 정도 떨어진 지점에 위치한다. 높이는 2.4m(8尺)이다.
59	제57·58호분의 서쪽에 위치하며, 언덕 정상부에서 남동쪽으로 향하는 급경사면에 위치한다.
60	분포도에 따르면 제59호분의 북서쪽인 언덕 정상부에 위치한다. 조사 성과에 대한 기록이 멸실되어 보고서에 그 내용이 수록되지 않았다.

번외 고분들	제54호분의 남쪽에 번외 제6호분이, 제59호분의 북쪽과 서쪽에 각각 번외 제7·8호분이 위치한다. 작은 봉분의 형체가 남아 있으며 고분의 흔적일 것으로 판단하여 번외로 번호를 지정하였다.

Ⅳ. 해방 이후의 고분군 조사현황

함안지역 고분군에 대한 조사는 1981년에 시작되었다. 그 현황은 아래와 같다.

1) 1981년 마산대학 박물관에서 실시한 지표조사에서 처음 가야리고분군, 신음리고분군 20여 기 확인하였다.[4]

2) 1990년대 창원대학교박물관에서 실시한 지표조사에서 봉토분 20기가 확인되었고 위치 및 측량도면이 간략하게 남기고 있다.[5]

3) 1995년 「아라가야문화권유적 정밀지표조사」에서는 가야리고분군, 신음리고분군, 신음리괘안고분군 등 고분군이 세 곳으로 나누어 보고되었다. 신음리괘안고분군은 괘안마을 북동쪽 구릉의 정상부와 그 서남쪽 사면이다. 신음리고분군에서 확인된 봉분은 대정 6년도 조사된 59, 60호분을 제외한 9기와 1984년도의 조사에서 알려진 5기를 포함해 약 10기 정도이다. 이 중 대정 6년도에 조사된 52, 54호와 外 6·7·8호분은 이후의 경작지 확장으로 유실된 것으로 보았다.
가야리고분군은 대정 6년도 조사에서 알려진 4기, 1984년도의 지표조사에서 확인된 5기를 합친 9기이다.[6]

4) 1998년 아라가야향토사연구회의 지표조사에서 24기의 봉토분을 확인하였다. 아라가야 왕궁지의 남쪽이라는 점과 고분군에 위치하는 남문마을의 지명을 토대로 '남문외고분군'이라 했다.[7]

5) 2013년 경남발전연구원 역사문화센터 조사에서 기존 봉토분에 추가해 43기가 알려

4) 마산대학박물관, 『가야문화권유적정밀지표조사보고서 - 함안군 - 』, 1984.
5) 창원대학교박물관, 『함안아라가야의고분군 I』, 1992.
6) 창원대학교박물관, 『아라가야문화권유적 정밀지표조사보고서』, 1995.
7) 아라가야향토사연구회, 『안라고분군』, 1998.

지게 되었다. 이외 봉토가 대부분 삭평되어 석곽이 노출되어 있는 고분이 11기 확인되었다. 남문외고분군을 말이산고분군과 함께 아라가야 상위지배계층의 묘역으로 지속적으로 이용되었을 것으로 추정했다.[8]

6) 남문외고분군 11호분 발굴조사는 2014년 10월 23일부터 2015년 1월 29일까지 이루어졌다. 발굴조사결과, 6세기 1/4분기에 조성된 횡혈식석실분임을 확인했다.[9]

7) 남문외고분군 6・7・15호분 발굴조사는 2019년 3월 5일부터 2019년 6월 28일까지 이루어졌다. 남문외고분군 사적 승격 방안 수렴발굴조사결과, 6호・7호분은 양수식 연도를 갖춘 횡혈식석실묘로 6세기 1/4분기에 해당된다. 그 외 주변에서 확인된 석곽묘는 횡혈식석실분과 비슷하거나 다소 늦은 시기로 확인되었다.[10]

8) 남문외고분군 산4번지 일원 발굴조사 2020년 1월 실시되었다. 원삼국시대 주거지 10동, 고상건물지 1동, 구상유구 2기, 수혈 8기, 주혈 10기, 조선시대 구상유구 1기이다. 구상유구는 주거지와 중복되어 조성되었는데, 유물이 구 내부로 쓸려들어온 양상이 확인되고, 출토유물 또한 원삼국시대 주거지보다 늦은 시기에 해당하는 도질토기들이 확인되고 있다. 내부에서 철광석, 송풍관편, 철재 등 철 생산과 관련된 유물이 일부 확인되고 있어 주목된다. 말이산고분군 북쪽에 집중되어 확인되는 원삼국시대 목관묘 출토유물과의 비교검토를 통해 목관묘 조성집단, 즉 안야국의 일면을 찾을 수 있을 것으로 기대된다. 또한 구상유구에서 출토된 철재, 송풍관편, 슬래그, 소토덩어리 등은 小片이지만 말이산고분군 목관묘 단계의 철기 생산을 논할 수 있는 중요한 자료로 평가된다.

〈표 3〉 남문[11]외고분군 조사현황

년도	조사내용
1915	구로이타 가츠미[黑板勝美]가 고분 1기(51?) 발굴 (『대정6년도 고적조사보고』)
1917	이마니시 류[今西龍]는 남문외고분군을 '가야리, 신음리고분군'으로 지칭(『대정6년도 고적조사보고』)

---

8) 경남발전연구원 역사문화센터, 「함안 남문외고분군・傳안라왕궁지 정밀지표조사보고서」, 2013.

9) 경남발전연구원 역사문화센터, 『함안 남문외고분군 11호분』, 2017.

10) 삼강문화재연구원, 「함안 남문외고분군 정비사업부지 내 매장문화재 시・발굴조사 약식보고서」, 2019.

1981	지표조사. 봉토분의 수와 범위를 처음으로 파악, 봉토분 20기 확인 (마산대학박물관, 『가야문화권유적정밀지표조사보고서 -함안군-』, 1984)
1995	지표조사. 가야리고분군, 신음리고분군, 신음리쾌안고분군으로 구분. (창원대학교박물관, 『아라가야문화권유적 정밀지표조사보고서』, 1995)
1998	아라가야 왕궁지의 남쪽이라는 점과 고분군에 위치하는 남문마을의 지명을 토대로 '남문외고분군'으로 지칭. 24기의 봉토분을 확인. 2000년에 이 명칭으로 경남도기념물로 지정(아라가야향토사연구회, 『안라고분군』, 1998)
2013	정밀지표조사에서 총 43기의 봉토분을 확인(경남발전연구원 역사문화센터, 「함안 남문외고분군 · 傳안라왕궁지 정밀지표조사보고서」, 2013)
2014~2015	남문외고분군 11호분 정밀발굴조사 (경남발전연구원 역사문화센터, 『함안 남문외고분군 11호분』, 2017)
2019.11	6 · 7 · 15호분 발굴조사 (「함안 남문외고분군 정비사업부지 내, 매장문화재 시 · 발굴조사 약식보고서」, 삼강문화재연구원, 2019.11)
2020.1	안야국 단계의 주거지 등(「함안 남문외고분군 산4번지 일원 발굴조사 약식보고서」, 함안군 · 경남연구원 역사문화센터, 2020)

V. 맺음말

말이산고분군은 총독부 「조선보물고적명승천연기념물 보존령」(1933)에 의거하여 1940년 고적으로 지정되지만, 이는 하나의 구릉에 조성된 하나의 고분군을 두 유적 즉 '도항리고분군'과 '말산리고분군'으로 강제로 나누어 버리는 꼴이 되었다. 또 말이산고분군과 함께 가야시대의 대형봉토분이 즐비한 남문외고분군을 고적 지정에서 제외해 버림으로써 아라가야 대형고분군의 관리와 보존이라는 측면에서 많은 문제점을 야기했다.

남문외고분군은 2000년에 들어서면서 경상남도 기념물로 지정될 때 기존에 불리던 서말이산고분군, 가야리 · 신음리고분군이란 명칭 대신 남문외고분군으로 명명되었다.

발굴조사결과 남문외고분군은 말이산고분군과 함께 조선시대부터 아라가야 왕릉급 무덤으로 인식되어왔고, 일제시기 관학자에 의해서도 아라가야의 중심고분군으로 인식되어 조사대상이 되었다. 해방 이후 남문외고분 조사결과에서도 말이산고분군과 함께 최고지배층의 무덤이며, 말이산고분과의 연속성이 언급되고 있다. 따라서 사적으로 승격되어 보존관리하는 것이 바람직하며, 명칭 또한 말이산고분군으로 변경하는 것이 타당하다.

---

11) 함안군 · 경남연구원 역사문화센터, 「함안 남문외고분군 산4번지 일원 발굴조사 약식보고서」, 2020.

【참고문헌】

경남발전연구원 역사문화센터, 『함안 남문외고분군 11호분』, 2017.

국립창원문화재연구소·창원대학교박물관, 『阿羅伽耶文化圈 遺蹟 精密地表調査報告』, 1995.

마산대학박물관, 『가야문화권유적정밀지표조사보고서－함안군－』, 1984.

삼강문화재연구원, 「함안 남문외고분군 정비사업부지 내, 매장문화재 시·발굴조사 약식보고서」, 2019.

朝鮮總督府, 『大正六年度古蹟調査報告』, 1920.

함안군·경남연구원 역사문화센터, 「함안 남문외고분군 산4번지 일원 발굴조사 약식보고서」, 2020.

함안군·창원대학교박물관, 『문화 유적 분포 지도－함안군』, 2006.

함안박물관, 『말이산』, 함안박물관 개관10주년 기념 특별전, 2013.

여두임, 「함안 남문외 고분군의 활용 방안 연구」, 창원대학교 석사학위논문, 2014.

출토유물로 본 남문외고분군의 성격과 위상

이주헌 | 국립해양문화재연구소

Ⅰ. 머리말

　함안지역은 낙동강과 남강이 합류하여 이룬 넓은 충적평야가 형성되어 있고, 남고북
저의 얕은 구릉성 산지가 발달되어 있으며 남해안에 인접한 천혜의 자연환경을 가지고
있어 선사시대 이래로 많은 사람이 모여 삶을 이루었다. 특히, 지역의 곳곳에는 유난히
많은 고분군이 분포하고 있는 것으로 보아 삼국시대에는 다른 지역에 비해 인구의 밀집
도가 높았던 것으로 파악된다. 더욱이 함안분지의 중심에 위치한 가야읍 일대에는 1500여
년 전 안라국[1]의 문화와 숨결이 깃들어 있는 대규모 고분군이 밀집하여 있는데, 이 가
운데 대표적인 말이산고분군(사적 제515호)[2]과 남문외고분군(경상남도 기념물 제226호)[3]
은 안라인의 생활과 당당했던 그들의 모습을 오늘날 우리에게 생생하게 전해주고 있다.

---

[1] 현재 함안지역의 가야세력에 대해 학계에서는 안라국, 안야국, 아라가야 등으로 부르고 있으나, 본고
　　에서는 '안라국'으로 통칭하고자 한다.

[2] 함안군 가야읍 도항리와 말산리에 걸쳐 남북으로 1.9㎞ 정도 길게 뻗어 있는 말이산(해발70m)에 분
　　포되어 있으며, 주능선에서 서쪽방향으로 여러 가닥의 가지능선에 100여 기에 달하는 삼국시대의 봉
　　토분이 열상으로 조성되어 있다.

[3] 함안군 가야읍 가야리 98-2번지 일대에 남북으로 1.7㎞ 정도 길게 뻗어 있은 낮은 구릉(해발30m)에
　　분포되어 있으며, 능선의 정선부를 따라 43기에 이르는 삼국시대의 봉토분이 줄지어 조성되어 있다.

안라국의 중심고분인 말이산고분군과 남문외고분군은 일제강점기인 1910년대부터 학계에 지속적으로 소개되어 고고학자들에게는 물론이고, 한일고대사를 다루는 국내외의 연구자들에게도 널리 알려진 유적이다. 하지만, 그동안의 연구는 대부분 발굴조사가 가장 많이 이루어진 말이산고분군에 대해서 집중적으로 이루어져 왔으며, 남문외고분군에 대한 연구는 그다지 활성화 되지 못한 것이 사실이다. 이는 함안지역의 고고학 조사가 본격화된 1990년대부터 현재에 이르기까지 안라국의 대표고분인 말이산고분군의 보존과 정비사업에 학계와 관계당국의 관심이 집중되었기 때문이며, 인근에 위치한 남문외고분군에 대한 체계적인 조사와 정비는 그에 비해 소홀히 다루어졌음을 보여주는 것이다. 다행히 2013년부터 남문외고분군과 가야왕성지에 대한 함안군의 관심과 국립가야문화재연구소에 의한 조사가 적극적으로 추진되어 그동안 수차례의 시·발굴조사가 이루어졌으며 이제는 남문외고분군에 대한 고고자료가 어느 정도 축적되어가고 있는 상황이다.

본고에서는 그동안 남문외고분군에서 출토된 고고자료를 중심으로 출토유물의 구성과 특징을 검토하고 비교적 많은 연구 성과로 이미 검증된 말이산고분군 출토 고고자료와의 비교를 통하여 남문외고분군의 성격과 축조집단의 위상에 대하여 검토해보고자 한다.

II. 남문외고분군 출토유물의 구성과 특징

남문외고분군은 함안군 가야읍 신음리 괘안마을 북동쪽 구릉의 정상부(해발 79.9m)에서 가야리로 뻗어내린 해발 30m 내외의 저산성 구릉에 약 43기의 봉토분이 분포되어 있다.〈도면 1〉고분은 구릉의 정선부(頂線部)에 줄지어 축조되어 있는데, 길이 1.6km에 이르는 구릉의 가운데를 진주-마산 간 도로가 통과하고 있다. 남문외고분군에 대한 조사는 일제강점기의 현장조사[4]를 시작으로 지표조사와 정밀 측량 및 해방 후의 현황조사[5] 그리고 발(시)굴조사[6] 등 모두 10차례 정도 진행되었다. 이들 조사를 통하여 다수

---

4) 조선총독부, 『대정6년도 고적조사보고』〈함안군〉, 1920, 107~125쪽.
5) 마산대학박물관, 『가야문화권 유적정밀 지표조사보고서-함안군-』, 1984; 창원대학교박물관, 『함안

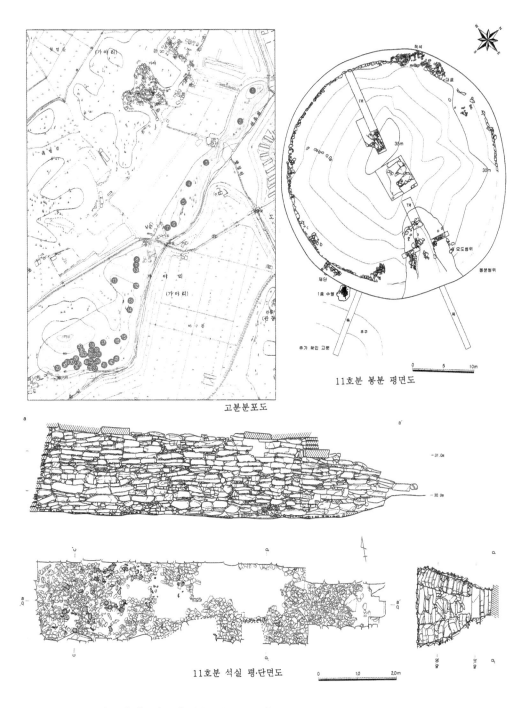

11호분 봉분 평면도

고분분포도

11호분 석실 평·단면도

〈도면 1〉 남문외고분군 분포도 및 11호분 봉분, 석실 평·단면도의 고고자료가 수집되었으나, 유구는 대부분 도굴로 인하여 훼손되었을 뿐만 아니라, 부장유물 또한 파편상으로 남아있어 해당고분의 성격을 명확하게 밝히기에는 한계가 있음을 자인하지 않을 수 없다. 따라서 본고에서는 이미 발굴조사가 완료되어 조사보고서가 발간된 남문외고분군 11호분(이하에서는 南11호분으로 표기)[7]을 중심으로 남문외고분군에 부장된 유물의 구성에 대하여 살피고, 말산리고분군의 유물구성과 상호비교를 통하여 해당고분의 특징을 파악해 보고자 한다.

먼저 南11호분에서 출토된 유물 가운데 토기류는 개배와 고배, 사족배, 파수부배, 유개대부호, 장경호, 발형기대, 통형기대 등 다양한 기종이 확인되었다.〈도면 2〉고배는 유개고배(6종/33점)가 가장 많은 수를 차지하고 있는데, A형(고배8점/개8점)은 곡선상의 얇은 배신에 직선상으로 좁게 벌어지는 깔대기모양의 각부가 부착된 이단일렬투창과 투창하단이 길게 벌어진 것이 특징이다. 개는 꼭지 주위로 점열문을 시문하고 배신 중위에 1조의 침선을 돌린 것으로, A형의 유개고배는 전형적인 함안양식 고배로서 5세기 3/4분기 이후 함안지역에서 유행하며 말이산고분군을 비롯한 다수의 유적에서 출토되고 있는데, 제작기법 및 소성상태가 동일한 것으로 보아 같은 공방에서 제작하여 공급된 것으로 보인다. B형(3점)은 얕은 배신에 직선상으로 벌어진 짧은 대각과 작은 장방형투공이 상하로 배치된 것으로 신라고배의 특징인 교호투창이 가미된 것이다. C형(고배4점/개2점)은 대각하단이 강하게 꺾이는 것이 특징이며 개의 신부는 편반구형을 이루고 단추형꼭지 근처에 시문된 점열문은 'X'자 형태로 겹쳐 있다. 고배 각부의 특징과 개의 문양으로 보아 소가야계 토기로 분류될 수 있으며 함안분지의 외곽인 고성, 진주 등지에서 이입된 것으로 보인다. D형(고배2점/개1점)의 고배는 대각이 짧고 기부가 넓은

안라국고분군 I』, 1992; 『안라국문화권 유적정밀지표조사보고서(함안군의 선사·고대유적)』, 1995; 아라가야향토사연구회, 『안라고분군』, 1998; 경남발전연구원·함안군, 『함안 남문외고분군·전아라가야왕궁지 정밀지표조사보고서』, 2013.

6) 경남발전연구원·함안군, 『함안 남문외고분군 11호분』, 2017; 삼강문화재연구원, 『함안 남문외고분군 시·발굴조사 학술자문 회의자료』, 2019.

7) 직경 29.5m, 높이 5m로 현재까지 함안지역에서 확인된 석실분 가운데 가장 이른 시기에 해당하며 규모도 가장 큰 횡혈식석실분이다. 봉분가장자리에 호석을 축조하였고, 남쪽 편에는 장방형 제단을 마련하였다. 현실은 길이 700㎝, 너비 200㎝, 높이 210㎝이다. 현실 전벽은 거의 수직으로 축조하였으며 벽석은 점판암을 사용하였는데, 작은 자갈돌을 끼워 보강하였다. 연도는 길이 200㎝, 너비 100㎝, 높이 140㎝이다. 묘도는 길이 820㎝로 연도에서 봉분 외연까지 나팔상으로 벌어지며, 상부가 넓고 하부가 좁은 'U'자 형태이다.

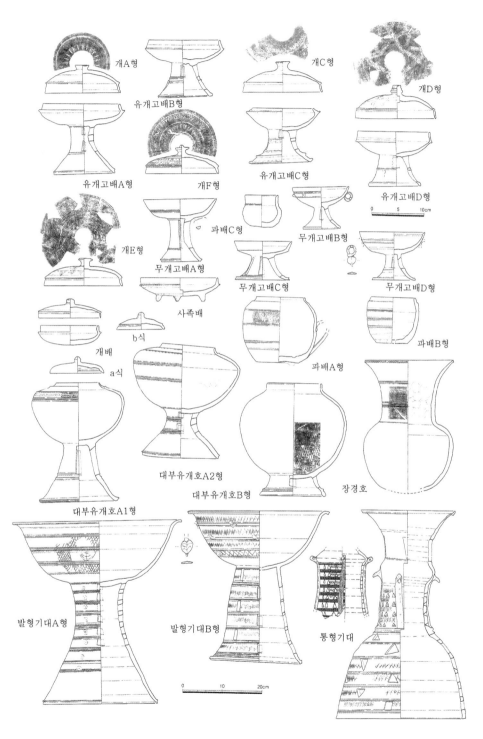

〈도면 2〉 남문외고분군 11호분 출토 토기

점과 장방형투창이 상하 이단으로 교호하는 점, 그리고 개의 신부에 기하학적인 문양이 시문되는 등 신라토기의 특징이 확인되는 것으로 보아 신라지역에서 유입된 것으로 보인다. 그 외 E형(개4점)의 개에도 종집선문, 삼각집선문 등 신라토기의 문양이 시문되어 있고 F형(1점) 개는 유두형꼭지 아래 배신을 3등분하고 중단과 하단에 걸쳐 점열문을 고르게 시문한 것으로 대가야지역에서 파수부배와 함께 공반하는 개의 특징과 동일하다.

무개식고배(4종/7점)는 얕은 배신에 직선으로 뻗은 좁은 각부가 부착된 것(A형/1점), 배신에 고리형장식이나 귀걸이형 장식이 부착된 것(B형/4점), 각이 진 배부에 넓게 벌어진 짧은 대각에 세장방형 투창이 배치된 것(C형/2점)이 출토되었다. 특히, 신부에 고리형장식이 달린 무개식고배(D형/1점)는 함안양식 토기의 특징적 기종 중 하나로 여겨지나, 배신에 귀걸이형장식이 부착된 형태는 신라토기에서 보이는 특징이므로 낙동강 연안의 공방에서 제작되어 수입된 것으로 파악된다.[8]

한편, 南11호분에서는 화염형투창고배가 1점도 확인되지 않았다. 이 고배는 가야토기의 지역양식[9] 중 함안양식 토기문화를 대표하는 것으로 안라국의 영역과 교류관계를 파악할 수 있는 중요한 고고자료로 인식되어 왔다.[10] 특히, 안라국 최고 지배계층의 묘역인 말이산고분을 중심으로 화염형투창고배의 부장은 이 고배의 출현기부터 소멸기까지 모든 형식이 나타나며, 목곽묘와 수혈식석곽묘에서 대부분이 출토되지만, 석실분단계에서는 단 1점도 출토되지 않는다고 분석하였다.[11] 하지만, 도항리文4,5,8,47호[12]와 같은 횡혈식석실분에서 화염형투창고배가 확인되지 않은 것은 해당 고분들의 축조시기

---

8) 경남발전연구원·함안군, 앞의 책, 2017, 112쪽.

9) 일반적으로 가야토기의 지역양식에 대해서는 김해양식, 고령양식, 함안양식, 고성양식, 창녕양식으로 구분하고 있다.

10) 이주헌, 「토기로 본 안라와 신라-고식도질토기와 화염형투창토기를 중심으로-」, 『가야와 신라』, 김해시, 1998, 45~77쪽; 「화염형투창토기의 신시각」, 『한국 고대사와 고고학』, 학산김정학박사송수기념논총, 2000, 419~439쪽; 김형곤, 「화염형투창토기의 재인식」, 『가야문화』 15, (재)가야문화연구원, 2002, 155~180쪽; 조수현, 「고분자료로 본 아라가야」, 경주대학교대학원 문학박사학위논문, 2017, 242~276쪽.

11) 조수현, 위의 학위논문, 2017, 248쪽.

12) 함안 말이산고분군은 여러 기관에서 수차례에 걸친 지표조사와 발굴을 실시하여 고분의 연번이 다양하게 붙여지게 되었다. 따라서 본고에서는 이러한 현 상황을 반영하여 기관의 약자를 고분번호 앞에 기입하여 표기하고자 한다. 즉, '국립창원문화재연구소→文0호, 창원대학교박물관→昌0호, 함안군청 관리번호→現0호, 경남고고학연구소→考0호, 경남문화재연구원→慶0호, 경남발전연구원→歷0호, 경상문화재연구원→尙0호, 한울문화재연구원→한0호, 동아세아문화재연구원→東0호, 우리문화재연구원→우0호'로 표기한다.

가 화염형투창고배의 부장전통이 완전히 소멸하는 6세기 전반의 늦은 시기에 해당하거나, 아니면 심한 도굴에 의해 석실 내에 부장된 화염형투창고배가 유실되었을 가능성이 있다. 이는 최근에 조사된 南7호분에서 화염문투창고배가 확인되고 있는 것으로 보아, 말이산고분군에서 사라진 화염형투창고배의 부장전통이 남문외고분군에서는 매장주체부의 구조가 횡혈식석실로 변화되어도 지속적으로 이루어지고 있음을 알 수 있다.[13]

개배(개16점/배8점)는 교란된 상태로 출토되어 세트관계를 분명하게 파악할 수는 없으나, 대체로 배는 저부가 환저상을 이루며 구연부는 안으로 내경하게 짧게 처리된 것이 특징이며, 개의 신부는 낮고 수평상을 이루며 꼭지는 작으며 끝이 각이 지거나 둥글게 처리한 것이 공통적이다. 대부분 대가야지역에서 유행한 형식으로 남강과 남해안 일대에서는 6세기 1/4분기를 전후하여 넓게 분포하고 있다. 특히, 꼭지 주위에 침선과 점열문을 시문한 개와 나머지 개는 약간의 형식 차이를 보이는데, 도항리文4,5,8,47호 석실에서 출토된 개배의 신부 바닥이 편평한 것임에 비해 南11호 출토 개배는 환저상을 이루고 있어 형식학적으로 한 단계 선행하는 것임을 알 수 있다.

또한, 사족배(2점)가 확인되었는데 얕은 편반구형의 신부에 짧고 강하게 돌출된 뚜껑받이턱을 갖추며 수직상으로 처리된 뾰족한 구연과 4개의 짧고 뾰족한 다리가 저부에 부착된 것이다. 적갈색연질소성으로 신부내면은 물손질로 처리하고 신부는 회전깎기를 하여 정면하였는데, 가야지역에서는 거의 생산되지 않은 기종이다. 대체로 호남 동부지역에서 수입되었거나 백제 삼족토기의 영향을 받아 가야의 서부지역에서 제작된 것으로 생각된다.

파수부배(3점)는 크기와 형태가 각각 다른데, 이 중 곡선적인 동체에 가는 침선으로 동부를 5개로 구획하고 상2단에 3~4조의 파상문을 거칠게 시문하였고, 동체부에 비하여 구경부가 작으며 판상파수가 중위에서 하위에 걸쳐 부착된 것(A형)은 함안지역의 특징적인 토기이다. 그 외 2점(B형, C형) 또한 5세기 말부터 말이산고분군에서 일반적으로 출토되는 것으로 이 지역의 토기로 파악된다.

호는 유개대부호(호4점/개6점)와 장경호(1점)가 있다. 유개대부호는 역삼각형 모양의

---

[13] 아직 발굴조사보고서는 간행되지 않았으나, 횡혈식석실인 남문외고분군 7호분에서 화염문투창고배가 출토되었다.(삼강문화재연구원, 앞의 자료, 2019, 11쪽) 따라서 함안지역의 석실분에서는 화염문투창고배가 전혀 출토되지 않는다는 견해(조수현, 앞의 학위논문, 2017, 248쪽)는 재검토되어야 한다.

호동체부에 나팔상의 대각이 부착된 것(A형)과 둥근 원형의 호동체부에 작은 방형투창을 가진 낮은 대각이 부착된 것(B형)으로 나누어지는데, A형은 다시 대각의 세부적인 특징에 따라 나팔상의 긴 대각에 세장방형 일단투창이 있는 것(A1형)과 깔대기형 대각에 방형 2단투창이 있는 것(A2형)으로 나누어진다. 대체로 A2형의 것이 5세기 말부터 유행하며 B형은 함안지역에서 쉽게 확인되지 않는 형식으로 고성지역의 고분에서 확인되는 것이다. 한편, 대부호와 공반하는 개는 드림 안쪽에 턱이 있는 것(a식)과 없는 것(b식)으로 구분되어지는데, 기형은 개배의 개와 거의 동일하나 크기가 작은 것이 특징이다. 장경호는 둥근 동체부에 직선상으로 크게 벌어지는 구경부를 갖춘 것으로 희미한 돌대로 경부를 3등분하고 중위에 거친 파상문을 시문한 것이다. 동체부와 경부는 1:1의 비율을 갖추고 있는 점이 특징이다.

발형기대(3점)는 수발부에 비하여 각부가 높은 점이 특징으로 3점 모두 문양, 형식이 다르다. A형은 전형적인 함안양식으로 각부가 높고 각기부의 폭이 좁은 형태이다. 수발부에는 침선을 돌려 6단으로 구획하고 연속사격자문과 솔잎문을 시문하였으며, 대각도 침선을 돌려 9단으로 구획하고 각단에 콤파스로 원점문을 시문하였다. 대각은 수발부의 2배에 달하듯이 긴 편이고, 4열의 방형투창을 일렬로 배치하였다. B형은 깊은 수발부에 비해 각부가 크며, 각부 중간부분이 약간 만곡한 형태이다. 또한, 수발부의 여러 곳에 귀걸이형 장식을 부착하고, 침선으로 구획한 발부와 대각부의 전면에 거친 파상문을 시문하였고, 세장방형의 투창을 상하로 엇갈리게 배치한 것이 특징이다. C형 역시 깊은 수발부에 비해 대각부의 각기부가 좁고 높은 점이 특징이며, 2조의 침선으로 5단으로 구획한 수발부에 시문된 거치문과 나선문은 독특하다. 대각부는 2~3조의 침선을 돌려 7단으로 구획하고 별다른 문양 없이 장방형 투창을 엇갈리게 상하로 배치하였다. B, C 형식은 전체적인 각기부의 형태와 약간 만곡하는 각부, 그리고 꺾인 각단부의 형태가 함안지역의 전형적인 발형기대에서는 찾아 볼 수 없는 것이어서, 형태상 고성지역의 발형기대(연당리 23호, 송학동 1C호 출토품)와 유사한 것으로 파악되고 있다.

통형기대(2점)는 석실 중앙에서 여러 조각으로 수습된 것과 1호 수혈에서 출토한 것이다. 석실에서 출토한 것은 그릇 받침과 대각에 비해 몸통부분이 작은 편으로 상부에 위치한 그릇받침은 크게 밖으로 벌어진 형태로 기벽은 얇은 편이다. 경부에는 4개의 역삼각형 투창이 배치되었고 몸통에는 납작한 뱀모양 장식띠를 세로로 4곳에 부착하였는데, 뱀 모양은 간략화되었고 머리 부분은 뾰쪽하게 만들었다. 기대 몸통은 세밀한 파상 문을 가로로 4단 돌려 구획하였고 각 단에 삼각형 투창을 뚫어 4단 일렬로 배치하였다. 대각은 2조의 침선으로 6단으로 구획하고 3~6단에는 거친 파상문을 시문하였고, 각단에 는 투창을 지그재그로 배치하였는데, 5단까지는 삼각형 투창, 6단에는 사각형 투창을 두었다. 1호 수혈의 것은 통형기대의 몸통과 장식띠 일부만이 남아있는데, 뱀 모양의 세로 장식띠를 4곳에 부착하고 작은 삼각형 투창을 일렬로 정연하게 배치하며, 투창의 사이사이에는 5~6치구의 목리를 가진 도구로 파상문을 치밀하게 시문하여 장식효과를 높였다. 또한, 뱀 모양 장식띠는 뱀이 기어오르는 모습을 형상화한 것으로 머리 부분은 솟아나온 모양으로 둥글고 납작하게 만든 다음에 가운데에 둥그런 구멍을 찍어 눈을 형 상화한 것이 특징이다. 모두 대가야 지역에서 유행한 통형기대이며, 수발부와 각부에 비하여 통부가 작은 것으로 통부에 부착된 뱀 모양 장식이 퇴화하는 것 등의 변화가 보 인다.

이상에서 살펴본 바와 같이 南11호분 출토 토기유물은 도굴이 심하여 무덤에 부장된 원래의 양상을 파악하기에는 한계가 있으나, 출토된 토기의 기종별 특징으로 보아 도항 리歷100,101,451-1호 석곽묘보다는 늦고 도항리文4,5,8,47호 석실분보다 이른 것이며, 現 25,26,35호분(암각화고분)이나 틈14-2호와 동일한 단계인 6세기 1/4분기의 것으로 파악 하고 있다.[14] 또한, 토기의 기종이 말이산고분군에서 출토된 것에 비하여 단순할 뿐만 아니라, 소가야계와 대가야계 토기는 물론이고 신라와 백제의 토기를 모방한 것 등이 혼재된 양상은 말이산고분군 출토 토기들과는 차이나는 특징이다. 이는 남문외고분군 피장자의 교류범위가 말이산고분군 축조세력보다는 상당히 광범위함을 암시하는 것으 로 생각된다.

다음은 南11호분에서 출토된 무기(구)류 및 마구류, 장신구류에 대하여 살펴보자. 南 11호 출토 무기(구), 마구, 장신구류도 역시 부장 당시의 원위치를 명확하게 파악하기는 어렵다. 하지만, 은박편이나 금박편, 경식, 찰갑 등이 주로 현실 중앙에서 출토된 것으 로 보아, 석실의 중앙부에 위치한 피장자의 착장품을 부장한 것으로 보인다.[15] 특히, 행

---

14) 경남발전연구원·함안군, 앞의 책, 2017, 114~115쪽; 우리문화재연구원·함안군, 『함안 말이산고분군 제25·26호분』, 2018, 234~236쪽.
15) 경남발전연구원, 앞의 책, 2017, 109쪽.

엽과 대도편이 석실의 전벽 쪽에서 출토된 것으로 보아 마구류와 무구류 중 일부는 전벽 쪽에 부장했을 가능성도 있으며 이식과 팔찌는 일반적 사례와 같이 피장자가 착장했을 가능성이 높다.

무기류에는 대도와 도자편이 여러 점 출토되었는데, 심하게 파손되어 전체적인 형태를 추정하기는 어렵다. 또한, 성시구와 관련한 부속품과 찰갑편이 다수 수습되었으며, 마구류는 안장 부속구와 검릉형 행엽, 심엽형 행엽, 교구 등이 있다.〈도면 3〉 또한, 목관에 사용된 것으로 보이는 관정이 다수 출토되었는데, 못 머리에 은판을 감싸 장식하였다. 비록 도굴된 상태지만 이전 단계 수혈식석곽묘의 부장품에 비해 각종의 철기류와 무기(구)류, 마구류의 부장량이 현저히 줄어들었음을 알 수 있고, 말이산고분군에서 무덤의 기본 부장품인 철겸과 철부가 전혀 확인되지 않으며, 유자이기와 삼지창, 살포 등 상징성이 짙은 의기류도 보이지 않는다. 이러한 현상은 횡혈식석실분인 도항리文 4,5,8,47호에서도 공통적으로 확인되고 있어서 주목되는 부분이다.

이미 심한 도굴에 의해 무기(구)류의 전체적인 양상은 알 수 없으나 남겨진 잔편들 중에서 주목되는 유물을 찾는다면, 성시구 관련 부속품과 찰갑을 들 수 있다. 특히, 찰갑은 상원하방형 모양을 한 4종류의 소찰이 확인되는 것으로 보아 여러 종류의 소찰로 이루어진 복잡한 구조의 찰갑이 부장된 것으로 추정된다. 찰갑은 종장판주(몽고발형주)와 함께 중무장기병의 채용을 말해주는 대표적인 무장구이다. 함안지역에서 이러한 찰갑은 5세기 전반대의 도항리文13,18호에서 출현하여 5세기 후반의 봉토분인 現8호분과 6세기 전반 무렵의 現35호분(암각화고분)에서도 출토되었다. 특히, 가야지역의 최대급 고분인 現4호분(舊34호분)에서 유사한 소찰이 보이는 것으로 보아 함안지역에서 대형의 매장주체부를 갖춘 무덤을 중심으로 찰갑의 부장이 유행하였음을 짐작할 수 있다. 또한 南11호분과 동시기에 축조된 것으로 파악되는 도항리 現25,26호분에서도 찰갑의 소찰이 다수 출토된 것[16]으로 보아 당시 안라국은 매우 무장적인 성격이 강한 정치체임을 알 수 있다.

한편, 마구류는 안장부속구, 행엽, 교구 등이 확인되었는데, 등자와 재갈은 보이지 않는다. 안교의 부속품인 교구 및 내연금구 등 좌목에 부착하였던 부속구 가운데 일부만이 잔존하며, 행엽은 금동제 원두정의 일부가 결실된 철지금동장 심엽형행엽과 검릉부

---

16) 우리문화재연구원·함안군, 앞의 책, 2018, 136~138쪽·224~226쪽.

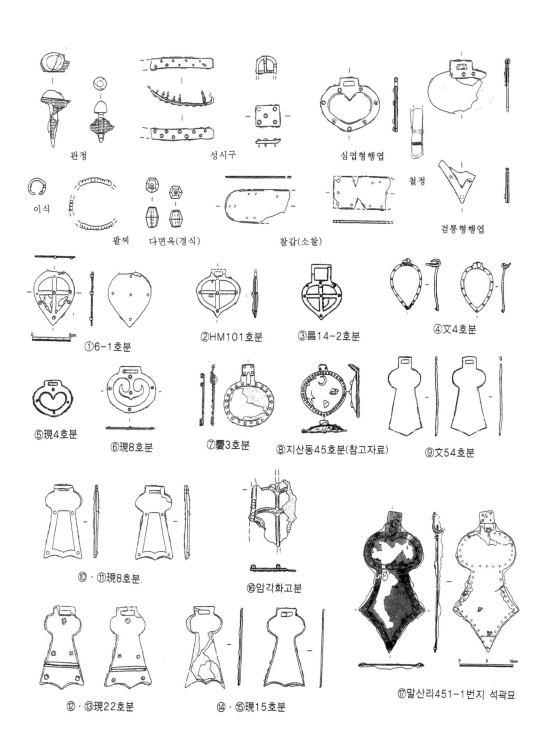

관정

성시구

심엽형행엽

철정

이식

팔찌   다면옥(경식)

찰갑(소찰)

검릉형행엽

①6-1호분

②HM101호분

③릉14-2호분

④文4호분

⑤現4호분

⑥現8호분

⑦慶3호분

⑧지산동45호분(참고자료)

⑨文54호분

⑩ · ⑪現8호분

⑯암각화고분

⑫ · ⑬現22호분

⑭ · ⑮現15호분

⑰말산리451-1번지 석곽묘

〈도면 3〉 남문외고분군 11호분 출토 금속유물 및 비교자료(①〜⑰)

와 평원부의 일부만이 잔존하고 있는 철지금동장 검릉형행엽이 출토된 것으로 보아 피장자는 대가야권역에서 반입한 장식마구를 소유한 높은 위계의 인물임을 짐작할 수 있다.

그 외, 장신구류로는 금제이식이 있다. 최근 조사된 南6-2호 소형석곽에서 출토된 이식은 세환에 제법 큰 유환을 연결하고 사슬형금구를 끼워 넣고 맨 아래에는 유환처럼 굵고 큰 고리에 조각으로 출토된 삼엽형수하식을 매달은 형태이다.[17] 이와 같이 수하식을 매달기 위해 고리를 크게 만드는 것은 삼국시대 귀걸이 가운데에서 쉽게 발견되지 않는 것으로 함안지역의 독특한 이식문화로 평가되고 있다. 세환에 제법 큰 유환을 사용하고 있는 도항리考31호 출토 이식과 중간식에 중공편구형의 장식을 세로로 부착한 文4-가호 출토 금제이식 또한 유사한 사례가 없는 독특한 구조의 것이어서 안라국만의 독특한 이식문화가 존재하였던 것으로 파악된다.

이상에서 살펴본 바와 같이 남문외고분군에서 출토된 유물은 대부분 6세기 전반대 함안지역 고분문화의 성격을 잘 보여주고 있다. 특히, 토기류 가운데 발형기대의 대형화와 통형기대의 변신은 특이한 것이어서 주목되는데, 대체로 기고가 작아지고 규모가 왜소화되는 추세를 보이는 다른 가야지역의 것들과는 달리 유독 남문외고분군 출토 기대류는 크기와 위용을 유지하며 수부 아래쪽에 항아리가 부가되는 등 기형의 변신을 도모하면서도 조형적 아름다움과 규모를 유지하고 있다. 또한, 토기의 구성에 있어서도 말이산고분군 출토 함안양식토기의 기종이나 조합상을 충실히 따르고 있지만, 전체적으로 외래계토기의 점유율이 점점 높아지는 점은 특징적이다. 이러한 현상은 당시 긴박했던 국제관계 속에서도 안라국과 주변국간의 대립과 타협 및 다방면의 교류가 왕성히 이루어졌음을 보여주는 것으로 생각된다. 그리고 남문외고분에서 보이는 함안양식토기의 존재는 무구(기)류와 마구류 그리고 금제이식 등에서 보이는 바와 같이 안라국의 멸망에 이르기까지 그들의 독창적인 문화가 지속되고 있음을 보여주는 것으로 평가할 수 있다.

---

17) 삼강문화재연구원, 앞의 자료, 2019, 12쪽.

Ⅲ. 6세기 전후 함안지역 고분문화의 양상

함안지역의 고대사에 대한 종합적인 연구는 문헌기록을 기초로 한 연구[18]뿐만 아니라, 고고자료를 통한 다방면의 연구[19]가 꾸준하게 진행되어 왔다. 특히, 삼국시대 함안지역의 고분문화에 대해서는 1990년대 초반부터 집중적으로 진행된 함안 말이산고분군에 대한 발굴조사 성과를 토대로 다양한 연구가 오늘날까지 이어져 왔는데, 대체로 묘제의 구조와 출토유물의 구성과 변화에 주목하여 단계를 나누고 각각의 획기에 따른 해석을 시도하고 역사적 의미를 부여한 것이었다. 그동안 말이산고분군에 대한 발굴조사에서는 삼한시기의 목관묘를 비롯하여 4~5세기대의 목곽묘와 5세기 후반대의 수혈식석곽묘, 그리고 6세기 전반 무렵의 횡혈식석실분 등 다양한 삼국시대의 유구가 확인되었고 통형고배와 화염문투창고배를 비롯한 함안양식 토기류와 마갑 및 대도 등 지배계층을 상징하는 무기와 마구, 무구류 등이 다량으로 출토되었다. 이들 유구와 출토유물에 의한 편년 연구와 안라국의 형성과정과 발전단계, 영역, 대외관계 등에 대한 연구가 지난 30여 년간 꾸준하게 진행되어왔으며, 이제는 안라국의 실체가 점차 밝혀지고 있다고 생각된다.[20] 그동안 연구자들의 노력에 의해 분석된 연구 성과는 묘제와 토기류를 중심으로 한 고분의 상대편년에 있어서는 대체로 일치된 견해를 보이며 안정된 상태를 보이는 것으로 평가되고 있다. 즉, 묘제에 있어서는 3세기 후엽부터 5세기 전반까지 목곽묘가 축조된다. 5세기 2/4분기부터 수혈식석곽묘가 출현하며 안라국이 멸망하는 6세기 중엽까지 유행하고, 6세기 1/4분기에 들어서면서 백제의 영향으로 횡혈식석실분이 함안지역에 등장하는 것으로 이해하고 있는 것이다.[21] 또한, 삼국시대 함안지역의 토기는 이러한 묘제의 변화와 함께 양식의 변이가 서로 연동하며 진행되는데, 대체로 전기(고식

---

18) 남재우, 『안라국사』, 도서출판 혜안, 2003; 백승옥, 『가야 각국사 연구』, 도서출판 혜안, 2003.

19) 이주헌, 「아라가야에 대한 고고학적 검토」, 『가야 각국사의 재구성』, 도서출판 혜안, 2000; 최경규, 「가야 수혈식석곽묘 연구」, 동아대학교대학원 문학박사학위논문, 2013; 조수현, 앞의 논문, 2017; 하승철, 「함안 말이산고분군의 묘제와 출토유물」, 『가야고분군 Ⅰ』, 가야고분군 세계유산등재추진단, 2018, 68~95쪽; 김승신, 「묘제와 출토유물로 본 안라국 왕묘와 위계」, 『가야고분군 Ⅴ』, 가야고분군 세계유산등재추진단, 2019, 122~151쪽.

20) 김정완, 「함안권역 도질토기의 편년과 분포변화」, 경북대학교대학원 문학석사학위논문, 1994; 이주헌, 앞의 논문, 2000, 207~283쪽; 조수현, 앞의 학위논문, 2017; 최경규, 「아라가야고분군 분포로 본 공간 활용과 그 의미」, 『아라가야의 역사와 공간』, 제10회 안라국 국제학술심포지엄, 2018, 51~73쪽.

21) 하승철, 앞의 논문, 2018, 72쪽.

도질토기: 4세기~5세기1/4분기), 중기(함안식토기: 5세기 2/4분기~6세기 1/4분기), 후기 (외래계토기의 유입: 6세기 2/4분기)의 3시기로 나누어지고, 소위 화염문투창고배를 중심으로 한 아라가야토기(함안양식)는 5세기 2/4분기에 성립하는 것으로 파악하고 있다.[22] 이처럼 고대 안라국의 중심영역으로 추정되는 함안군을 비롯하여 인근의 창원과 의령에 이르는 지역까지를 포함하여 당시의 묘제와 토기양식 등 고고자료의 변화를 기준으로 볼 때, 안라국의 존재를 인식할 수 있는 4세기~6세기 전반대에 이르는 고분문화의 전개양상을 종합해 보면 크게 4단계로 진행된 것으로 이해할 수 있다.[23] 이 가운데에서 남문외고분군의 출현과 조영 등에 대하여 정합적으로 이해하려면, 함안지역 고분문화 Ⅲ기와 Ⅳ기의 양상에 대하여 우선적으로 살펴볼 필요가 있다.

먼저, Ⅲ기는 5세기 3/4분기~5세기 말에 해당하며, 말이산 북쪽 능선을 중심으로 묘역이 선정되었던 것으로 보인다. 안라인들은 이미 목곽묘 시기부터 누대에 걸쳐 내려온 묘역을 인지하고 있었으며, 이와 가까운 거리에 위치한 말이산고분군 북쪽 능선을 중심으로 고분의 축조가 시작되었음을 의미한다. 말이산고분군의 전범위에 걸쳐 분포하고 있는 대형의 수혈식석곽묘가 이 시기의 대표적인 묘제이다. 그동안 10여 차례에 걸친 대형 봉토분의 조사결과에 따르면, 대형봉토분은 5세기 후반으로 갈수록 점차 남쪽으로 확장되기 시작하며, 말이산 능선 정선부 및 서쪽 가지능선 정상부에는 비교적 대형의 고총고분이 등간격을 이루며 조성된다.[24] 특히, 現4호분을 중심으로 한 능선의 중앙부와 現13호분에 이르는 남쪽 구릉지대가 이 시기에 조성된 대형봉토분의 중심분포지역으로 파악된다. 따라서 이 시기에 유행한 유구는 매장주체부를 수혈식석곽으로 갖춘 대형봉토분이 중심을 이루며 전단계의 Ⅱ류형목곽묘는 사라지고 있는 것으로 생각된다. 이 단계의 유구로는 도항리現4,5,6,8,13,15호분, 文14,20,38,39,40,51,54호, 昌14-1, 考16,61, 파괴분, 마갑총주변1,2호, 현동36,54,57,58,59,64호 등이 해당된다.

특히, 이시기 대형봉토분의 입지는 구릉의 정선부를 따라 각각 일정한 간격을 유지한 채 설치되고 있으며 매장주체부인 수혈식석곽은 구릉의 사면에 등고선의 방향과 주축

---

22) 우지남, 「함안지역 출토 도질토기」, 『도항리 · 말산리유적』, 경남고고학연구소, 2000, 136쪽.

23) 함안지역 고분문화의 전개과정에 대하여서는 여러 연구자가 검토한 바가 있지만, 본고의 내용이 필자의 기존 연구(이주헌, 앞의 논문, 2000, 207~283쪽)와 서로 연계되는 맥락을 고려하여, 필자의 단계구분과 획기를 기준으로 논의를 진행하고자 한다.

24) 김승신, 앞의 논문, 2019, 132쪽.

방향이 평행하게 축조되어지는데 文38호분과 같이 구릉의 사면에 설치된 유구의 경우에는 봉분의 유실을 막기 위해 봉분의 가장자리에 말굽형의 주구를 설치한 것도 확인되고 있다. 또한, 고분이 위치하는 지형조건을 감안하여 상대적으로 지형조건이 열악한 곳은 제상성토, 판축성토, 지지대(말뚝) 설치 등을 통해 매장주체부 최상단 높이까지 보완작업이 이루어진 후 상부성토가 마무리되는 기법이 보인다. 이와 같은 공정은 現6호를 비롯하여 現13,25,26호분 등 말이산고분군 내에서 봉토조사가 비교적 자세히 이루어진 고분에서 나타나는 공통적인 현상이다.[25] 수혈식석곽은 묘광이 장방형을 띠나 장폭비가 4:1에 가까운 매우 세장한 모양을 하고 있어서 석곽 장폭비가 2.8:1에 가까운 부산·김해지역의 것들과는 외형적인 모습에서 큰 차이를 보이고 있다. 석곽을 축조하고 있는 석재의 크기와 축조방식에 있어서도 함안지역의 기반층을 이루고 있는 적갈색계의 혈암을 두께 20cm 내외의 비교적 얇은 판상의 할석으로 만들어 네 측벽을 수직상으로 쌓아 올렸는데, 이는 방형 또는 장방형의 할석을 주로 이용하여 석곽을 축조하고 있는 낙동강하류역의 석곽묘들과는 크게 다른 점으로 파악된다.

　석곽은 구조적인 차이에 의해서 2종류로 나눌 수가 있는데, 1류형은 석곽의 길이가 5m 정도이고 할석으로 측벽을 쌓아올린 대형급의 석곽으로서 구릉의 사면이나 지능선상에 입지한 대형봉토분 사이에 축조된 유구들이다. 文14,38,51호 등이 이에 속하며, 유물의 부장은 피장자의 신변주변과 한쪽 단벽에 집중되어 이루어지고 있다. 2류형은 주능선이나 지능선의 정선부에 위치해 있고 석곽의 규모가 7m 이상인 초대형급으로서 네 측벽의 상단부에 방형의 들보시설이 6곳 설치되어 있다. 도항리現4,5,6,8,13,21,22,25,26호분, 文39,54호분, 歷100,101호, 尙5-1,5-2호 등이 이 유형에 속하며 유물의 부장에 있어서도 1류형에 비하여 양과 질적인 면에서 어느 정도의 차이를 보이고 있다. 특히, 측벽에는 모두 6곳에 들보시설이 설치되어 있는데 이것의 기능은 거대한 봉토의 무게에 의해 쉽게 반절될 수 있는 개석의 안전한 유지와 석곽의 붕괴를 막으려는 일종의 목가구시설로 파악된다.[26] 1·2류형 모두 바닥을 역석으로 고르게 깔아 상면으로 마련하였고,

[25] 김승신, 앞의 논문, 2019, 133쪽.
[26] 이주헌, 「말이산 34호분의 재검토」, 『석오윤용진교수 정년퇴임기념논총』, 기념논총간행위원회, 1996, 403~418쪽; 조수현, 「가야묘제의 감실 재검토-함안 도항·말산리고분군을 중심으로-」, 『영남고고학』 35호, 2004, 87~112쪽; 서영민, 여창현, 「함안 말이산고분군 목가구 설치 분묘 재검토」, 『고고광장』 10, 2012, 37~61쪽.

개석은 10매 이상의 대형 판석으로 덮은 상태이다. 또, 석곽의 내부에서는 남향으로 안장된 주피장자의 머리위에 서침 상태로 순장된 인골들의 흔적이 확인되고 있는데, 순장자의 매장공간은 주피장자의 매장공간과 어느 정도 차이를 두고 남쪽단벽에 분리되어 있다. 역석으로 처리된 시상의 범위와 꺽쇠 및 관정의 출토위치를 고려하여 볼 때, 주피장자의 시신과 부장유물만이 목곽으로서 보호되어진 것 같다. 순장은 現4호분(舊34호분)의 경우처럼 6인이나 되는 많은 수의 순장인골도 발견되고 있어서 규모가 크고 목조들보시설이 설치된 2류형의 석곽에는 2人~5人에 이르는 순장이 대부분 이루어진 것으로 볼 수 있다.[27]

출토유물로는 각종의 토기류〈도면 4〉와 철기류〈도면 5〉가 다량 출토되고 있는데, 고배는 대각이 이전 단계의 것보다 다소 작아진 편이고 투공의 형태도 화염형, 삼각형, 세장방형 등으로 다양하나, 대체로 유개식의 장방형투공고배가 주류를 이루기 시작한다. 그리고 고배에 파수가 부착된 파수부고배가 새로이 등장하고 있다. 파수부완은 동체부 중앙이 불룩해지고 구연과 동부의 경계 및 동중위에 퇴화된 돌대가 베풀어진다. 파수는 위로 치켜 들리면서 부착범위가 좁고 구연의 끝은 뾰족하며 경사진 면이 있다. 기대는 소위 '함안식발형기대'라고 불리우는 고배형의 대형 발형기대가 유행하는데, 수발부와 대각부의 비율이 1:1.5에 가깝고 편반구형의 수발부에 좁은 원통상의 대각이 연결된 기형으로 구경에 비해 저경이 좁은 것이 특징이다. 외견상 수발부의 구경이 넓은 대각은 다소 높은 편이어서 불안정한 느낌을 주고 있다. Ⅱ기부터 나타나기 시작한 장경호는 전단계에 비해 동체가 구형에 가깝고 구경부는 다소 길며 구연은 크게 외반된다.

또한, 고분에 부장되는 무장 역시 비늘갑옷을 비롯한 무구류의 부장이 크게 증가되며 공격용 무기인 철촉과 철모 등도 다량 부장되고 있다. 갑주는 '종장판주+경갑+찰갑'으로 구성되며, 안라국 최고지배층을 중심으로 갑주의 도입 및 소유가 활발하게 이루어진다. 그리고 '대도+철모+철촉'으로 구성된 무기세트는 유지되며, 여기에 장식이 강한 환두대도가 추가된다. 그리고 마구는 전단계의 구성에 새로운 형식의 마구가 더해지는데, f자형경판비 · 심엽형 · 편원어미형 · 검릉형행엽 · 무각소반구형운주 등이 대부분 금동 · 은 · 청동 등을 이용하여 화려하게 장식되어 있다. 이러한 장식마구는 현재 안라국 최고지배자들의 묘역인 말이산고분군에서 집중적으로 출토되고 있어 그들은 화려한 장식마

---

27) 김수환, 「아라가야의 순장 – 대형순장묘를 중심으로 –」, 『영남고고학』 55호, 2010, 64~67쪽.

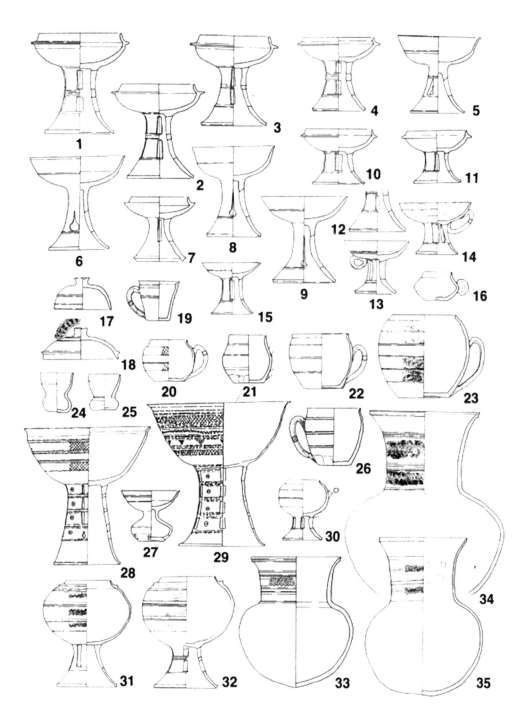

〈도면 4〉 함안지역의 5세기 후반대 토기

(29:現4호, 4·7·9~12:現15호, 1·10·19·26:文14호, 2·3·6·21·27:文38호, 17·33:文39호, 8·14~16·
20·22~25·28·30~32·35:文54호)

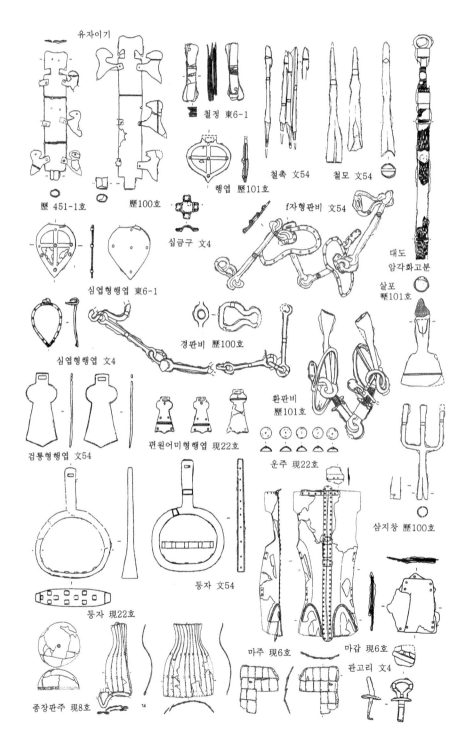

유자이기

철정 東6-1

행엽 歷101호

철촉 文54

철모 文54

歷 451-1호

歷100호

f자형판비 文54

십금구 文4

대도
암각화고분

심엽형행엽 東6-1

살포
歷101호

심엽형행엽 文4

경판비 歷100호

검통형행엽 文54

편원어미형행엽 現22호

환판비
歷101호

운주 現22호

삼지창 歷100호

등자 現22호

등자 文54

마주 現6호

마갑 現6호

관고리 文4

종장판주 現8호

〈도면 5〉 5세기 후반대~6세기 전반의 무기 · 무구 · 마구 · 의기류구를 즐겨 사용했음을 짐작할 수 있다.[28] 그리고 Ⅱ기부터 유행하기 시작한 유자이기에 새 모양의 다양한 장식이 부가되는 것도 주목되는 부분이다.

이 시기는 말이산고분군 내 고총고분의 축조가 가장 활발했던 시기로 그동안 조사된 고분의 대다수가 이시기 해당한다. 고분의 외형적인 규모와 부장된 유물의 내용면에 있어서도 주변의 지산동고분군이나 옥전고분군·교동고분군 등과 필적 할 수 있을 만큼의 수준을 유지하고 있어 안라국 고분문화의 전성기로 파악된다. 특히, 수혈식석곽묘를 매장주체부로 하는 안라국의 고총은 대가야나 소가야의 고총과 뚜렷한 차이를 보이고 있어 주목된다. 즉, 대가야의 고총은 하나의 봉토에 주곽과 부곽, 순장곽이 조성되며, 소가야의 경우에도 고총 주위로 여러 기의 석곽을 배치하는 것이 특징이다. 하지만, 안라국의 고총은 하나의 봉토에 한 기의 주곽만이 축조되는데, 이러한 독자성은 대형 목곽묘가 축조되기 시작하면서부터 나타나며 수혈식석곽묘 축조단계에는 더욱 그 양상이 심화되고 있다. 이는 안라국의 제사법과 타계관 및 사후세계에 대한 관념 등이 묘제에 반영된 것임이 분명하다.[29] 또한, 5세기 중엽에 정형화된 함안양식 토기는 이 단계까지 지속적으로 이어지고 있지만, 화염형투창고배라는 표지적인 토기이외에 이단투창고배·발형기대·파수부배·개·대부호 등 함안양식으로 특징되는 토기가 형식상으로 정형화되어가는 반면 전단계까지 일부만 확인되었던 삼각형투창고배는 거의 사라지기도 한다.

다음으로 Ⅳ기는 6세기 1/4분기~6세기 2/4분기에 해당하며, 고분의 매장주체부는 이전 단계에 유행한 수혈식석곽과 함께 매장유구로서 새롭게 출현한 형식인 횡혈식석실을 취하는 고분이 혼재되어 있는데, 말이산고분군과 인근에 위치한 남문외고분군과 소포리고분군,[30] 중광리고분군[31] 등에서 확인되고 있다. 이 가운데, 발굴조사가 이루어져

---

28) 김승신, 앞의 논문, 2019, 140쪽.

29) 하승철, 앞의 논문, 2018, 82쪽.

30) 말이산고분군에서 서쪽으로 4.2㎞ 떨어진 곳으로 13기의 석실분이 조사되었다. 석실 내부에서 신라토기가 출토되어 안라국 멸망 이후에 축조된 것으로 파악된다.
경남문화재연구원,『함안 군북 소포리유적－5-1·3 구역－』, 2016;『함안 소포리(배양골·오달골·국실)유적－1구역 나지구－』, 2016.

31) 함안군 가야읍 광정리에 위치한 것으로 다수의 석실이 확인되었는데, 평면 방형의 궁륭형 천장을 가진 석실구조이며 신라토기가 출토되었다. 안라국 멸망 후에 새롭게 조성된 고분으로 평가된다.
아라가야향토사연구회, 앞의 책, 1998, 66~68쪽.

상황을 파악할 수 있는 것으로는 도항리現22,25,26호분, 昌14-2, 文4,5,8,47,52,암, 考3,5,31호, 南6,7,11,15호분, 소포리5-3구역3~10호,1구역1,2,3,4,22호 등이다. 특히, 횡혈식석실분인 도항리文4·5·8·47호는 말이산고분군의 북쪽 구릉상에서 전시기에 설치된 목곽묘를 파괴하고 모두 입지해 있는데,[32] 이는 5세기 말경에 이르면 이미 말이산 구릉지 전역에 중대형의 분묘가 모두 설치되어 묘역 공간이 부족하게 되자, 6세기에 들어서면서 구릉의 북쪽지역에서 4~5세기대 목곽묘를 파괴하면서 수혈식석곽묘나 횡혈식석실분이 축조되고 있는 것으로 파악하고 있다.[33] 더욱이, 5세기 후반에 정형화된 수혈식석곽묘를 갖춘 함안지역의 고분은 주변지역인 의령, 합천 등지에서도 몇 기가 확인되고 있는데, 이는 안라국 주변의 급박했던 정세 변동과 맞물려 말이산 묘역 내에 석실계 묘제가 새롭게 도입될 뿐만 아니라, 말이산과 마주보고 있는 남문외고분군 일대에까지 횡혈식석실분이란 새로운 묘제를 중심으로 한 고총고분이 묘역을 이루게 된 것으로 파악하고 있다.[34]

함안지역에 출현한 이시기 횡혈식석실은 평면형태가 모두 세장방형을 이루며 입구부가 모두 남단벽 중앙에 설치된 양수식 구조이다.〈도면 6〉 연도는 1m 내외로서 짧은 편이고 묘도는 비스듬한 경사를 이루며 나팔상으로 뻗어 있는 점이 특징이다. 유구축조 당시 세장한 석실의 상부에는 여러 매의 천정석을 덮었으나, 도굴 등에 의해 원형을 잃은 것이 많고, 석실의 네 벽면을 따라서 각종의 유물들이 다수 매납된 양상이다. 도항리文4,47호, 南6,7,11,15호분의 경우에는 북단벽 쪽에 붙어서 다량의 토기가 부장되었으며 입구부인 남단벽 부근에는 약간의 철기류와 마구류가 부장되어 있는 점이 공통적으로 보이고 있다. 횡혈식석실은 석실 내부 구조에 따라서 2류형으로 나누어지는데, 1류형은 현실의 깊이가 1m 이상으로 깊은 편이고 입구부의 모습은 사다리꼴을 띤다. 그리고 현실의 바닥에는 전면에 역석을 이용하여 상면을 마련하고 있다. 도항리文4,5, 南6,7,11,15호분 횡혈식석실이 이에 속하며 측벽의 축조상태도 최하단석에서부터 수직상으로 쌓아

---

32) 일제강점기에 조사된 말이산 1호분도 횡혈식석실분으로 파악된다. 1호분에 대한 발굴기록이나 도면, 출토유물에 대한 자료는 거의 남아 있지 않으나, 현재 알려진 사진을 근거로 본다면 지상식구조의 석실일 가능성이 높다. 특히, 양장벽이 약간 내경하면서 축조되어 있는 점, 벽석 사이에 잔돌을 끼워 보강하는 축조 수법 등은 남문외고분군 11호분과 동일한 양상으로 파악하고 있다.
하승철, 앞의 논문, 2018, 82쪽.
33) 김정완, 앞의 학위논문, 1994, 45쪽.
34) 김승신, 앞의 논문, 2019, 137쪽.

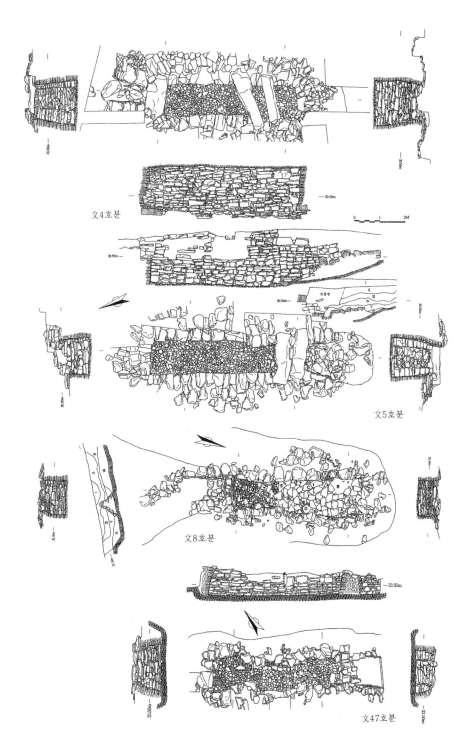

〈도면 6〉 말이산고분군 횡혈식석실 평·단면도

오르다 상단부에 이르러 안으로 내경되게 축조하였다. 2류형은 현실의 깊이가 1m 이내로 짧고 입구부의 모습은 방형에 가깝다. 현실의 바닥에는 평평한 활석과 주먹크기의 역석을 이용하여 2종류의 상면으로 구분되어 있어 추가장을 한 흔적이 확인되고 있는데, 文8,47호가 이에 속한다. 측벽의 축조상태도 1류형과는 달리 측벽 중위부 상단석부터 조금씩 내경 되도록 쌓아 올렸으며 2기 모두 개석이 1매도 확인되지 않고 있어서 천정의 설치상태도 1류형과는 상당히 다른 구조를 하였을 것으로 추정된다. 또한, 文47호의 경우, 석실봉토의 유실을 막고 묘역의 경계로서 봉분의 최하단부에 1~3단 정도의 호석을 둥글게 돌리고 있다. 함안지역에서 확인되고 있는 횡혈식석실분 중 6세기 초에 나타나고 있는 1류형 석실은 규모와 형태, 장폭비, 주피장자의 두향 등에 있어서 전단계의 묘제인 수혈식석곽묘와 큰 차이가 없으므로 이 지역의 특징적인 수혈식석곽묘의 축조 방식을 그대로 유지하면서 횡혈식석실의 새로운 요소인 입구부의 설치와 연도 및 묘도시설의 마련 그리고 추가장에 수반되는 시상대의 개축 등이 가미되면서 2류형으로 변화 발전되어 간 것으로 생각된다.

한편, 출토유물에서도 큰 변화가 보이는데, 이단투창고배의 배신은 둥근형태에서 직선적인 형태로, 각부는 짧아지고 만곡도가 심하여 전체형태가 단각고배에 가까우며 대각은 나팔상에서 직선적인 깔대기형으로 변화한다. 화염형투창고배도 점차 사라지는데, 대각부 투창은 문양이 점차 퇴화·생략하여 제작되기도 한다. 기대류는 전단계에 비하여 규모가 자아지며 이질적인 형태로 변화되어 간다. 그리고 띠상의 파수기 붙은 평지옹과 개배가 새로이 나타나고 있다. 파수부완은 전단계에 비하여 구연부가 곡선적으로 발달하고 파수는 매우 작아진다. 호류는 동체부가 구형에 가까운 대형의 단경호와 대각이 달린 대부호가 중심을 이루고 장경호는 구경부의 경부가 축약되고 외반도가 심한 편이다.〈도면 7〉

전체적으로 6세기 전엽 이후 안라국의 토기는 점차 이전 단계 토기의 형식들이 퇴화하는 모습을 보이며 분포권도 점차 축소하는 것이 특징이고, 함안양식 토기가 존속하는 가운데 대가야·소가야·백제·신라권역 등 다양한 외부 양식의 토기가 유입되기 시작한다. 이처럼 함안양식 토기의 제작이 줄어들고 대가야나 소가야계 토기의 반입이 늘어나는 현상에 대하여 함안양식 토기의 쇠퇴기로 단정하고 정치적 변동을 반영하는 것으로 보고 있다. 즉, 대가야의 개배·파수부완·통형기대의 부장이 급증하는 것은 재지에

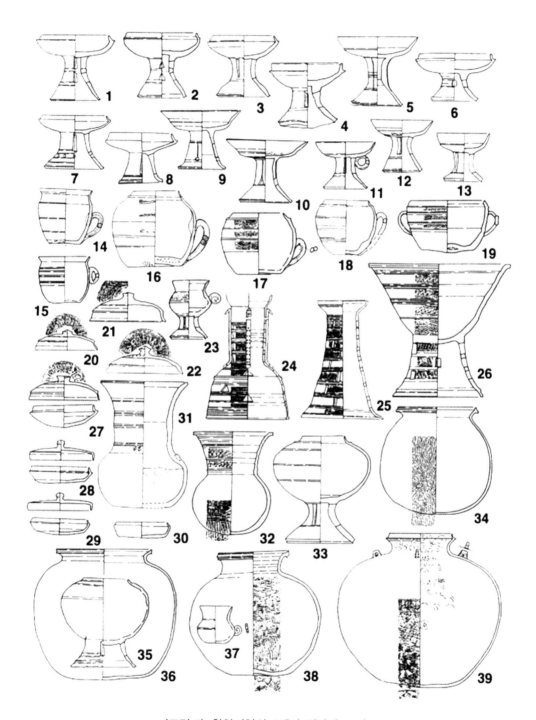

〈도면 7〉 함안지역의 6세기 전반대 토기

(5 · 9 · 10 · 12 · 16 · 27 · 31 · 33 · 38 · 39:암각화고분, 2 · 13 · 18 · 22 · 27:文4호, 20 · 21 · 28 · 29 · 30:文5호,
24: 文8호,1 · 3 · 4 · 7 · 8 · 11 · 14 · 15 · 17 · 19 · 23 · 25 · 26 · 32 · 34~36:文47호)

서 함안양식 토기의 제작기술이 전승되지 않고 있는 것으로, 이는 공인집단의 해체 등 사회 구조적인 변동이 발생했을 가능성이 높은 것을 보여주는 것으로 해석하였다.[35]

이러한 변화양상은 철기유물에 있어서도 보인다. Ⅲ기에 비하여 무기와 무구의 수량이 현저하게 줄어들고 종류에 있어서도 철촉과 마구류, 관정 등으로 비교적 단순한 편이나, 6세기 중엽 이후로는 일부 무기를 제외하면 더 이상의 무구류는 부장되지 않는다. 그리고 마구류 역시 행엽이나 운주 등 대가야나 신라 등지에서 유행했던 장식마구류가 유입되지만, 이 또한 석실분이 유행하는 6세기 중엽이후에는 더 이상 부장이 이루어지지 않는다. 기본무기세트인 '대도+철모+철촉'이 동시에 공반하는 사례가 줄어들며 무기 단일 기종의 복수부장 양상도 상당히 감소한다. 장식대도 등 의장용 무기의 부장과 갑주의 부장 역시 점차 소멸하며, 작은 소찰만이 상징적으로 매납된다. 마구는 '재갈+안장+등자'로 조합되는 기본구성은 유지된 듯하나 더 이상의 진전은 보이지 않는다. 이는 가야 각국의 대표가 안라국에 모여 고당회의가 개최되는 등 급박했던 당시 정세에 따른 여러 방면의 대응이 이루어졌지만, 고분에서 확인되는 무장양상은 한시적인 지역 간의 교류 및 기술 정도로 보이므로 타 지역에 비해 6세기대 이후까지 지속적으로 무장을 완전하게 보유하지 못한 것으로 평가하고 있다.[36] 또한, 앞 시기의 수혈식석곽묘에 부장되던 금동제 장식대도, 무기, 무구류, 금동제 장신구류, 유자이기 등과 같은 위세품이 횡혈식석실분에 거의 부장되지 않는 사실은 정치·사회적인 변동이 당시에 발생했을 가능성이 있음을 보여주는 것으로 해석하는 것[37] 역시 주목된다.

결국, 이 시기는 백제가 신라의 세력확장을 막기 위해 서부경남일대에 영향력을 강하게 행사하던 시기로서 함안지역은 백제에 있어서는 낙동강을 경계로 신라와 대치하는 최적의 요충지였다. 따라서 백제가 안라국에 영향력을 행사하며 주변 세력들과 모의하는 상황들이 문헌에 있을 뿐 아니라, 고고자료에 있어서도 전단계보다 더욱 많은 외래계문물이 말이산고분군과 남문외고분군에서 보이고 있어 당시 복잡했던 정치와 문화적인 분위기를 어느 정도 반영하는 것으로 생각된다. 이 외래계문물들은 주로 대가야와 소가야 그리고 백제와 관련되는 것들로서 당시 신라와 백제의 대결구도에서 안라국은

---

35) 하승철, 앞의 논문, 2018, 85쪽.
36) 김승신, 앞의 논문, 2019, 140쪽.
37) 하승철, 앞의 논문, 2018, 85쪽.

대가야 및 소가야세력과 함께 백제를 지원한 것으로 파악된다.

Ⅳ. 남문외고분군의 성격과 의미

현재까지 삼국시대 함안지역에 존재했던 안라국에 대한 고고학적인 검토는 대부분 말이산고분군의 발굴조사와 연구 성과를 중심으로 이루어져 왔다.[38] 이는 김해, 고령, 고성, 창녕, 합천지역 등을 중심으로 한 각 지역 중심고분의 묘제와 토기양식이 서로 차이를 보이고 있어 가야 각국의 영역과 사회구조를 연구하는데 유용할 뿐만 아니라, 전체 가야사를 복원하려는 학계의 연구경향과도 궤를 같이하는 것이어서 효과적인 연구 방법론으로 학계에서는 이미 보편화 된 상황이다. 하지만, 말이산고분군의 고고자료만으로는 6세기 전반대 함안지역의 고분문화의 양상을 명확하게 파악하는 데에는 한계가 있었음을 자인하지 않을 수 없다. 다행히 최근 함안 남문외고분군에 대해서 진행된 몇 차례의 발굴조사는 기존연구의 한계와 문제점 등에 대한 새로운 해석과 의미를 찾아 볼 수 있는 기회를 우리에게 제공하여 주고 있다.

앞장에서 이미 언급한 바와 같이 남문외고분군은 여러 차례의 지표조사 및 현황조사 그리고 2014년 이후 3차례에 걸쳐 발굴조사가 이루어졌으며 그 결과 크고 작은 원형봉토분 43기가 분포하고 있는 것으로 파악되었다. 현재 남문외고분군은 ①지리적으로 안라국의 중심고분군으로 평가되는 말이산고분군과 근거리에 위치하며 가야리 추정왕성지와 인접하고 있는 점 ②고분의 외형과 분포경관이 해발 30m 내외의 저산성 구릉을 따라 직경 20m 전후에 이르는 봉토분(南11호는 30m급)이 능선의 정선부에 일렬로 조영된 형태로써 수장층의 묘역으로 알려지고 있는 말이산고분군의 분포경관과 유사한 모습을 띠는 점 ③『咸州誌』 고적조[39]와 명리조의 기록에서 볼 수 있는 바와 같이 下里와 牛谷里에 각각 동말이산 마을 및 서말이산 마을이 있는 것으로 미루어 볼 때, 말이산고분군과 남문외고분군이 각각 동말이산과 서말이산을 가리키는 것으로 추정되는 점[40]

---

[38] 안라국이 위치했던 함안지역 일대에는 말이산고분군과 남문외고분군을 제외하면 고총고분군이 확인되지 않으며, 고분군 묘역의 면적이나 고분 밀집도, 출토유물 등 다각적인 면에서 검토하여도 이들 고분군에 견줄 수 있는 고분유적은 안라국의 세력범위 내에서는 발견되지 않는다.

[39] 『咸州誌』 古蹟條 "牛谷東西丘有高冢 高大如丘陵四十餘 諺傳古國王陵云"

등을 근거로 남문외고분군은 안라국 지배계층의 고분군으로 인식되어 왔다. 특히, 6세
기 전반 무렵 안라국 수장층의 묘역이 말이산고분군에서 이곳으로 옮겨진 것으로 해석
하거나[41], 말이산고분군에서 마지막 고총인 6세기 초의 現35호분에 연이어 새로운 묘제
로 전환하면서 왕묘역이 남문외로 이동하였을 가능성이 높은 것으로 해석하고 있다.[42]
나아가, 안라국의 최대발전기(5세기 2/4~4/4분기)에 유행한 들보시설을 갖춘 세장방형
의 대형수혈식석실묘를 중심으로 한 고총체계가 말이산고분군에서 소멸하면서 文
4,5,8,47호나 南11호분과 같은 횡혈식석실분이 안라국 지배층의 묘제로 새로이 수용되는
상황을 안라국의 쇠퇴기로 보고자하는 견해도 있다.[43] 말이산고분군에 이어서 남문외
고분군으로 안라국 지배계층의 중심묘역이 옮겨져 운영되는 것으로 해석하는 학계의
이러한 인식은 현재까지 조사된 함안지역의 고고자료를 통해 볼 때, 별다른 문제가 없
는듯하게 보일지도 모른다. 하지만, 최근에 발굴조사가 이루어진 南6,7,11,15호분에서
확인된 고고자료에 대한 세밀한 분석을 통해 이를 다시 살펴본다면, 함안지역 고분문화
와 남문외고분군의 성격에 대한 기존의 인식에는 문제가 있으며, 이에 대한 재검토가
시급하다고 생각된다.[44] 즉, 남문외고분군에서 발굴조사된 4기의 봉토분은 비록 도굴이
되었지만, ㉠매장주체시설이 모두 횡혈식석실인 점 ㉡석실 내에서 수습된 토기와 철기
및 각종 장신구 등에는 말이산고분군에서 주로 확인되는 함안양식의 유개고배를 비롯
하여 발형기대와 판상의 파수가 부착된 완과 고리가 달린 소형토기 등이 일부 포함되어
있는 점 ㉢출토유물상으로 보아 南11호분은 도항리文54호보다는 늦고 암각화고분(現34
호분)과는 비슷한 6세기 1/4분기에 조성된 것으로 편년되는 점 ㉣외래계토기가 많으며
대체로 소가야계와 대가야계의 통형기대와 신라나 백제지역에서 유행하던 토기의 영향

40) 경남발전연구원·함안군, 앞의 책, 2017, 18~19쪽; 최경규, 앞의 논문, 2018, 49쪽.
41) 하승철, 앞의 논문, 2018, 82~85쪽.
42) 최경규, 앞의 논문, 2018, 49~50쪽.
43) 조수현, 앞의 학위논문, 2017, 189~194쪽.
44) 필자는 이전에 함안지역 고분문화의 전개과정에 대하여 언급하면서 6세기 전반의 양상에 대하여 "…
고고유물상에 보이는 소가야 및 대가야 토기와 백제계 횡혈식석실과 유물을 통해서도 폭넓은 당시
의 국제교류 양상을 짐작할 수 있으나 신라의 강한 군사력은 끝내 이겨내지 못하였으므로 이 시기를
멸망기 또는 쇠퇴기로 파악하고자 한다"라 하였다.(이주헌, 앞의 논문, 2000, 265쪽) 이는 당시의 한
정된 고고자료로 인해 함안지역 고분문화를 심도있게 검토하기에 한계가 있어, 이로 인한 성급한 판
단이었음을 자인하지 않을 수 없다. 하지만, 20여 년이 지난 현재 함안지역에서 6세기 전반에 해당하
는 고고자료가 다수 조사되어 해당시기에 대한 재평가가 가능할 것으로 생각되는데, 이에 필자가 이
전에 '쇠퇴기 또는 멸망기'로 파악한 것을 수정하여 '전환기'로 인식하고자 한다.

을 받아 제작된 토기가 확인되는 점 ⓜ도항리형 새장식 유자이기는 현재까지 남문외고
분군에서는 한 점도 확인되지 않는 점 ⓗ순장이 이루어지지 않은 점 등의 특징이 발견
되는데, 이는 안라국 지배계층의 묘역인 말이산고분군과의 유기적인 관계와 남문외고
분군 축조집단의 성격을 파악하는데 있어 주목되는 부분이다.

　특히, 매장주체시설이 모두 횡혈식석실이라는 점은 말이산고분군과 비교하여 남문외
고분군의 정체성과 당시 안라국의 성격을 '쇠퇴기'로 파악하기보다는 새로운 '전환기' 로
인식하게 해 주는 증거일 것이다. 이는 함안지역 고분문화 Ⅳ기인 6세기 1/4분기에도
중심 고분의 매장주체부가 수혈식석곽을 이루고 있는 말이산고분군과는 달리 매장주체
부가 횡혈식석실이고 직경 30m급에 해당하는 대형봉토분이 남문외고분군에서 출현한
후 계속적으로 이곳에서 대형고분이 축조되는 양상은 그동안 Ⅳ기를 안라국의 멸망과
관련하여 함안지역 고분문화의 '쇠퇴기'로 인식하여 왔던 기존의 연구 성과에 의문을 던
지며 되돌아보게 할지도 모른다. 즉, 안라국 고분문화의 전개양상에 있어 횡혈식석실분
이 등장하는 Ⅳ단계에는 말이산고분군뿐만 아니라 안라국 권역 내에서 고분의 축조가
감소하고 규모는 작아지는데, 고분출토 유물 역시 양적 또는 질적으로 낮아지며 대가
야·소가야·신라·백제양식의 유물과 아라가야양식의 유물이 서로 혼재하고 있다. 주
로 6세기 전반대까지 토기에서는 대가야양식 유물이 우세하다가 6세기 후반대에는 신
라토기의 부장이 급증하는데, 철기 및 금속류의 경우에도 백제와 신라의 것이 주를 이
루고 있어 이 단계를 신라와 백제세력이 가야지역으로 강하게 진출함에 따른 혼란기이
자 안라국의 쇠퇴기로 인식한 것이다.[45] 또한, 이와 유사한 인식아래 가야지역에서 가
장 이른 시기의 횡혈식석실(南11호분)이 분명히 함안지역에서 출현하고 있음에도 불구
하고 '아라가야식'의 횡혈식석실이 성립되지 못한 것으로 파악하고, 이를 안라국의 대내
적 상황 또는 외교력의 한계 등에서 그 이유를 찾으려는 견해도 있다.[46] 이는 암각화고
분(現35호분)의 연대가 6세기 초~전엽에 해당하고 그 남쪽 주능선 정상부에 조성된 現
37호분도 그와 비슷한 연대로 볼 수 있다면, 말이산고분군에서 최고수장층의 고분은
6세기 중엽이전에 이미 종료되었을 가능성이 있다고 본 것이다. 다만, 南11호분은 석실
의 규모와 내부에서 확인된 사족배와 은제장식관정 등 다수의 백제계 유물로 보아 이

---

45) 조수현, 앞의 학위논문, 2017, 193쪽.
46) 김준식, 「가야 횡혈식석실 연구」, 경북대학교대학원 문학박사학위논문, 2019, 176~179쪽.

석실은 당시의 상황을 극복하기 위한 새로운 도약이나 시도로서 백제의 영향을 받아 일시적으로 말이산에서 남문외로 묘역을 이동하여 새로이 조성된 것이지만, 결과만을 놓고 본다면 큰 효과는 없었던 것이라며 횡혈식석실을 매장주체부로 한 南11호분에 대한 평가를 애써 인색해가며 낮추어 보고자 하였다.[47]

하지만, 직경 30m에 달하는 南11호분을 비롯하여 이후 연속적으로 남문외고분군에 조영되고 있는 횡혈식석실분의 존재는 화염문투창고배의 유행이나 도항리형 새장식 유자이기의 부장, 순장과 들보시설을 갖춘 대형 수혈식석곽묘 중심의 전통적인 매장방식을 고수한 말이산고분군의 매장관념과는 차이를 보이며 그의 한계를 극복하고 한 단계 더 나아가려는 안라국 지배층의 노력과 결실로 재평가되어야 할 것이다. 南11호분은 세장방형의 평면 형태와 전면시상 등으로 말이산고분군에 축조된 수혈식석곽묘의 전통이 계승되고 있는 요소도 있지만, 6세기 1/4분기 이후 함안지역에서 30m급에 달하는 큰 봉토를 갖춘 고분으로서, 은으로 장식한 관정을 사용한 목관의 존재와 신라토기의 부장, 그리고 제단조성과 호석의 축조 등에서 안라국 수혈식석곽묘의 전통적인 매장방식에서 벗어나 새로운 관념을 바탕으로 한 매장시설(횡혈식석실)을 적극 수용한 안라국 지배층의 혁신적인 결정과 변화된 모습을 엿 볼 수 있기 때문이다.[48]

또한, 이러한 양상은 말이산고분군에서 Ⅱ기의 대형목곽묘의 등장과 함께 출현하여 Ⅳ기의 수혈식석곽묘에 이르기까지 전체적인 형태에서 거의 변화가 보이지 않은 도항리형 새장식 유자이기가 현재까지 남문외고분군에서는 단 한 점도 확인되지 않은 점은 남문외고분군의 성격과 관련하여 주목되는 부분이다. 유자이기가 부장된 고분의 성격이나 변화과정으로 볼 때 새장식 유자이기의 위계는 말이산고분군 내 최상위집단 혹은 차상위집단에서 일부만이 소유할 수 있었던 것으로 추정되며[49] 도항리現26호분, 틈14-2호,

---

[47] 함안 말이산고분군과 남문외고분군에서 확인된 횡혈식석실분은 평면형태가 세장방형을 이루며 입구가 중앙부에 위치한 구조로 진주 수정봉 2호분이나 3호분과 유사한 형태를 하고 있다. 하지만, 석실의 세부적 차이에 따라 2가지 유형으로 나누어지며, 추가장의 흔적과 호석 및 주구 등 부대시설이 확인되는 것으로 보아 자체적인 정형화 과정이 나름대로 진행되고 있었음을 알 수 있다. 따라서 함안지역 횡혈식석실분의 출현과 변화과정에 대한 구체적인 사실을 충분히 검토하지 않고, 백제에 의해 일시적으로 출현하였다가 사라진 것으로 평가한 견해는 재검토되어야 할 것으로 생각한다.

[48] 함안지역 지배계층의 묘역에서 횡혈식석실분이 말이산고분군보다 이른 시기에 남문외고분군을 중심으로 축조되고 있는 사실에 대하여, 남문외고분군 수장층이 강력한 세력으로 부상하였을 가능성을 제시한 견해는 주목된다. 하승철, 앞의 논문, 2018, 84쪽.

[49] 김승신, 앞의 논문, 2019, 142쪽.

歷451-1호에서와 같이 말이산고분군에서는 6세기대의 대형 수혈식석곽묘에 이르기까지 지속적으로 부장되고 있다. 새장식 유자이기가 Ⅱ기와 Ⅲ기의 대형분에서 지속적으로 출토되므로 수장층의 상징이란 견해[50]를 존중한다면, 새장식 유자이기가 전혀 확인되지 않은 남문외고분군의 성격은 수장층의 분묘로서 쉽게 인정하기 어려울지도 모른다. 그렇지만, 6세기에 들어서면서 남문외고분군을 중심으로 ⓐ석실묘의 도입 ⓑ대가야나 신라계 유물의 부장 ⓒ화염형투창고배와 새장식 유자이기의 소멸 ⓓ순장의 소멸 현상 등은 말이산고분군과 비교하여 볼 때, Ⅳ기에 나타나는 특징적인 것이므로 주목되어야 한다고 생각한다. 특히, 남문외고분군을 중심으로 대가야의 요소가 토기나 묘제에서 다수 확인되고 있는 것[51]은 이전시기보다 대가야와의 접촉이나 영향이 증가되는 것일 뿐만 아니라, 안라국의 상징물인 화염형투창고배와 새장식 유자이기, 그리고 순장이라는 매장관념은 남문외고분군 축조집단에 있어서는 이제 더 이상 안라국의 표상으로서 그 의미가 없음을 암시하는 것일지도 모른다. 이러한 점들을 고려해 본다면, 남문외고분군을 축조한 지배집단은 어쩌면 말이산고분군을 조영하여 왔던 지배집단과는 다른 계보를 가진 집단일 가능성도 완전히 배재할 수는 없을 것 같다. 이는 안라국이 신라의 군사력에 의해 멸망하게 되는 6세기 중엽에 이르기까지 말이산고분군에서는 세장한 수혈식석곽에 화염문투창고배라는 함안양식토기와 새장식 유자이기, 그리고 순장이란 전통적인 장법을 고수하는 지배집단이 존재한 것은 분명하지만, 이와는 달리 남문외고분군에서는 급변하는 동아시아의 정세를 파악하고 새로운 매장관념을 포함한 횡혈식석실분이라는 신묘제를 지배층의 장법으로 채택함과 동시에 함안양식토기의 축소와 대가야나 백제 등 외래계토기의 확대, 새장식 유자이기와 순장의 소멸 등과 같은 이전 사회와는 다른 변화와 혁신을 주도한 지배집단의 존재가 상정되기 때문이다. 그렇다면, 정말 南11호분 출현 전야에 안라국 지배층은 말이산고분군 집단과 남문외고분군 집단의 두 그룹으로 분리되고, 6세기 이후 안라국의 주도세력은 남문외고분군 축조집단으로 전격 교체된 것일까? 아니면, 남문외고분군의 본격적인 출현은 안라국 내 말이산고분군 세력의 쇠퇴를 의미하는 것인가? 이러한 의문에 대한 답을 구하는 방법은 쉽지 않지만, 남문외고분군에 대한 추가 조사와 연구를 통해 반드시 밝혀야 할 화두일 것이다. 따라서 해당

---

50) 송계현, 「철기의 부장양상으로 본 아라가야 발전」, 『가야문화』 16, (재)가야문화연구원, 2003, 43~45쪽.
51) 김훈희, 「함안 말이산고분군 출토 유자이기의 변천과 의미」, 『영남고고학』 82호, 2018, 54쪽.

유적에 대한 연구자의 관심과 관할 행정부서의 체계적인 관리가 앞으로 더욱 필요한 시점이다.

한편, 현재 조사가 진행중인 가야리 추정왕성지의 발굴성과[52]는 남문외고분군의 성격과 위상을 더욱 분명하게 파악하는데 있어 좋은 자료이다. 즉, 남문외고분군에서 북서쪽으로 약 500m 정도 떨어져 위치한 가야리 추정왕성지에서 출토한 유물들은 대부분이 6세기 전반대의 것으로 그 양상은 남문외고분군 출토유물과 크게 다르지 않다고 생각한다.[53] 더욱이 추정왕성지 내에서 출토한 토기 가운데에는 통형기대, 파수부완, 고배대각, 개배 등의 토기가 주를 이루며 건물지 부뚜막 내부에서는 시루편, 적갈색 연질호 등이 다수 확인되었는데〈도면 8〉출토된 토기는 함안양식 토기는 물론이고 소가야나 대가야 그리고 비화가야양식의 유물도 함께 출토되고 있는 점[54]으로 볼 때 더욱 주목된다. 지금까지 발굴조사에서 확인된 토성과 내부 시설의 규모를 고려할 때, 6세기 전반까지도 대규모 노동력을 동원할 수 있는 막강한 정치권력이 안라국에는 존재하였고, 이러한 권력을 소유하였던 최고 지배층의 거주공간이 바로 추정왕성지였을 것으로 조사자는 인식하고 있다.[55] 따라서 남문외고분군에서 출토된 유물 가운데 대가야나 소가야계 등 외래계토기가 많이 존재하고 있는 유물 구성상의 특징이 가야리 추정 왕성지의 발굴조사 결과와 서로 일치하는 것으로 보아 남문외고분군의 성격을 6세기 전반 무렵에 조성된 안라국왕 및 지배집단의 묘역으로 평가하는 것도 무리한 추정은 아닐 것이다. 특히, 南11호분은 고분의 외형적인 규모에서뿐만 아니라, 기존의 인식체계와는 다른 매장관념을 바탕으로 동아시아의 급변하는 정세에 적절한 대응을 모색한 안라국 지배층이 적극 수용한 새로운 묘제라는 점에서 6세기 1/4분기 무렵에 가야리 추정 왕성지에 거주했던 安羅國王의 능으로 비정하는 것도 고려해 볼 만 하다.

---

52) 이춘선, 「아라가야 추정 왕성지 연구」, 『아라가야의 전환기, 4세기』, 도서출판 선인, 2019, 173~215쪽.

53) 가야리 추정왕성지에서 출토한 유물의 편년에 대하여 조사자는 5세기 중반~6세기 중반의 것으로 파악하며, 말이산고분군에서 現4호분(舊34호분)이 축조되는 시기에 왕성지가 운영된 것으로 추정하고 있다. 이는 왕성지 내부 바닥 상면에서 채취한 목탄시료의 방사성탄소연대가 415~556년으로 측정되어 토기의 상대편년을 근거로 한 것과 일치하는 듯 보이나, 고고자료의 후퇴적과정과 유물의 출토맥락 등에 대한 분석적인 검토를 통해 객관적인 검증이 향후 이루어져야 할 것으로 생각한다.

54) 이춘선, 앞의 논문, 2019, 197쪽.

55) 『日本書紀』 흠명기(552년)의 기록에 安羅王이 등장하는 것으로 미루어 보아, 조사자는 가야리 추정 왕성지에 안라국의 王이 거주하였던 곳으로 파악하고 있다. 이춘선, 앞의 논문, 2019, 211쪽.

〈도면 8〉 가야리 추정왕성지 출토 유물(이춘선, 앞의 논문, 2019, 200쪽)

특히, 함안지역에서 횡혈식석실분의 채용과 함께 외래계토기가 급증하는 현상에 대하여 아라가야 토기의 생산 유통 시스템이 붕괴되고 국제관계가 악화되어 위기감이 고조되면서 기존 무기류와 마구류, 장신구류의 부장량이 줄어드는 대신 외래계 토기와 금공장식품의 수요가 늘어나는 것으로 파악[56]하기보다는 백제와 대가야를 비롯한 주변 정치체들과 안라국간의 폭넓은 정치적인 교섭체제가 형성되면서, 이에 따른 다양한 문화의 교류가 이루어진 것으로 보는 것이 타당할 것이다. 이는 안라국의 지배계층이 그들의 장제에 선진적인 횡혈식석실분을 적극 수용하는 것은 새로운 매장관념과 세계관으로 안라국의 사회와 정세가 급변하고 있음을 반영하는 것으로 해석하는 것과 같은 맥락이다. 당시 한반도를 포함한 고대 동아시아 사회에서 횡혈식석실분의 등장과 발전은 시기를 달리하며 보편적으로 확인되고 있는 사실인데, 수혈계에서 횡혈계 묘제로의 변화양상은 대부분의 국가 또는 지역에서 나타난다. 어쨌든 고대 동아시아 사회의 최고 수장층에서 최종적으로 선택한 묘제가 횡혈식석실분이라는 것은 분명하며, 고구려를 중심으로 횡혈식석실 내부에 벽화가 그려지는 것 역시 종래의 수혈식 묘제의 전통과는 판이하게 달라진 내세관을 의미할 뿐만 아니라, 율령지배와 관계되었을 것으로 이해하기도 한다.[57] 안라국의 경우에도 횡혈식석실분의 도입은 아라가야의 특징적인 묘제, 장제의 소멸을 유도한 것[58]으로 보고 이를 안라국의 쇠퇴로 인식할 것이 아니라, 당시 사회조직과 사후 세계에 대한 관념적 변화는 물론이고 새로운 고분축조 기술 및 집단의 출현, 수장층의 동향과 정치적 향방 등이 유기적으로 연관되어 있는 것으로 보아야 한다는 견해[59]는 경청해 볼 만하다.

V. 맺음말

한국 고대사 연구에 있어서 가야제국에 대한 고고학적인 분석이 본격적으로 시작된 것은 1990년대 초의 가야유적종합정비계획이 본격화되면서부터이다. 낙동강 이서지역의 가야유적에 대한 발굴조사를 통해 새롭게 밝혀진 가야 각 고도의 고고자료는 기존의 학설인 가야연맹체설[60]에 대한 강한 비판으로 이어졌으며, 이후 금관가야, 대가야의 가

---

56) 하승철, 앞의 논문, 2018, 90쪽.
57) 권오영, 「고구려 횡혈식석실의 매장프로세스」, 『횡혈식석실분의 수용과 고구려사회의 변화』, 동북아역사재단, 2009, 12~65쪽.
58) 하승철, 앞의 논문, 2018, 90쪽.
59) 김준식, 앞의 학위논문, 2020, 1~3쪽.

야지역연맹체설[61]에 대한 시각에서도 점차 벗어나게 되었다. 이제는 가야 영역 내에 소지역단위의 가야각국이 존재하는 것으로 정리되어가고 있으며[62]각국마다 사회의 성립과 발전 및 멸망까지를 시공간적으로 다루는 다양한 연구가 진행되고 있다. 이는 안라국에 있어서도 예외가 아니며, 그동안 연구의 틀로써 크게 활용되었던 말이산고분군의 범위를 넘어 인근에 위치한 남문외고분군에 대한 발굴과 출토유물의 분석 등은 함안지역 고분문화의 연구를 더욱 심화시킬 수 있는 좋은 기회가 되고 있다.

함안지역에서 5세기 중엽 이래 수장층은 말이산고분군을 중심으로 수혈식석곽을 묘제로 사용하였고, 직경 30~40m에 이르는 거대한 봉토와 함께 화염형투창토기, 도항리형 새장식 유자이기를 비롯한 각종 부장품의 후장, 그리고 매장시설 내부에 5인 전후의 순장이 특징으로 알려져 있다. 이는 각 권역별 가야제국의 수장층 묘역에서 5m가 넘는 대형석곽과 해당지역을 상징하는 특징적인 토기형식이 대부분 확인되기 때문에 당시의 수혈식석곽은 가야의 보편적인 묘제임과 동시에 가야각국을 대표하는 묘제라 할 수 있다. 하지만, 수혈식석곽묘가 활발히 축조되던 안라국에서 다인장과 복차장이 가능한 횡혈식석실분의 갑작스런 등장은 단순한 묘제의 변화를 넘어 최고 수장층을 중심으로 무덤과 제사에 대한 사회적 인식 변화가 있었고, 이에 따른 크고 작은 사회적 변동이 진행되었음을 짐작할 수 있다.

그동안 안라국에 대한 고분 연구의 핵심주제는 고분 내의 부장품들이었다. 그 가운데에서도 4세기대의 고식도질토기와 지역적 특징이 강한 5세기대의 토기에 집중된 면이 없지 않았다. 또한, 양은 많지 않으나 말이산고분군 내의 수혈식석곽묘를 중심으로 한 석실의 축조양상에 대한 연구도 지속적으로 이루어지기도 하였다. 그렇지만, 수혈식석곽묘 이후 함안지역에 출현한 횡혈식석실분에 대한 실질적인 검토와 연구는 거의 이루어지지 않은 것이 사실이다. 따라서 6세기 이후 안라국 사회의 동향에 대한 고고학적 연구는 전무한 실정이며, 앞으로 우리들에게 남겨진 중요한 화두 중의 하나임은 분명하다. 향후, 안라국에서 횡혈식석실분의 출현이 당시 최고 수장층의 고분군에 어떠한 변

60) 이병도, 「가라사상의 제문제」, 『한국고대사연구』, 박영사, 1976, 238~241쪽.
61) 김태식, 『가야연맹사』, 일조각, 1993; 田中俊明, 『大加耶聯盟の興亡と任那』, 吉川弘文館, 1992; 백승충, 「가야의 지역연맹사 연구」, 부산대학교대학원 문학박사학위논문, 1995.
62) 남재우, 앞의 책, 2003; 백승옥, 앞의 책, 2003; 이형기, 『대가야의 형성과 발전 연구』, 경인문화사, 2009.

화를 일으켰는지에 대한 적극적인 검토가 반드시 이루어져야 한다고 생각한다. 그리고 안라국의 멸망을 전후한 시기의 횡혈식석실분의 전개양상에 대한 분석이 필요한데, 이는 6세기 이전 수혈식석곽묘에 바탕을 둔 말이산고분군 수장층과 6세기 이후 횡혈식석실분에 근거한 남문외고분군 수장층의 문화양상에 대한 비교분석으로 구체화되어야 하며, 이를 통해 안라국의 정치적 향방과 고분문화의 연구가 체계적으로 이루어질 수 있을 것으로 생각한다.

삼국시대 고분군은 초기국가 형성기의 문화경관의 일부로 구축되며, 당시 정치체의 정치적, 경제적 그리고 이념적 중심지의 형성과정에서 중요한 비중을 차지한다. 또한 정치지배 구조를 이념적으로 합리화하고 정당화해 온 기념물로 볼 수 있다.[63] 이러한 점을 상기해 본다면, 현재 발굴조사를 통해 매장주체부가 모두 횡혈식석실로 밝혀진 남문외고분군이야 말로 고대국가로 성장해 가던 안라국의 사회발전단계를 명확하게 밝힐 수 있는 최적의 유적이며, 말이산고분군에 버금가는 역사적 흔적임을 잊어서는 안 될 것이다.

---

[63] 이성주, 「가야고분군 형성과정과 경관의 특징」, 『가야고분군 세계유산 등재추진 학술대회』, 가야고분군 세계유산등재추진단, 2017, 54쪽.

【참고문헌】

경남고고학연구소, 『도항리·말산리유적』, 2000.

경남문화재연구원, 『함안 군북 소포리유적 -5-1·3 구역 -』, 2016.

경남문화재연구원, 『함안 소포리(배양골·오달골·국실)유적 -1구역 나지구 -』, 2016.

경남발전연구원, 『함안 말산리 451-1번지 유적 등』, 2004.

경남발전연구원·함안군, 『함안 남문외고분군·전아라왕궁지 정밀지표조사보고서』, 2013.

경남발전연구원·함안군, 『함안 말이산고분군 100·101호분』, 2016.

경남발전연구원·함안군, 『함안 말이산 21호분』, 2017.

경남발전연구원·함안군, 『함안 남문외고분군 11호분』, 2017.

경상문화재연구원, 「함안 도항리 고분군 -도항리 428-1번지 일원」, 2011.

국립창원문화재연구소, 『함안암각화고분』, 1996.

국립창원문화재연구소, 『함안도항리고분군 I』, 1997.

국립창원문화재연구소, 『함안도항리고분군 II』, 1999.

국립창원문화재연구소, 『함안도항리고분군 III』, 2000.

국립창원문화재연구소, 『함안도항리고분군 IV』, 2001.

국립창원문화재연구소, 『함안도항리고분군 V』, 2004.

국립창원문화재연구소, 『함안마갑총』, 2002.

동아세아문화재연구원, 『함안 도항리 6호분』, 2008.

마산대학박물관, 『가야문화권 유적정밀지표조사보고서 -함안군 -』, 1984.

삼강문화재연구원, 『함안 남문외고분군 시·발굴조사 학술자문회의자료』, 2019.

아라가야향토사연구회, 『안라고분군』, 1998.

우리문화재연구원·함안군, 『함안 말이산고분군 제25·26호분』, 2018.

조선총독부, 『대정6년도 고적조사보고』〈함안군〉, 1920.

창원대학교박물관, 『함안 안라국고분군 I』, 1992.

창원대학교박물관·함안군, 『안라국문화권 유적정밀지표조사보고서』, 1995.

김태식, 『가야연맹사』, 일조각, 1993.

남재우, 『안라국사』, 혜안, 2003.

백승옥, 『가야 각국사 연구』, 혜안, 2003.

이형기, 『대가야의 형성과 발전 연구』, 경인문화사, 2009.

田中俊明, 『大加耶聯盟の興亡と任那』, 吉川弘文館, 1992.

김승신, 「묘제와 출토유물로 본 안라국 왕묘와 위계」, 『가야고분군 Ⅴ』, 가야고분군 세계유산등
　　　재추진단, 2019.

권오영, 「고구려 횡혈식석실의 매장프로세스」, 『횡혈식석실분의 수용과 고구려사회의 변화』, 동
　　　북아역사재단, 2009.

김수환, 「아라가야의 순장 ― 대형순장묘를 중심으로 ―」, 『영남고고학』 55호, 2010.

김정완, 「함안권역 도질토기의 편년과 분포변화」, 경북대학교대학원 문학석사학위논문, 1994.

김준식, 「가야 횡혈식석실 연구」, 경북대학교대학원 문학박사학위논문, 2019.

김형곤, 「화염형투창토기의 재인식」, 『가야문화』 15, (재)가야문화연구원, 2002.

김훈희, 「함안 말이산고분군 출토 유자이기의 변천과 의미」, 『영남고고학』 82호, 2018.

류창환, 「부장철기로 본 아라가야의 수장들」, 『중앙고고연구』 11호, 2012.

서영민·여창현, 「함안 말이산고분군 목가구 설치 분묘 재검토」, 『고고광장』 10, 2012.

송계현, 「철기의 부장양상으로 본 아라가야 발전」, 『가야문화』 16, (재)가야문화연구원, 2003.

백승충, 「가야의 지역연맹사 연구」, 부산대학교대학원 문학박사학위논문, 1995.

우지남, 「함안지역 출토 도질토기」, 『도항리·말산리유적』, 경남고고학연구소, 2000.

이병도, 「가라사상의 제문제」, 『한국고대사연구』, 박영사, 1976.

이성주, 「가야고분군 형성과정과 경관의 특징」, 『가야고분군 세계유산 등재추진 학술대회』, 가야
　　　고분군 세계유산등재추진단, 2017.

이주헌, 「말이산 34호분의 재검토」, 『석오윤용진교수 정년퇴임기념논총』, 기념논총간행위원회,
　　　1996.

이주헌, 「토기로 본 인라와 신라 ― 고식도질토기와 황엄형투장노기를 중심으로 ―」, 『가야와 신라』,
　　　김해시, 1998.

이주헌, 「아라가야에 대한 고고학적 검토」, 『가야 각국사의 재구성』, 도서출판 혜안, 2000.

이주헌, 「화염형투창토기의 신시각」, 『한국 고대사와 고고학』, 학산김정학박사 송수기념논총,
　　　2002.

이춘선, 「아라가야 추정 왕성지 연구」, 『아라가야의 전환기, 4세기』, 도서출판 선인, 2019.

조수현, 「가야묘제의 감실 재검토 ― 함안 도항말·산리고분군을 중심으로 ―」, 『영남고고학』 35호,
　　　2004.

조수현, 「고분자료로 본 아라가야」, 경주대학교대학원 문학박사학위논문, 2017.

조영제, 「서부경남 가야제국의 성립에 대한 고고학적 연구」, 부산대학교대학원 문학박사학위논
　　　문. 2006.

최경규, 「가야 수혈식석곽묘 연구」, 동아대학교대학원 문학박사학위논문. 2013.

최경규, 「아라가야고분군 분포로 본 공간 활용과 그 의미」, 『아라가야의 역사와 공간』, 제10회
　　　 안라국 국제학술심포지엄, 2018.
하승철, 「함안 말이산고분군의 묘제와 출토유물」, 『가야고분군 Ⅰ』, 가야고분군 세계유산등재추
　　　 진단, 2018.

남문외고분군의 조사 성과와 高塚의 築造技術

소배경 | 삼강문화재연구원

Ⅰ. 머리말

남문외고분군[1]에서 조사된 古塚[2] 4기(6·7·11·15호분) 모두가 횡혈식석실분으로 확인되었다. 횡혈식석실과 같은 횡혈계 묘제의 수용과 전개는 한반도의 고대묘제 연구의 중요한 부분이다. 왜냐하면 횡혈계 묘제의 채용이 매장시설 구조의 변화뿐만 아니라 追加葬을 비롯해서 종래의 장송의례와 장송관념이 크게 변화시켰다고 생각하기 때문이다. 그리고 한반도 각 지역의 횡혈계 묘제 연구에서는 언제 어디서 어떻게 전파되었는지는 밝히는 것이 큰 과제이다.

그중에서도 6세기대가 되면, 종래 횡혈계 묘제를 쓰지 않았던 지역에서도 횡혈식석실의 축조가 시작되었다. 새로운 매장시설을 만들기 위해서 왕권이 주도해서 나라의 묘제

---

[1] 한국고고학계에서는 고분이란 용어가 연구자들에 따라 그 정의가 크게 다른 만큼 '고분군'이란 말도 선사시대와 고대의 무덤군이라고 평의하게 쓰기는 어려운 실정이다. 현재 시대를 한정하여 삼국시대 무덤을 총칭하는 용어로 사용하는 것이 일반적인 경향이다.

[2] 본고에서는 '古塚古墳'보다는 삼국시대의 무덤 중 최고의 지배자들을 위해 거대하게 축조된 무덤이라는 의미에서 '古塚'이라는 용어를 사용하고자 한다. 古塚이라는 의미에 이미 고분의 의미를 내포하고 있고, 고총 주변에 순차적으로 들어서는 하위무덤과도 구분된다.

가 왕묘로 도입된 경우가 있고 왕묘로 정형화된 횡혈식석실은 주변지역의 묘제에 영향을 미쳤다. 이런 관점에서 본다면 남문외고분군은 수장급의 묘제가 세장방형 수혈식석곽묘에서 세장방형 횡혈식석실로 변화하는 과정을 잘 보여주고 있다. 이 시기에는 횡혈계 묘제를 수용한 지역과 수용하지 않은 지역이 있었고, 횡혈계 묘제를 수용한 집단 및 계층도 한정되어 있었던 것 같다. 그 이후 6세기 후반이 되면, 왕묘로서 정형화된 석실 구조와 장송의례를 구비한 횡혈계 묘제가 국가의 영역 안으로 정착되었다.

이러한 과정을 말이산고분과 남문외고분의 묘제가 잘 보여주고 있다. 남문외고분군의 발굴이 이제 막 시작이라는 점에서 성급한 추정일 수도 있으나 현재까지의 발굴조사 자료는 함안지역 수장급 묘제의 변화가 수혈식석곽에서 횡혈식석실로 바뀌고 있음을 확인하였다.

따라서 이번 발표는 남문외고분군 6·7·11·15호분에 대한 조사 성과를 중심으로 정리하였으며, 그 과정에서 확인된 6호분 古墳 축조기술과 축조공정을 복원하는데 있다.

Ⅱ. 남문외고분군 위치와 기 조사현황

남문외고분군은 餘航山(해발 770m)에서 북서쪽으로 뻗어 내린 능선의 북쪽 끝부분에 위치한다(〈사진 1〉). 고분은 구릉의 정상부에 줄을 지어 축조되어 있나. 동쪽으로는 가야읍이 보이고, 북서쪽으로는 三峰山(해발 302m)이 위치한다. 남문외고분군 주변으로는 가야고분군이 다수 분포하는데, 서쪽으로는 선왕동고분군, 필동고분군 등이 있으며, 남동쪽으로는 함안 말이산고분군(사적 제515호)이 위치하고 있다. 남문외고분군의 북서쪽으로는 가야리유적(사적 제554호)이 인접해 있다.

남문외고분군은 고분군 사이에 국도가 개설되어 있어 2개의 단독 구릉처럼 보이나 실제는 가야리부터 괘안마을 북동쪽 구릉까지 이어진 길이 약 1.6㎞의 1개 능선이다. 지표조사에서 크고 작은 원형봉토분이 57기 확인되었다.[3] 봉토분은 구릉의 능선과 남동사면을 따라 열을 지어 분포해 있으며, 특히 신음리 괘안마을 북쪽 능선사면에는 고

---

[3] 2020년 실시한 사적지정을 위한 고분군 현황 측량 과정에서 기존의 43기의 봉토분외 14기가 추가되어 57기의 봉토분이 확인되었다.

〈사진 1〉 남문외고분군 공중사진

분이 밀집해 있다(〈도 2〉).

　남문외고분군에 대한 고고학적 조사는 일제강점기에 시작되었다. 기록에 남아 있는 가장 이른 자료는 1915년 도쿄제국대학의 명을 받은 쿠로이타 가츠미[黑板勝美]의 조사이다. 그는 이미 파괴되어 있는 적석총(석곽묘) 1기를 발굴하였으나 유물은 출토되지 않았다고 기록하였다.[4] 조선고적조사가 본격화되던 1917년 이마니시 류[今西龍]는 말이산고분군과 함께 가야리구군, 신음리구군(남문외고분군)을 조사하여 15기의 봉토분을 확인하고, 그 분포도와 현상을 기록하였다. 이마니시 류는 보고서에 '본인이 다녀가기 전 쿠로이타 가츠미가 1기를 조사하였다고 하며, 51호로 추정되나 정확하지 않다'고 언급하였고, 대부분의 고분이 도굴된 것으로 파악하였다.[5]

　일제강점기 이후 한동안 남문외고분군에 대한 조사는 이루어지지 않다가 1980년 마

---

[4] 함안박물관, 『함안박물관 개관10주년 기념 특별전 말이산』, 2013.
[5] 조선총독부, 『대정6년도고적조사보고』, 1917.

산대학 박물관에서 실시한 지표조사에서 처음 봉토분의 수 및 범위가 파악되었다.[6] 이후 1990년대 창원대학교 박물관에서 실시한 지표조사에서 봉토분 20기가 확인되었고, 위치 및 측량도면이 간략하게 남아 있다.[7] 1995년 국립창원대학교 박물관의 「아라가야 문화권유적 정밀지표조사」에서는 가야리고분군, 신음리고분군, 신음리쾌안고분군 등 고분군을 세 곳으로 나누어 보고하였다.[8]

1998년 아라가야향토사연구회의 지표조사에서 24기의 봉토분을 확인[9]하였고, 아라가야 왕궁지의 남쪽이라는 점과 고분군에 위치하는 남문마을의 지명을 토대로 '남문외고분군'으로 불리게 되었다. 2000년에 들어서면 남문외고분군을 경상남도 기념물로 지정하면서 기존에 불리어지던 서말이산고분군, 가야리 · 신음리고분군이란 명칭 대신 남문외고분군으로 명명하였다.

2013년 경남발전연구원 역사문화센터의 「함안 남문외고분군 · 傳안라왕궁지 정밀지표조사보고서」에서 기존 봉토분에 추가해 43기가 알려지게 되었다.[10]

남문외고분군에 대한 정식 발굴조사는 2014년 10월 23일부터 2015년 1월 29일까지 11호분에 대한 조사가 이루어졌다. 발굴조사결과, 6세기 1/4분기에 조성된 횡혈식석실분임이 확인되었다.[11]

2019년 발굴조사는 2019년 3월 5일부터 2019년 6월 28일까지 6 · 7호분에 대한 조사가 이루어졌다. 그 후 도굴갱이 봉토의 정부에 넓게 파여진 15호분에 대한 실태진단조사를 실시하였다. 조사결과, 6호 · 7호분 · 15호분은 모두 양수식 연도를 갖춘 횡혈식석실묘로 6세기 전반대에 해당된다. 그 외 6호분과 7호분 주변에서 확인된 석곽묘는 횡혈식석실분과 비슷하거나 다소 늦은 시기로 확인되었다.

---

[6] 마산대학박물관, 『가야문화권유적정밀지표조사보고서－함안군－』, 1984.

[7] 창원대학교박물관, 『함안아라가야의고분군 I 』, 1992.

[8] 창원대학교박물관, 『아라가야문화권유적 정밀지표조사보고서』, 1995.

[9] 아라가야향토사연구회, 『안라고분군』, 1998.

[10] 경남발전연구원 역사문화센터, 「함안 남문외고분군 · 傳안라왕궁지 정밀지표조사보고서」, 2013.

[11] 경남발전연구원 역사문화센터, 『함안 남문외고분군 11호분』, 2017.

〈표 1〉 남문외고분군 조사현황

연도	조사내용
1915년	구로이타 가츠미[黑板勝美]가 고분 1기(51?) 발굴 (『대정6년도 고적조사보고』)
1917년	이마니시 류[今西龍]는 남문외고분군을 '가야리, 신음리고분군'으로 지칭 (『대정6년도 고적조사보고』)
1980년	지표조사. 봉토분의 수와 범위를 처음으로 파악 (마산대학박물관, 『가야문화권유적정밀지표조사보고서－함안군－』, 1984)
1990년	지표조사. 봉토분 20기 확인 (창원대학교박물관, 『함안아라가야의고분군Ⅰ』, 1992)
1995년	지표조사. 가야리고분군, 신음리고분군, 신음리괘안고분군으로 구분 (창원대학교박물관, 『아라가야문화권유적 정밀지표조사보고서』, 1995)
1998년	아라가야 왕궁지의 남쪽이라는 점과 고분군에 위치하는 남문마을의 지명을 토대로 '남문외고분군'으로 지칭. 24기의 봉토분을 확인. 2000년에 이 명칭으로 경남도기념물로 지정 (아라가야향토사연구회, 『안라고분군』, 1998)
2013년	정밀지표조사에서 총 43기의 봉토분을 확인 (경남발전연구원 역사문화센터, 「함안 남문외고분군·傳안라왕궁지 정밀지표조사보고서」, 2013)
2014~2015년	남문외고분군 11호분 정밀발굴조사 (경남발전연구원 역사문화센터, 『함안 남문외고분군 11호분』, 2017)
2019년 11월	남문외고분군 6·7호분 시·발굴조사 및 15호분 현황조사 (삼강문화재연구원, 「함안 남문외고분군 정비사업부지 내 매장문화재 시·발굴조사 약식보고서」, 2019.11)

Ⅲ. 조사내용과 성과[12]

1. 조사내용

함안군이 남문외고분군 국가사적 승격을 위한 역사적 근거 확보를 위해 진행한 사업이다. 삼강문화재연구원이 6·7호분 및 15호분의 발굴조사와 주변부 시굴조사를 2019년 3월 5일부터 2019년 5월 17일까지 실시하였다. 2호분과 6·7호분 주변의 시굴조사결과,

[12] 남문외고분군 6호분·7호분·15호분 조사 방법과 내용은 이미 소개되어 있다. 위 내용은 기존 유적 발표를 재구성한 것임을 밝혀둔다.
소배경, 「함안 남문외고분군 발굴성과와 의의」, 『아가가야의 전환기, 4세기』, 창원대학교 경남학연구센터, 2019, 32~53쪽.

삼국시대 석곽묘·주구·조선시대 수혈·무덤·주거지 등이 확인되었다. 6·7·15호분은 조사결과 횡혈식석실분으로 파악되었다. 그리고 주변에서 석곽묘 3기(6-1호·6-2호·7-1호)와 조선묘 2기가 확인되었다(〈도 1〉).

〈도 1〉 남문외고분군 6호분 · 7호분 배치도

6호 횡혈식석실묘는 암반대 위에 조성한 지상식 구조이며, 7호분은 암반대를 굴착해 조성한 반지하식 구조이다. 봉토의 규모는 직경 24.4m, 높이 4m이다. 암반대를 削土하여 높은 암반대를 조성하고 그 위를 정지, 성토하여 봉분을 만들었다. 이것은 성토한 토량에 비해 봉분을 보다 거대하게 보이게 한 효과도 있었을 것이다. 봉분은 봉토부–밀봉토–석실 성토부로 구분된다.[13] 봉토부는 암회갈색 점토와 적갈색 점토를 이용하여

---

13) 본고에서 봉분이란 봉토부–밀봉토–석실성토부를 포함한 개념으로 사용하였다. 매장주체시설이 지상식인 경우에 석실의 성토부 자체가 봉토의 의미를 가지고 있으나 용어의 혼란을 피하기 위해 봉분과 봉토를 구분하였다.

성토하였다. 암회갈색 점토는 두께 25~30㎝이며, 2번에 걸쳐 층층이 쌓았다. 적갈색 점토는 두께 20㎝이며, 암반편 혼입에 따라 2개 층으로 나뉜다. 암반대의 높이를 제외하면 봉토의 높이가 40~50㎝ 밖에 안 되는데, 도굴 및 자연 유실되었기 때문이다. 봉토부 아래 석실의 밀봉토인 적갈색 점토가 노출되었는데, 두께는 최대 25㎝이다. 밀봉토를 제거하자 석실 성토부가 확인되었다.

　석실 성토부는 크게 3번에 걸쳐 구분된다. 발굴조사가 축조공정의 역순으로 진행되는 점을 감안해 설명하고자 한다. 성토공정3은 상·하단의 구획석열이 확인되는 층이다. 구획석열은 벽석과 접해 放射狀으로 뻗어가는 상단석열 6열과 하단석열 12열이 드러났다(〈사진 2〉). 상단석열은 석실의 북서쪽에서 확인되며, 길이 150~240㎝ 정도이다. 최상단석부터 판석계 할석을 연결하여 길게 돌출시킨 형태이다. 이 상단석열 아래 하단석열이 확인되었다. 하단석열은 석실을 중심으로 放射狀으로 길이 220~300㎝ 정도 뻗어있다. 이 석열은 상단석열과 동일하게 벽석과 연결되어 있으며, 벽석의 內傾築造技法과 관련이 있다. 최상단석으로 갈수록 현실 내측으로 들여 쌓기하고 있어 벽석이 무너지지 않도록 張力이 작용하도록 고안한 축조기법으로 판단된다. 아울러 하단석열 좌우 성토재에서 차이를 보여 성토부를 견고하게 쌓는 기능도 동시에 가지는 것으로 판단하였다. 상단과 하단석열은 판석계 할석을 이용하였으며, 규모는 길이 55~77㎝·너비 45~65㎝·두께 5~10㎝이다. 구획석열이 확인된 성토부까지만 평면조사를 진행하였다. 그 후 학술자문회의 결과에 따라 구획석열 아래 부분은 탐색 트렌치를 넣어 성토공정에 대한 단면조사를 진행하였다. 그 결과, 암반대를 삭토한 후 암반면을 평탄화하기 위한 정지층과 성토부1·2공정이 확인되었다. 정지층은 암반대 위에 두께 20~30㎝ 정도로 명회갈색 사질토를 깔아 정지하였다. 성토1·2공정은 북서쪽부분과 남동쪽부분이 차이를 보인다. 북서쪽부분은 자연지형을 이용해 경사가 낮은 곳으로 황갈색토와 암반편이 뒤섞인 흙을 두께 20~30㎝ 정도로 층층이 쌓았다. 반면 경사가 심한 남쪽부분은 정지층－황갈색토+암반편+적갈색점토(성토1공정)－명회갈색토+암반편(성토2공정) 순으로 성토해 높이에서 차이를 보인다. 이것은 경사가 심한 북서쪽을 더 견고하게 쌓을 수밖에 없는 지형적 어려움을 극복하고자 공력을 많이 드린 것으로 판단된다. 북장벽에 접한 부분은 벽석을 놓고 적갈색 점토를 보강해 석벽을 쌓아 올렸는데, 벽석축조와 동시에 성토2공정이 이루어졌다.

〈사진 2〉 남문외고분군 6호분 공중사진

　석실은 현실, 연도, 묘도 등을 갖춘 횡혈식이며, 지상식 구조이다. 현재까지 조사된 아라가야석실묘 중 가장 규모가 큰 것이다. 천정의 덮개석은 확인되지 않았다. 석실의 규모는 현실길이 7.4m · 너비 2.8m · 최대깊이 1.6m, 연도길이 1.5m, 묘도길이 2.3m이다. 현실은 평면 세장방형이며, 주축은 동서향이다. 벽석 축조와 동시에 봉토를 조성하였다. 벽석은 바닥에서 위로 50㎝까지는 수직으로 긴모 눕혀쌓기 하다가 점차 현실 안쪽으로 內傾쌓기 하였는데, 최상단석은 현실 내측으로 50㎝ 정도 들어와 있다. 그래서 床面의 너비는 280㎝이나 현실 상단부의 너비는 180㎝ 정도로 좁아진다. 시상은 全面에서 확인되며, 직경 10~15㎝의 강돌을 한 벌 깔았다. 그리고 적갈색 점토를 강돌 사이에 채워 견고하게 하거나 강돌이 없는 곳에 점토를 깔아 높이를 맞추었다. 연도는 양수식이며, 규모는 길이 150㎝ · 너비 120㎝이다. 위쪽은 훼손되어 문미석 여부는 불명이며, 문지방석을 두어 공간을 분리하였다. 연도 입구는 할석을 쌓고, 회갈색 점토를 발라 폐쇄하였다. 연도 벽석은 판석을 긴모 눕혀쌓기 하였는데, 북벽은 직선적으로 뻗어 묘도까지 연결되는 반면에 남쪽 벽석은 직선적으로 뻗어가다 사선으로 뻗어 호석과 연결되는 차이가 있다. 묘도는 길이 230cm·최대너비 310cm이며, 호석에서부터 경사져 올라가다 연도와 연결된다. 내부토는 명황갈색토로 암반알갱이가 다량 혼입된 층으로 점성이 강하다. 이 층을 제거하자 바닥에서 암반대가 노출되었다. 북벽은 장방형의 할석 2매를 연결해 호석까지 뻗어가며, 남장벽은 수혈 굴광선만 확인되었다.

제단은 평면 장방형이며, 봉분의 남쪽에서 호석과 연접되어 있었다. 할석을 2~3단 쌓아 만들었다. 규모는 길이 360cm, 너비 90~100cm이다. 봉분의 축조가 완료된 시점에 축조된 것으로, 上面과 내부에서 깨어진 고배 배신부편·대각편 등이 노출된 것으로 보아 고분의 피장자에 대한 매장 의례가 행해졌던 것으로 판단된다. 제단은 외호석에 접해 드러났으며, 봉분의 피복토에 덮여있었던 점으로 보아 봉분의 외연확장 당시에는 봉분에 덮였던 것으로 판단된다. 매장주체시설이 마무리된 이후 봉분의 외연확장 전에 제사를 지내고 마무리된 것으로 보인다.

출토유물은 시상석 위에서 토기류와 마구류가 출토되었다. 토기류는 시상 全面에서 출토되나 도굴로 인해 훼손된 것이 많다. 마구류는 남동쪽 모서리 부근에서 雲珠와 鉸具가 출토되었다.

6-1호 석곽묘는 생토인 암자색 풍화암반층에서 확인된 소형 석곽묘이다. 6호의 남동쪽에 위치한다. 평면 장방형이며, 주축은 등고선과 나란한 동서향이다. 벽석은 할석을 긴모 눕혀쌓기 하였으며, 3~6단이 확인되었다. 할석의 크기는 길이 20~50cm·너비 12~18cm·두께 7~13cm이다. 시상은 서단벽 일부를 제외하고 판석을 한 벌 깔았는데, 매장주체부와 부장공간을 구분하였다. 유물은 서단벽 바닥에서 철촉 1점이 출토되었다.

7호 횡혈식석실묘의 봉토 규모는 직경 15m, 높이 2.2m이다. 표토층을 제거하자 암반대－성부토－개석－밀봉토가 확인되었다. 도굴되어 개석이 드러난 상태였고, 두께 5cm 정도의 적갈색 점토가 벽석까지 넓게 확인되었다. 호석은 대부분 결실되어 봉토의 북쪽에서만 확인되었는데, 암반대 위에 편평한 할석을 1단 정도 놓고 그 위를 성토하였다. 할석의 규모는 길이 32~54cm·너비 20~25cm·두께 5~10cm이다. 석실은 반지하식이며, 현실과 양수식 연도·시상 등을 갖추었다. 개석은 2매만 확인되었으며, 규모는 길이 184cm·너비 84cm·두께 23cm이다. 규모는 현실길이 510cm, 연도길이 120cm이다. 현실은 평면 세장방형이며, 주축은 동서향이다. 암반대를 굴착해 묘광을 조성하였으며, 벽석 축조와 동시에 봉토를 성토하여 조성하였다. 벽석은 현재 북장벽이 무너져 내려 있는 상태이며, 남장벽과 양단벽은 잘 남아 있다. 현실의 규모는 길이 510㎝, 너비 180㎝, 최대깊이 170㎝이다. 벽석은 최소 17단에서 최대 21단까지 확인되었다. 벽석은 바닥에서 높이 50㎝까지는 수직으로 긴모 눕혀쌓기하고, 그 위로는 內傾 쌓기하여 최상단석이 현실 내 측으로 40~50㎝ 정도 들어와 있다. 결국 床面의 너비는 180㎝이나 현실 상단부의 너비는 80~100㎝ 정도로 좁아져 있다. 시상은 직경 18~25㎝ 정도의 편평한 할석을 한 벌 깔 았다. 도굴되어 훼손된 부분이 있지만 원래는 바닥 全面에 한 벌 깐 것으로 판단된다. 연도는 양수식이며, 규모는 길이 150㎝ · 너비 80㎝ · 깊이 120㎝이다. 상부가 훼손되어 문미석 여부는 불명이며 문지방석 없이 할석을 채워 폐쇄하였다.

출토유물은 玉 · 토기류 · 철기류 등이다. 유리제옥이 시상 바닥 흩어져 출토되었다. 토 기류도 시상 全面에 흩어져 있었다. 도굴되어 유물의 잔존상태가 나쁘다. 이 중 고배는 퇴화된 화염문이 투공되었다. 철기류는 철겸 · 철촉 · 꺽쇠 등이 출토되었다. 철겸은 동단 벽 부근에서, 철촉은 서단벽 부근에서, 꺽쇠는 남장벽에서 동쪽으로 치우쳐 노출되었다.

7-1호 석곽묘는 7호의 남쪽에 위치한다. 평면 장방형의 소형석곽묘이며, 주축은 등고 선과 나란한 동서향이다. 벽석은 할석을 긴모 눕혀쌓기 하였는데, 3~6단이 확인되었다. 할석의 규모는 길이 25~30㎝ · 너비 20~25㎝ · 두께 3~10㎝이다. 시상은 바닥에 길이 20~ 40㎝익 할석을 한 벌 깔았는데, 동단벽에 일부가 빠져 있다. 유물은 서단벽에서 단경호 1점 · 파배 1점 · 土珠 3점이 출토되었다.

7-2호 수혈은 7호분의 암반대를 파괴하고 조성된 것으로, 평면 타원형이며, 주축은 등 고선과 나란한 동서향이다. 내부에 牛頭大石의 할석과 잡석이 채워져 있었다. 수혈의 규모는 길이 200㎝ · 너비 140㎝ · 깊이 15㎝이며, 유물은 출토되지 않았다.

15호 횡혈식석실묘는 도굴갱을 정리하여 봉분의 단면과 석실 내부로 진입하여 현황 을 파악하였다. 규모는 직경 25.5m, 높이 5m이다. 도굴갱 단면에서 확인된 봉토의 성토 는 크게 3번에 걸쳐 쌓았는데, 각 단위별 성토재는 9~10개 층으로 다시 세분되었다. 황 갈색토는 산지에서 채취한 성토재와 저지대에서 채취한 암갈색 점토를 번갈아 사용하 였다. 각 성토층의 두께는 70~80㎝이다. 잔존하는 봉토의 최대높이는 250㎝이며, 이 층 아래 입자가 고운 암회갈색 점토가 확인되는데, 석실의 밀봉토로 판단된다. 두께는

20~30㎝ 내외이며, 밀봉토를 제거하자 개석이 노출되었다. 석실은 현실 및 양수식 연도 등을 갖추 횡혈식이다. 개석은 화강암 4매가 확인되었다. 현실은 평면 형태 장방형이며, 주축은 동서향이다. 현실규모는 길이 400㎝, 너비 180㎝, 깊이 160㎝이다. 벽석은 북서쪽 모서리 부분을 제외하고 완전한 모습을 갖추고 남아 있다. 벽석은 최소 6단에서 최대 12단까지 확인되며, 종평적과 횡평적을 혼용하였다. 벽석은 현실 안쪽으로 內傾 쌓기하여 최상단석이 현실 내측으로 40~50㎝ 정도 들어와 있다. 결국 床面의 너비는 180㎝이나 현실 상단부의 너비는 100㎝ 정도로 좁아져 있다. 연도는 양수식이며, 너비는 75㎝이다. 연도는 문미석이 잘 남아 있으며, 화강암을 이용하였다. 벽석은 치석한 화강암과 할석을 혼용해 축조하였으며, 표면에 적갈색의 안료를 塗布한 흔적이 확인되었다. 벽석에 점토를 미장한 다음 안료를 얇게 발랐는데, 원래는 연도와 현실 벽석 전체를 바른 것으로 추정되나 현재는 연도부를 중심으로만 잘 남아 있다. 연도 입구는 할석을 채워 폐쇄하였다(〈사진 3〉).

〈사진 3〉 남문외고분군 15호분 현실 내 적색 안료 塗布상태

2. 조사 성과와 그 의미

1) 남문외고분군과 서말이산

　남문외고분이 위치하는 가야읍 일대의 저구릉성 산지 곳곳에는 크고 작은 고분군이 분포한다. 이 중 말이산고분군과 남문외고분군은 중·대형봉토분이 주를 이루는 아라가야 지배층의 중심묘역이다. 『咸州誌』와 『大東地志』에는 말이산과 남문외고분에 대한 기록이 남아 있다.[14] 그 내용은 牛谷 동서쪽에 40여 기의 고분이 있으며, 이 고분들은 옛 왕릉이라는 것이다. 늦어도 16세기 후반에도 이 고분들이 왕릉이라는 사실이 구전되어 오고 있었고, 함안지역 사람들도 이를 인지하고 있었음을 알 수 있다. 鄭球와 金正浩도 두 곳 모두를 같은 왕릉으로 인식하여 기술하였고, 일제강점기 이마니시 류도 말이산고분과 남문외고분을 하나의 유적으로 인식하였기 때문에 연번을 주었던 것 같다. 하지만 조선총독부는 1940년 7월에 말이산고분군을 고적으로 지정하면서 행정구역에 따라 도항리고분군과 말산리고분군으로 분리하여 지정하였는데, 1963년 기존의 고적을 사적으로 지정할 때도 문제는 해결되지 못하고 그대로 각각 지정되었다. 이후 꾸준한 학술적 논의와 두 고분군의 역사성과 특성을 고려하여 2011년 7월에 이르러서야 두 사적을 통합하여 '함안 말이산고분군'으로 재지정(사적515호)되었다.

　남문외고분군은 우곡 동구와 서구에 위치한 가야시대 왕릉의 한곳으로 인식되어왔고, 시말이산으로 불러왔다. 하지만 일제강점기 고적시정에서 제외되면서, 점차 학술적·역사적 관심을 받지 못하고 2000년에 이르러서야 경상남도 기념물로 지정되어 지금에 이르고 있다. 따라서 남문외고분군도 말이산고분군 사적으로 편입되는 것이 바람직해 보인다.

2) 아라가야 토목기술의 확인

(1) 말이산고분과 남문외고분군의 '고암반대' 축조공법 공유

　최근 '고암반대' 축조공법은 함안 말이산고분군(13호분과 45호분)[15]과 남문외고분군

---

14) "牛谷東西丘有古塚, 高大如 丘陵者四十餘. 諺傳古國王陵云" 『咸州誌』古跡條; "牛谷東西境上有古塚, 高五丈者四十餘所. 世傳加耶時國君之葬" 『大東地志』卷10, 咸安 城地條.

15) 동아세아문화재연구원, 「함안 말이산 13호분 발굴조사 학술자문회의자료」, 2019.01; 두류문화연구원,

(6호분과 7호분) 조사에서 공통적으로 확인되었다. 남문외고분군 6호분은 암반대 위에 조성한 지상식 구조이며, 7호분은 암반대를 굴착해 조성한 반지하식 구조이다. 이러한 독특한 무덤축조방식의 공유는 말이산고분군과 남문외고분군 축조집단의 동일성과 연속성을 보여주는 것으로 생각된다.

(2) 성토부 상·하구획석열을 이용한 축조공법 확인

6호분은 현실과 양수식 연도와 묘도, 호석 등을 갖춘 지상식구조이다. 현실은 세장방형이며, 규모는 길이 740cm · 너비 280cm · 깊이 160cm이다. 벽석은 內傾築造技法으로 쌓았고, 성토부에서 구획석열이 확인되었다. 특히 하단석열은 벽석과 연결되어 제1~12열까지 드러났다. 이 석열은 현실 내측으로 들여쌓기 한 벽석을 무너지지 않도록, 석실을 중심으로 방사상으로 길게 연결해 張力이 작용하도록 고안한 축조공법으로 판단된다. 동시에 견고하게 성토하기 위해 구획석열 좌우로 토성이 다른 흙을 채웠다.

7호분은 현실과 양수식 연도, 호석 등을 갖춘 반지하식구조이다. 현실은 장방형이며, 규모는 길이 510cm · 너비 180cm · 깊이 170cm이다. 석실의 벽석은 내경축조기법으로 쌓았으며, 성토부는 암반편이 다량 혼입된 황갈색토를 이용해 쌓았는데, 회갈색 점토를 뒤채움토로 사용해 벽석이 무너지는 것을 방지하고자 하였다.

남문외고분군에서 보이는 상 · 하구획석열 축조공법은 암반대 위에 무덤을 지상화하면서 벽석의 내경축조기법을 보완하고 봉토를 쌓기 위해 고안된 토목기술이다. 일반적으로 구획성토공법은 성토 시작 지점에서부터 방사상으로 구획하여 성토하는 토목공법인데, 남문외고분군에서는 성토부 상위에서 확인되는 점이 다른 점이다. 향후 조사에서도 더 확인될 가능성이 있어 조사의 주의가 필요하다.

3) 아라가야 최고지배층 묘역의 이동과 횡혈식석실분 수용

기본적으로 특정 개인을 위한 매장시설이라 할 수 있는 수혈식석곽묘부터 오랜 기간에 걸쳐서 복수의 사람을 매장할 수 있는 횡혈계석실분으로의 전환은 단순히 새로운 문화 요소의 수용만으로 설명할 수는 없으며, 그 다양한 배경을 생각해 보아야 될 것이다.

「함안 말이산고분군 정비사업부지 내유적 발굴조사 결과 약보고서」, 2019.07.

이러한 변화는 당시 사회구조의 변화와도 밀접히 연관된 것으로 생각되는데, 한편으로 사회구조의 내부적 전환만으로 묘제 변화를 설명하기에는 한계가 있다.[16]

아라가야 묘제의 발굴성과는 대부분 석곽묘에 치중되어 횡혈식석실묘의 조사 사례는 많지 않다. 지금까지 확인된 아라가야의 횡혈식석실분은 남문외 6호분·7호분·11호분·15호분 및 말이산 〈문〉4호분·5호분·8호분·47호분이다. 이들은 모두 석실의 장축과 단축의 비율이 2.5:1을 넘는 세장방형 횡혈식석실묘이다.

당시 동아시아에서는 공통적으로 수혈계 매장시설이 횡혈계로 이행하는 양상을 보인다. 한반도의 경우도 마찬가지로 고구려, 백제, 신라 등 각 지역에서 횡혈식석실을 수용하는 움직임이 활발해졌다. 가야지역에서도 이 흐름 속에서 독자적으로 횡혈식석실을 축조하게 되었는데, 그것이 가야지역에서 처음으로 출현한 세장방형 횡혈식석실이다. 다른 지역의 경우와 마찬가지로 가야의 석실도보다 넓은 범위로 보급될 가능성을 내포하고 있었으나, 실질적으로 가야 남부의 극히 한정된 지역에서 벗어나지 못하였다. 그 원인은 신라에 의한 가야지역 진출과 가야의 멸망이다. 가야의 세장방형 횡혈식석실이 출현하자마자 확산되기 전에 바로 소멸되는 사실은 이러한 역사적 사건과 잘 부합된다. 함안지역 횡혈식석실묘도 마찬가지로 6세기 전반대에 조성되고 가야멸망과 함께 사라지는 흐름을 벗어나지 못하고 있다. 이는 고분군의 존속기간의 문제인데 가야제국은 고총의 축조가 훨씬 늦은 시점에 시작되고 신라에 병합되어 일찍 축조가 중단되었기 때문이다.[17]

지금까지의 조사결과에 의하면, 등고선과 평행한 묘향, 세장한 평면형태, 전면시상 등은 재지적인 특징을 드러낸다. 그중에서도 석실의 구조가 세장방형 횡혈식석실은 아라가야 세장방형 수혈식석곽묘의 평면구조를 그대로 수용하고 있다는 점이다. 아라가야 횡혈식 석실은 선행하던 세장방형 수혈식석곽에 연도가 부가된 정도이며, 입지·재료·축조방식·장축방향·시상의 형태 등 여러 면에서 수혈식석곽과 차이가 없다. 기존의 수혈식석곽묘 축조집단이 새로운 묘제인 횡혈식석실묘를 수용한 결과로 보인다.[18] 따

---

16) 山本孝文, 「伽倻地域 橫穴式石室의 出現背景－墓制 變化의 諸側面에 대한 豫備考察－」, 『百濟硏究』 第34輯, 충남대학교백제연구소, 2001, 39~73쪽.

17) 이성주, 「삼국고분군의 전개와 가야고분군」, 『경남의 가야고분군과 동아시아』, 경남발전연구원 역사문화센터, 2011, 245~290쪽.

18) 권오영은 가야권역 횡혈식석실분은 백제고분의 영향에서 발생하였다는 공통점에도 불구하고 중심지

라서 말이산고분군 세장방형 수혈식석곽묘 조영집단이 남문외고분군 횡혈식석실묘 조영집단으로 이어지고 있음을 알 수 있다.

Ⅳ. 高塚의 축조기술

1. 입지선정과 변화

긴 주능선과 지맥의 정선부를 따라 대형분이 배치되고 그 주변 및 사면을 따라 중소형분이 배치, 그 아래에 또 다른 소형분이 축조된다. 이성주는 이를 구역이동성장패턴으로 명명하였다.[19] 20~40년마다 추가되는 중심고분군 내 최고지배자를 위해 최대형분은 지형적 선점이라는 방식으로 배치되었다. 능선의 정선부도 頂部와 鞍部가 있는데, 최대형분은 정부에 입지하는 특징을 보인다. 20~40년에 한 번씩 추가될 때 하나의 頂部에 입지하며 이곳에 최대형분이 들어서고 나면 중소형분들이 그 주변에 배치하였다. 이러한 특징은 말이산고분군과 남문외고분군에서도 확인된다. 긴 주능선과 지맥의 정선부를 따라 대형분이 배치되고 그 주변 및 사면을 따라 중소형분이 배치, 그 아래에 또 다른 소형분이 축조되었다. 그리고 구역이동성장패턴으로 보면 남문외고분군은 말이산고분군 축조가 마무리되는 시점에 다시 주능선 정선부를 따라 횡혈식석실분을 묘제로 하는 수장급 무덤이 축조되고 있어 구역이동성장패턴을 잘 보여주고 있다. 따라서 남문외고분군과 말이산고분군을 조영한 집단들은 최고지배층 고총의 조영 위치와 배열 방식 등에 있어 공통의 관념과 표현 방식을 소유하고 있었음을 보여준다.

이러한 구역이동성장패턴은 구릉 정선부를 선호하는 체제에서 벗어나 구릉의 사면부에서도 고총을 축조하는 시기로 변화한다. 구릉의 정선부를 선호하는 이유 중에 하나는 안정된 공간에 거대성토구조물을 구축할 수 있는 이점과 함께 사후 안식처로서 사방을

인 고령과 나머지 지역에서 각기 다른 형태로 나타나는 원인이 수용하는 측의 차이에 의한 것인지, 영향을 끼친 백제고분의 지역 차이에 의한 것인지 속단하기는 어렵다고 보았다.
권오영, 「장제와 묘제를 통해 본 가야와 중국 남조」, 『경남의 가야고분군과 동아시아』, 경남발전연구원 역사문화센터, 2011, 291~318쪽.

[19] 이성주, 앞의 논문, 2011, 245~290쪽.

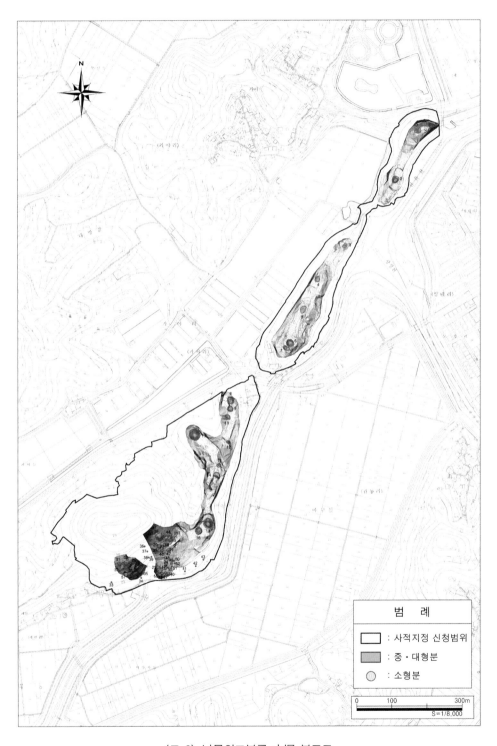

〈도 2〉 남문외고분군 古墳 분포도

조망할 수 있는 길게 뻗은 구릉을 영원한 안식 공간으로 선정함으로써 구릉의 계획적 점유함으로서 죽은 자와 산 자와의 관계를 나타내는 경관을 만들 수 있다는 관념도 실현되었을 가능성이 있다.[20] 남문외고분군의 고총도 이러한 입지와 배열 방식 등에 있어 공통의 관념과 표현방식을 보이고 있으나 가장 큰 차이점은 頂部를 선호하는 고총의 입지가 사면부 조영 위치로의 전환도 보인다는 것이다. 이른 시기 고총이 지형적 이점을 최대한 활용하였다면 6세기에 들어서면서 고총의 매장주체시설이 지상화되는 것과 함께 주능선의 사면부에 고총을 축조하게 되었다. 이러한 변화는 열악한 지형인 구릉사면부를 최대한 이용한 토목기술의 발전과 관련이 있다.[21]

남문외고분군은 1~16호분까지 주능선을 따라 열상으로 배치된 특징을 보이며, 이후 18호분과 30호분은 주능선의 사면부에 직경 20m이상의 대형분이 축조된다(〈도 2〉). 말이산고분군은 주능선의 정부와 지능선부를 따라 축조된 이후 사면부에서는 고총이 보이지 않지만 남문외고분군은 주능선의 頂部 외에도 사면부 고총 축조와 함께 군집을 이루는 중소형분의 분포의 변화가 보인다. 이러한 변화가 매장주체시설의 전환과 함께 토목기술의 발전으로 보이나 추가적인 조사가 이루어지지 않아 정밀한 검토는 어려운 실정이다. 하지만 횡구식·횡혈식석실분 중에서 사면부 축조가 증가하는 사실은 다른 고분군 조사에서도 확인되고 있다.[22]

2. 수혈식석곽묘에서 횡혈식석실묘로

매장주체시설은 구축 재료에 따라 구분되며 나무를 이용한 것은 목관·목곽묘로, 돌을 이용한 것은 석곽·석실로 나뉜다. 최근 함안지역의 대표고분군에 대한 발굴조사 성

---

[20] 말이산고분군의 고총은 구릉의 주능선의 가장 높은 척능부에 4호분·11호분·13호분이 남북으로 배열되었다. 이 중 규모가 가장 큰 4호분이 위치한 곳에서 서쪽방향으로 파생한 가지능선에 봉분 직경이 큰 5·6·7·8호분 고총이 배열되었다. 13호분도 규모가 가장 큰 13호분을 정점으로 서쪽방향으로 파생된 가지능선에 14·15·16·17호분이 배열된 특징을 보인다.

[21] 홍보식은 봉분의 평면형태가 타원형에서 원형으로 변화한 배경에는 조영 입지의 변화 및 봉분 높이의 고대화, 매장주체시설의 변화와 토목기술의 진보로 보았다.
홍보식, 「가야 고총고분의 입지와 축조기술」, 『가야고분군 I』, 가야고분군 세계유산등재추진단, 2018, 127~159쪽.

[22] 그 대표적인 고분이 합천 옥전 M11호분, 의령 경산리 1호분, 고성 내산리 40·44·46호분, 영일 냉수리고분 등이다.

과로 볼 때 말이산고분군의 고총은 좁고 긴 세장방형의 수혈식석곽묘이며, 남문외고분군의 고총은 지상화 된 횡혈식석실묘라 할 수 있다. 수혈식석곽은 지하 또는 반지하 상태로 구축되기 때문에 매장주체시설이 먼저이고 봉분이 후에 조성된다. 그러나 남문외고분군은 매장주체부가 지상화되면 봉분의 축조와 동시에 매장주체시설이 구축되는 큰 변화가 생긴다. 추가 매장을 하는 횡혈식·횡구식 석실의 경우는 석실 내부에서 사람이 작업하는 데 필요한 높이를 확보하기 위해 수혈식 석곽보다 더 높아져야 한다. 그리고 매장주체시설은 하부에서 상부로 가면서 안으로 들여쌓기를 하므로 안으로 무너지는 것을 방지하기 위해 벽석 뒤쪽을 보강하기 위한 토목기술이 필요하게 되었다. 벽체가 안으로 기우는 높이는 매장주체부의 평면 형태 및 천장 형태와 밀접한 관련을 가진다. 벽체 기울기가 가장 심한 형식은 평면 형태가 방형에 궁륭형 천장이며, 다음으로 장방형이면서 아치형·터널형천장, 마지막으로 평천장 순으로 기울기가 약해진다. 그리고 매장주체시설의 규모에 의해서도 기울기에 차이가 있을 수 있다. 그렇지만 대부분 매장주체부의 벽체는 안쪽으로 기울기 때문에 지상에 구축하는 것이 일반적이다. 따라서 함안지역의 6세기 수장층의 묘제는 새로운 묘제 도입과 동시에 토목기술의 변화도 동시에 수용되거나 발전하게 된다. 처음에는 좁고 긴 세장방형 수혈식석곽묘의 평면 형태를 그대로 이용해 한쪽 벽면을 터서 횡혈식석실묘를 축조하지만 토목기술의 진보와 함께 장방형의 횡혈식 석실묘로 변화한다.[23]

　남문외고분군 6호분은 이러한 변화의 중심에 있는 고총이다. 평면 형태 세장방형 횡혈식석실묘로 현재까지 조사된 함안지역 횡혈식석실묘 중에서 가장 이른 시기에 축조된 고분이다. 매장주체시설의 완전한 지상식 구조를 보이며, 벽체 구축에 있어서도 안으로 들여쌓기를 하므로 안으로 무너지는 것을 방지하기 위해 벽석 뒤쪽을 보강하는 다양한 토목기술이 확인되었다.

3. 횡혈식석실묘의 봉토축조기술

봉토를 쌓는 방식은 무덤의 입지, 규모, 분형, 높이와 경사도, 시기 등에 따라 다양한

---

[23] 남문외고분군 발굴성과로 보아 6·7호분→11호분→15호분의 축조 순으로 매장주체시설의 형태가 세장방형에서 장방형으로 변화하고 있다.

데, 크게 상사향식, 수평식, 내사향식으로 구분[24]되나 봉분을 완성하기 위해 하나의 성토 방식만 활용되는 것이 아니라, 부위에 따라서 혹은 매장주체부의 형태와 위치에 따라서도 달라진다. 그중에서도 매장주체시설의 벽체가 대부분 지상에 구축한 횡혈식석실과 횡구식석실의 봉토 축조는 봉토와 매장주체시설 축조가 동시에 이루어지기 때문에 보다 더 견고한 축조기법이 요구된다. 매장주체부가 지상에 위치할 경우, 봉토축조 방법은 상사향식 또는 수평식으로 성토할 수밖에 없다. 따라서 매장주체시설이 지상화된 6호분 횡혈식석실의 봉토 축조에 구사된 토목공법을 살펴보고 역으로 봉분 축조 과정에 대한 설계도를 작성해 보고자 한다.

1) 남문외고분군 6호분 高塚에 구사된 토목공법

(1) 말이산고분과 남문외고분의 '고암반대' 축조공법 공유

남문외고분군의 고총 중 주능선 정부나 사면부에 조영된 고총은 18기이다. 현재 그중에서 4기의 고총에 대한 발굴조사가 진행되었다. 이 중에서 6호분과 7호분은 고암반대 축조공법이 확인되었다(〈사진 4〉). 최근 '고암반대' 축조 공법은 남문외고분군보다 앞선 시기의 말이산고분군 13호분[25]과 45호분[26]에서 공통적으로 확인되었다. 묘제변천과정

〈사진 4〉 6호분 고암반대 축조 전경(左:북쪽부분, 右:남쪽부분)

24) 홍보식, 「6절 신라와 가야의 고분」, 『한국전통시대의 토목문명』, 들녘, 2019, 390~429쪽.
25) 동아시아문화재연구원, 「함안말이산고분군 13호분 발굴조사 약식 보고서」, 2020.01.
26) 정형광, 「함안 말이산고분군 45호분 목곽묘의 고고학적 의미」, 『아라가야의 전환기, 4세기』, 창원대학교 경남학연구센터, 2019, 8~29쪽.

에서도 아라가야의 독특한 '고암반대' 삭토기법이 이어져 오고 있음을 발굴조사를 통해 밝혀졌다. 남문외고분군 6호분은 암반대 위에 조성한 지상식 구조이며, 7호분은 암반대를 굴착해 조성한 반지하식 구조이다. 이러한 독특한 무덤축조방식의 공유는 말이산고분군과 남문외고분군 축조집단의 동일성과 연속성을 보여주는 것으로 생각된다.

(2) 현대의 샌드매트(sand mat)공법과 같은 지반강화 공법 확인

고총과 같이 거대한 구조물을 축조하기 위해서는 기초가 튼튼해야 한다. 基礎라 함은 상부구조물에서 오는 하중을 하부지반에 전달하는 부분을 말한다. 기초시공에는 지면정리와 지면강화가 있다. 지면정리 과정에서는 잡초나 잡목을 제거하는 벌근·벌목작업이 주로 이루어진다. 벌채와 벌근작업의 목적은 흙쌓기 중에 혼입된 초목, 나무뿌리가 점차 부식하여 부등침하, 처짐 등을 방지하기 위한 것이다. 고분 조성에서도 구지표면은 공기의 접촉이나 각종 낙엽과 잡초가 썩거나 雨水 등에 의해 오염되어 지반이 약해져 있을 가능성이 높다. 그러나 유적에서 실제로 벌근과 벌목의 흔적을 확인하기란 어렵다. 따라서 이 공정은 당연히 상정할 수는 있지만 주로 지형조건과 입지를 통해 예측하는 정도이다. 남문외고분군 6호분은 주능선의 정부에 암반대를 삭토한 지반에 고총을 조성하였다. 암반대라는 지형조건으로 인해 벌근과 벌채만으로도 기초를 마련할 수 있는데, 지면강화에는 별도의 토목기법이 사용되었을 것이다. 지면강화는 지형조건상 땅다지기나 다짐말뚝박기 등 지반의 다짐효과를 향상시키는 방법이 주로 이용되나 남문외고분군은 암반대를 삭토해 그 위를 두께 15~20㎝ 정도로 명회갈색 사질토를 덮어 지면강화하는 토목기법을 채용하였다. 지반이 단단한 암반대라는 점을 착안해 양질의 모래를 두께 15~20㎝ 정도를 깔아 지반을 강화하였다(〈사진 5〉).

이러한 공법은 성토 시 집중하중이 샌드매트의 인장력 때문에 균등 분산되어 침하량이 적어질 뿐 아니라 균등 침하가 되므로 지반의 압밀을 촉진하고 지지력을 증대시켜 토목구조물의 안정도가 높아진다.[27] 남문외고분군에서는 기초부 지반강화의 목적으로

---

[27] 南相郁, 『土木施工學』, 청운문화사, 2000, 93쪽.
지반강화 공법 중에는 고총을 조성할 지질이 연약지반일 경우, 이 연약지반을 제거한 후 양질의 사질성 흙을 다져서 강약지반으로 치환하는 토목기술을 연약지반 치환공법으로 보고된 바 있다(홍보식, 「고총고분의 봉분 조사 방법과 축조기술」, 대한문화재연구원 엮음, 『삼국시대 고총고분 축조기술』, 진인진, 2013). 대표적인 고분으로는 부산 연산동 M3호분과 연암 자라봉고분의 예가 있다. 본고에서는 암반이라는 기반에 양질의 흙의 기능을 성토구조물을 강화하기 위한 일종의 샌드매트(sand

지면정리 이후 암반층 위에 명회갈색 사질토를 깔아 정지한 것으로 판단된다. 이 정지층 가장자리에는 외호석을 돌려 기초부가 외부로 흘러내리지 않도록 止土施設을 마련하였다.

〈사진 5〉 남문외고분군 6호분 성토부 토층 세부

(3) 벽석 고정 및 보강을 위한 깍지기법 확인

남문외고분군은 암반대 위에 무덤을 지상화하면서 벽석의 내경축조기법을 보완하고 봉토를 쌓기 위해 고안된 토목기술이 확인되었다. 그중에서 원지형의 레벨이 높은 북쪽은 경사가 급한 남쪽에 비해 상대적으로 견고함이 떨어진다. 그러나 석실이 지상화되는 과정에서 벽석의 기울기가 내경하게 되었다. 내경하는 벽석의 기울기를 잡아주는 기능을 고안한 것이 적갈색 점토를 이용한 깍지공법과 성토부 상단에서 확인되는 상·하구획석열이다. 깍지공법은 적당한 용어가 없어 造語한 말이다. 석실이 지상화되면서 성토부 조성과 벽석쌓기 공정이 동시에 이루어지게 되었다. 6호분 북장벽 벽석 축조시 장벽

mat)공법으로 보았다.

의 중위 지점에서부터 벽석과 적갈색 점토를 깍지 하듯이 벽석을 강하하고 성토하는 과
정이 2차례 반복되어 확인되었다(〈사진 6〉).

〈사진 6〉 남문외고분군 6호분 남북 중심토층 내 깍지토층 세부

벽석과 성토층 사이에 물성이 다른 적갈색 점토를 보강해 성토재의 마찰을 죽임과 동
시에 봉분을 견고하게 쌓는 기법이다. 벽석과 성토부 사이를 치밀하게 붙게 하여 점착
력을 높여주는 동시에 깍지 형상으로 서로 맞물려줌으로써 흙의 취약점인 인장력을 강
화시키는 효과가 있다. 이 과정이 마무리되는 시점에 벽석 상위에 상·하구획석열이 확
인된다. 성토공정으로 보면 2차 공정에 해당된다.

(4) 성토부 상·하구획석열을 이용한 독특한 축조공법 확인

6호분은 현실과 양수식 연도와 묘도, 호석 등을 갖춘 지상식구조이다. 현실은 장방형
이며, 규모는 길이 740㎝·너비 280㎝·깊이 160㎝이다. 벽석은 內傾築造技法으로 쌓았
고, 성토부에서 구획석열이 확인되었다. 특히 하단석열은 벽석과 연결되어 제1~12열까

지 드러났다(〈사진 7〉). 이 석열은 현실 내측으로 들여쌓기 한 벽석을 무너지지 않도록, 석실을 중심으로 방사상으로 길게 연결해 張力이 작용하도록 고안한 축조공법으로 판단된다. 동시에 견고하게 성토하기 위해 구획석열 좌우로 토성이 다른 흙을 채웠다.

〈사진 7〉 6호분 상·하구획석열 공중사진

　남문외고분군에서 보이는 상·하구획석열 축조공법은 암반대 위에 무덤을 지상화하면서 벽석의 내경축조기법을 보완하고 봉토를 쌓기 위해 고안된 토목기술이다. 일반적으로 구획성토공법은 성토 시작 지점에서부터 방사상으로 구획하여 성토하는 토목공법인데, 남문외고분군에서는 성토부 상위에서 확인되는 점이 다른 점이다.

　이러한 토목기술은 남문외고분군 6호분에서 처음 확인되는 기법으로 고총의 묘제 변화로 인한 매장주체부 축조시 견고하게 봉토를 성토 다짐하고자 고안된 아라가야 독특한 토목기법이다.

(5) 성토부 중위에서 적갈색 점토층을 깔아 성토 다짐한 토목기법 확인

성토 다짐 강화공법은 봉토의 유실을 방지하고, 좌우 또는 상하 성토재의 마찰을 줄임과 동시에 봉분을 견고하게 쌓기 위한 동일 물성의 성토재 중간 또는 경계부 위에 넣은 점토띠 또는 점토층을 말한다.

남문외고분군 6호분에서는 성토1공정과 2공정 사이에 적갈색 점토층이 두께 10~20㎝ 정도로 확인되었다. 성토1공정에서 작은 할석이 다량 혼입된 황갈색토 위에 물성이 다른 적갈색 점토를 넓게 펼쳐 상하 성토재의 마찰을 줄임과 동시에 성토 다짐을 강화하는 기능을 강구하였다. 그 다음 적갈색 점토층 위로 다시 작은 할석이 혼입된 황갈색토를 쌓아 성토2공정을 마무리하였다.

(6) 수비질된 점토를 이용한 밀봉공정 확인

남문외고분군에서 확인된 밀봉토는 물성이 다른 적갈색 점토와 회갈색 점토를 이용하였다. 개석은 훼손되어 확인되지 않으나 최상단석 주변으로 원주상의 적갈색 점토와 회갈색 점토 범위가 확인되었다. 적갈색 점토는 토층에서도 확인되는데, 석실의 최상단석이 남아있는 남서쪽 모서리 부근에 잘 남아 있다. 고운 점토를 깔아 마무리하였는데, 암반편이나 알갱이가 보이지 않아 점토 일부를 물에 풀어 확인해 본 결과 정선된 점토가 밀도에 따라 침전되었다(〈사진 8〉).

〈사진 8〉 밀봉토인 적갈색 점토와 회갈색 점토 수비질 여부 확인 실험

개석을 덮고 그 위를 적갈색 점토로 밀봉한 것으로 판단되며, 상단구획석열 가장자리까지 넓게 덮어 밀봉하였다. 매장주체부가 지상화되어 雨水의 침투가 붕괴로 이어질 수 있어 최상단석 위에 놓인 개석 주변을 넓게 적갈색 점토로 밀봉한 것으로 판단된다.

2) 6호분 설계도와 봉토축조 복원

남문외고분의 횡혈식석실은 봉분 외연을 먼저 조성한 후 매장주체시설인 석실 구축과 병행해서 봉분을 조성하고, 사질토·토석혼합토·점질토 등 다소 두껍게 성토하여 앞 시기의 매장주체시설이 수혈식석곽인 고총의 봉토 조성방식 및 구축 공법이 비슷하면서도 차이를 보인다.

말이산고분군에는 50여 기의 대형 고총이 분포하고, 12여 기(5호분·6호분·8호분·13호분·15호분·21호분·22호분·25호분·26호분·45호분·100호분·101호분 등)가 조사되었다. 구릉 능선과 사면부에 입지하며, 봉분 직경은 20~30m정도로 매장주체시설은 지하식의 세장방형 석곽인데, 최근 조사된 45호분은 목곽이다. 봉분은 상사향 또는 수평방향으로 교호성토를 기본으로 하고, 물성이 다른 성토재를 일정 간격으로 봉분 가장자리에서 중심부로 향해 방사상으로 성토하였다. 방사상의 성토재는 너비가 1.5~2m 내외이고, 두께가 1.0~1.5m 내외이며 상하에 걸쳐 확인된다. 성토재의 좌우가 직선을 이루면서 단절되지 않고 겹쳐져 있다. 이는 물성이 다른 성토재를 어느 정도의 범위에 어느 정도 두께로 성토하지 않고, 좌우로 물성이 다른 성토재를 동시에 성토하였음을 나타낸다. 그리고 물성이 다른 상·하의 성토재가 약간씩 어긋나게 배치하였다. 석곽 주변이나 경사면 아래쪽에는 토제가 설치되기도 한다. 호석은 전혀 확인되지 않으며, 분형은 지형에 따라 원형과 타원형 2가지로 구분된다. 그 외에도 봉토 축조에 있어 토제와 다량의 석재를 이용한 성토공정도 확인되고 있어 보다 다양한 토목공법이 사용되었다.

남문외고분도 상술한 말이산고분의 봉토 축조방법과 유사한 것도 있으나 매장주체시설의 지상화로 인한 봉토 축조방법의 변화가 보인다. 남문외 11호분은 도굴갱 정리와 매장주체부 중심으로 발굴조사가 이루어져 봉토 축조과정을 완전하게 복원하지는 못하지만 토층단면 조사로 볼 때 물성이 다른 상·하의 성토재가 약간씩 어긋나게 배치하는 기법이나 중심부에서 외연으로 확장하듯이 봉분을 구축한 것은 말이산고분군과 동일한 구축 공법이다. 그러나 매장주체시설이 지상화되고 추가장이 가능한 횡혈식석실의 도입은 새로운 봉토 축조의 설계도를 필요로 했을 것이다. 그 당시 설계도는 없지만 발굴조사를 통해 획득한 고고학적 기록과 자료를 통해 평면구조와 분형이라도 추적해 보고자 한다.

(1) 평면도 작성
① 墳中과 장단축 기준설정

墳中은 매장부체부 장축과 단축의 교차점을 기준으로 삼았다. 봉분조사 과정에서 매장주체부 중앙부에 수혈이 확인되는 예(합천 옥전 M10호분)가 있어 봉분 축조시 설계의 기준 말목을 막아 분형을 잡아주는 기능으로 보고된 바 있다. 석실의 墳中을 기준으로 직경 18m로 외호석을 돌려 원형을 만들고 고암반대 위에 조성한 지면정리와 지면강화를 통해 평탄면을 구축한다. 외호석은 봉토 구축의 시작이며, 봉토의 외연을 결정짓는 기준이다. 외호석의 가장자리를 기준선으로 연결하였다. 외호석은 최대 3단까지 확인되며, 그 다음 봉토 안쪽으로 들여쌓기 하듯이 너비 50㎝ 정도 들어와서 내호석을 축조하였다. 내호석 가장자리를 기준으로 연결하며, 직경 16m가 된다. 내호석은 최대 5단까지 확인되었다. 외호석을 돌려 봉토의 기저부를 만들고 그 안쪽에 6호분의 매장시설인 석실을 지상식으로 구축하였다. 호석과 매장주체시설의 최하단석을 연결하면 원형과 격자 모양의 직선을 그을 수 있다. 이 선들의 교차점을 평면 설계의 기준선으로 삼았다.

당시의 평면계획의 의도를 발굴조사를 통해 획득한 정보로 복원해 보면 아래 〈도 3〉과 같은 계획도 작성이 가능하다. 고총의 평면도가 원형이라는 특징이 보이며, 급경사면으로는 호석을 높게 쌓아 성토시 止土施設 기능도 함께 하도록 기획된 것을 확인할 수 있었다.

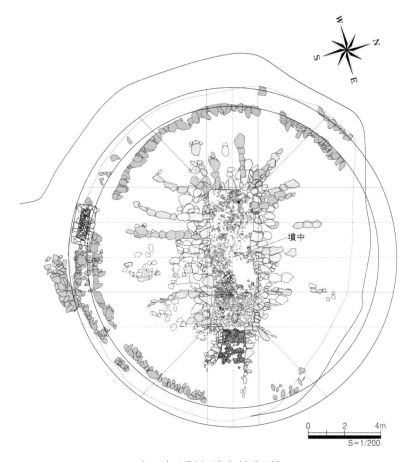

〈도 3〉6호분 평면 설계도안

(2) 봉분 축조공정의 이해

상술한 조사내용을 참고해 보면, 6호분은 ① 암반대 삭토 ② 정지공정과 호석 구축 ③ 벽석축조와 성토공정 ④ 개석설치와 밀봉공정 ⑤ 봉분외연확장 순으로 구축하였다 (〈도 4〉). 따라서 각 축조공정별 특징을 정리하면 다음과 같다.

① 암반대 삭토

고암반대 삭토공정은 高位인 북쪽은 50~80㎝정도, 低位인 남쪽은 120~150㎝ 정도 깎 아내어 봉분의 외연이 크게 보이도록 하였다. 삭토공정시 안식각은 25°~30° 정도이다.

② 정지공정과 호석 구축

삭토한 암반대 위에 직경 18m의 외호석을 돌려 止土施設을 만들고 그 안쪽에 명회갈색 사질토를 두께 15~20cm 정도 깔아 바닥을 정지하였다. 외호석은 최대 3단까지 확인되며, 긴모 눕혀쌓기 하였다. 정지토는 低位인 남쪽을 두껍게, 高位인 북쪽을 얕게 깔아 평탄면을 조성한 것으로 보아 기반층을 수평으로 정리하지 않고 원래의 경사면을 그대로 이용하였다. 명회갈색 사질토는 양질의 흙을 별도로 준비한 것으로 판단된다. 주변에서 채집되는 흙이 아니라 입자 굵은 양질의 사질토를 사용하였다. 정지공정은 트렌치 조사법으로 단면조사만 이루어져 흙을 다진 방법여부는 확인할 수 없었다. 동서남북으로 설정한 탐색 트렌치 4곳에서 확인되었다.

③ 벽석축조와 성토부 조성

6호분의 매장시설이 완전한 지상화된 횡혈식석실분이다. 따라서 현실의 축조와 성토부 조성이 동시에 이루어지는 토목공법이 강구된 것으로 다양한 토목기법이 확인되었다. 성토부는 크게 3차례 걸쳐 흙을 축조한 단위가 확인되어 편의상 성토공정1~3으로 구분하였다.

성토공정1은 정지토 위로 두께 60~70cm 정도 암회갈색토와 암반편이 뒤섞인 흙과 물성이 다른 적갈색 점토를 두께 30cm 정도 쌓았다. 물성이 다른 적갈색 점토는 경사가 급한 남쪽부에서 확인되며, 북쪽에는 암반편이 다량 혼입된 암회갈색토만 성토하였다. 성토부 가장자리에 내호석을 구축하였다. 내호석은 편평한 힐석을 최대 5단까지 구축하였다. 내호석과 석실의 벽석을 동시에 축조하면서 그 사이에 흙을 채워 다진 것으로 판단된다. 따라서 내호석과 석실의 벽석이 흙쌓기 위한 '틀' 역할을 한 것으로 판단된다. 내호석을 최대 50cm 정도로 높게 구축하였다. 성토공정1은 트렌치 단면조사에서 확인된 층으로 성토 방법은 수평쌓기 하였다.

성토공정2는 회갈색토와 암반편이 뒤섞인 흙으로 성토공정1에서 확인된 회갈색토와 유사하나 성토재인 자갈의 크기가 다소 작다. 잔자갈을 다량 혼입한 흙으로 두께 70~100cm까지 확인되며, 적어도 3~4번 정도 순차적으로 흙쌓기 하였다. 성토공정1과 마찬가지로 벽석을 동시에 축조하였는데, 내경축조로 인해 벽석의 기울기가 심해지는 구간으로 벽석과 벽석 사이에 적갈색 점토를 밀착시킨 후 수평 성토하는 작업을 2회에 걸쳐 반복하였다. 일종의 깍지공법으로 내경하는 벽석이 무너지는 것을 방지하고자 고안한 기법으로 판단된다. 그 다음 성토공정3에서는 상하구획석렬이 확인되었다.

성토공정3은 수평제토를 통해 토층 단면과 평면조사가 이루어진 구간이다. 현실의 벽석과 연결되어 방사상으로 구획석렬을 설치하고, 그 사이 물성이 다른 흙을 채워 성토하였다. 구획석렬은 상하로 확인되며, 그 사이 두께 15~25㎝ 정도의 흙을 다짐 성토하였다. 석렬은 기와를 즙와 하듯이 연결시켰으며, 최대길이 300㎝까지 확인되었다. 그 위로 개석을 덮고 적갈색 점토와 회갈색 점토로 밀봉한 것으로 판단되나 이미 개석은 훼손되었다.

④ 개석설치와 밀봉토

6호분에서는 개석은 확인되지 않고, 밀봉토와 봉토 일부가 남아 있다. 따라서 7호분·11호분·15호분 횡혈식석실분에서는 확인된 개석과 밀봉토로 추가 공정을 추정할 수 있다. 6호분의 개석은 모두 훼손되었으나 토층과 평면에서 밀봉토인 적갈색 점토와 회갈색 점토가 타원형으로 잔존하고 있으며, 일반적인 점토가 아니라 수비질한 점토라는 것이 확인되었다. 수비질된 점토는 입자의 간격이 줄어들어 흙의 압밀화를 촉진시킨다. 따라서 6호분 밀봉토는 수비질된 점토를 의도적으로 사용한 것으로 판단된다.

⑤ 봉토조성과 외연 확장

밀봉토 위로 암회갈 색토와 암갈색 점토를 순차적으로 쌓아 봉분의 외연을 확장하고자 한 것으로 판단된다. 고암반대 삭토된 부분과 제단시설이 봉분에 덮여있는 점으로 보아 봉분 축조가 마무리 된 시점에 제단을 설치해 제사를 지내고 봉분의 외연을 확장해 마무리한 것으로 보인다. 제단에서는 깨어진 토기편 일부가 제단 안과 밖에서 노출되었다.

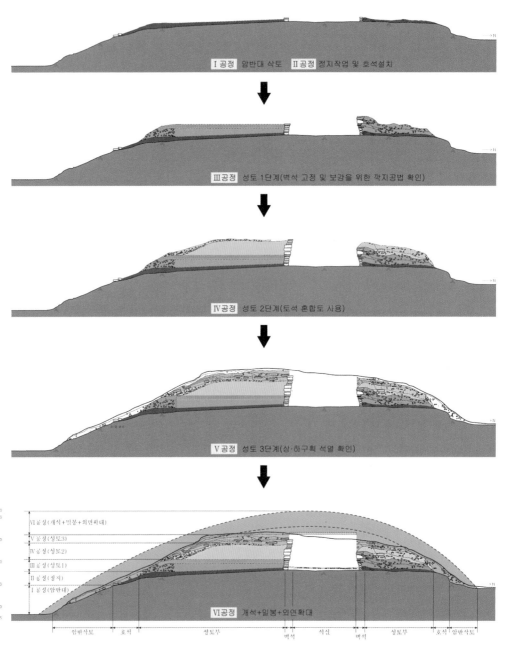

〈도 4〉 6호분 봉분 축조 공정도

V. 맺음말

남문외고분군에 대한 발굴성과로는 고문헌에 기록된 아라가야의 최고지배층 중심고분의 실체를 확인함과 동시에 최고지배층 묘역의 변천과정을 보여주는 중요한 유적이라는 것이다. 남문외고분군과 말이산고분군을 조영한 집단들은 최고지배층 고분의 조영 위치와 배열 방식 등에 있어 공통의 관념과 표현방식을 소유하고 있었음을 계속되는 발굴조사를 통해 확인되고 있다. 그리고 고총조사를 통해 획득된 아라가야의 토목기술을 확인할 수 있었다. 고총의 봉분 조성에 적용된 토목기술로는 고암반대 축조공법, 기초부 샌드매트공법, 벽석 고정 및 보강을 위한 깍지공법, 성토부 상·하구획석열을 이용한 독특한 축조공법, 성토부 중위에서 물성이 다른 적갈색 점토층을 깔아 성토 다짐한 토목기법, 수비질된 적갈색 점토로 밀봉한 공법 등이 확인되었다. 이러한 토목기술은 현대 토목공법의 원상과 계통을 구명할 중요한 자료들이다. 그 외 고총을 축조하기 위한 계획된 설계도가 있었을 것으로 추정되는데, 발굴조사를 통해 확인된 평면의 규칙을 추적해보면 墳中을 중심으로 직경 18m의 원형을 돌려 외호석을 축조한 특징을 찾을 수 있었다.

무엇보다도 말이산고분군에서는 6세기 전반을 기점으로 더 이상 대형분이 조성되지 않는 반면 남문외고분군에서 6세기 전반에 횡혈식석실분이 조영되었다는 점은 아라가야 최고지배층의 묘역이 말이산에서 남문외로 이동하고 있음을 알 수 있다. 6호분과 7호분의 출토유물로 보아 횡혈식석실분은 6세기 1/4분기로 말이산고분군 횡혈식석실묘에 비해 약간 빠르고 古塚이 중심이다. 따라서 현재까지 조사된 자료로 볼 때 아라가야의 횡혈식석실분의 시작은 남문외고분군으로 볼 수 있다. 6호분 주변 석곽묘는 6세기 前半代로 횡혈식석실분과 동시기이거나 조금 늦은 시기로 판단된다. 현재까지 조사된 남문외고분군의 횡혈식석실분과 석곽묘가 모두 6세기 前半代에 해당되는데, 말이산고분군 축조가 마무리되는 시점에 축조가 시작된 점에서 두 고분군간의 관계를 알 수 있다.

【참고문헌】

1. 보고서 · 단행본

경남발전연구원 역사문화센터, 『함안 남문외고분군 11호분』, 2017.

경남발전연구원 역사문화센터, 「함안 남문외고분군 · 傳안라왕궁지 정밀지표조사보고서」, 2013.

동아세아문화재연구원, 「함안 말이산 13호분 발굴조사 학술자문회의자료」, 2019.01.

동아세아문화재연구원, 「함안말이산고분군 13호분 발굴조사 약식 보고서」, 2020.01.

두류문화연구원, 「함안 말이산고분군 정비사업부지 내유적 발굴조사 결과 약보고서」, 2019.

마산대학박물관, 『가야문화권유적정밀지표조사보고서-함안군-』, 1984.

아라가야향토사연구회, 『안라고분군』, 1998.

조선총독부, 『대정6년도고적조사보고』, 1917.

창원대학교박물관, 『아라가야문화권유적 정밀지표조사보고서』, 1995.

창원대학교박물관, 『함안아라가야의고분군 I』, 1992.

함안박물관, 『함안박물관 개관10주년 기념 특별전 말이산』, 2013.

南相郁, 『土木施工學』, 청운문화사, 2000.

2. 논문

권오영, 「장제와 묘제를 통해 본 가야와 중국 남조」, 『경남의 가야고분군과 동아시아』, 경남발전
연구원 역사문화센터, 2011.

山本孝文, 「伽倻地域 橫穴式石室의 出現背景-墓制 變化의 諸側面에 대한 豫備考察-」, 『百濟研
究』 第34輯, 충남대학교백제연구소, 2001.

소배경, 「함안 남문외고분군 발굴성과와 의의」, 『아가가야의 전환기, 4세기』, 창원대학교 경남학
연구센터, 2019.

이성주, 「삼국고분군의 전개와 가야고분군」, 『경남의 가야고분군과 동아시아』, 경남발전연구원
역사문화센터, 2011.

정형광, 「함안 말이산고분군 45호분 목곽묘의 고고학적 의미」, 『아라가야의 전환기, 4세기』, 창
원대학교 경남학연구센터, 2019.

홍보식, 「고총고분의 봉분 조사 방법과 축조기술」, 대한문화새연구원 엮음, 『삼국시대 고총고분
축조기술』, 진인진, 2013.

홍보식, 「가야 고총고분의 입지와 축조기술」, 『가야고분군 I』, 가야고분군 세계유산등재추진단, 2018.

홍보식, 「6절 신라와 가야의 고분」, 『한국전통시대의 토목문명』, 들녘, 2019.